Günther Wessel

Das schmutzige Geschäft
mit der Antike

Günther Wessel

Das schmutzige Geschäft mit der Antike

Der globale Handel mit illegalen Kulturgütern

Mit einem Vorwort von Markus Hilgert
und einer Schlussbemerkung von
Friederike Fless

Ch. Links Verlag, Berlin

»Und Geld ist immer das Motiv?«
»Nein, sehr viel Geld.«
Der Basler Kunsthändler Christoph Leon im Interview

Die Deutsche Nationalbibliothek verzeichnet
diese Publikation in der Deutschen Nationalbibliografie;
detaillierte bibliografische Daten sind im Internet über
www.dnb.de abrufbar.

2., aktualisierte und erweiterte Auflage, März 2016
© Christoph Links Verlag GmbH, 2015
Schönhauser Allee 36, 10435 Berlin, Tel.: (030) 44 02 32-0
www.christoph-links-verlag.de; mail@christoph-links-verlag.de
Satz: Eugen Lempp, Ch. Links Verlag, Berlin

Abbildungen auf dem Einband: Vorderseite/oben: Skulptur aus der antiken
Stadt Palmyra im Museum von Damaskus, 14. März 2014 (Getty Images/
AFP Photo/Joseph Eid); Vorderseite/unten: zerstörte Antiken im Museum
im ägyptischen Mallawi nach der Plünderung des Museums, 17. August
2013 (picture alliance/Roger Anis/Demotix); Rückseite: Raubgrabungslöcher nahe der Pyramiden von Gizeh, 2014 (Monica Hanna)

Druck und Bindung: Druckerei F. Pustet, Regensburg

ISBN 978-3-86153-841-7

Inhalt

Vorwort

Flughafen Lyon, Gate Q 01, bis zum Rückflug nach Berlin bleiben mir noch drei Stunden – Zeit, in der ich schreiben kann. Vor mir auf dem Tisch liegt das inzwischen stark mitgenommene Manuskript von Günther Wessels »Das schmutzige Geschäft mit der Antike«, mein ständiger Begleiter in den letzten Tagen – und Nächten.

Es ist Freitag, der 19. Juni 2015. Ich bin noch ein wenig benommen. Die vergangenen zwei Tage habe ich in einem fensterlosen, abhörsicheren, videoüberwachten Raum zugebracht, in der Zentrale von Interpol. Konzentriert und systematisch haben Vertreterinnen und Vertreter von Ermittlungs- und Zollbehörden aus aller Welt, internationalen Organisationen und Fachinstitutionen den illegalen Handel mit Kulturgütern unter die Lupe genommen, haben Ermittlungsergebnisse ausgetauscht, Forschungsvorhaben vorgestellt und Strategien abgestimmt. Ich bin beeindruckt: Eine breite, mächtige Koalition im Kampf gegen die organisierte Kriminalität im Bereich des illegalen Kulturguthandels hat sich formiert. Und beinahe täglich gewinnt sie an Schlagkraft durch neue Partner, die ihren eigenen Beitrag zum Schutz des materiellen Kulturgedächtnisses der Menschheitsgeschichte leisten wollen. Was ist geschehen? Woher kommt diese massive, globale Sorge um das Kulturerbe der Welt?

Fast auf den Tag genau ein Jahr ist es her, dass die britische Tageszeitung *The Guardian* in einem aufsehenerregenden Bericht eine direkte Verbindung zwischen dem Handel mit illegal ausgegrabenen Antiken aus Syrien und der Finanzierung der islamistischen Terrormiliz IS herstellte (siehe Kapitel 2). Gewiss, die Annahme einer solchen direkten Verbindung zwischen illegalem Antikenhandel und Terrorismus beruht bislang lediglich auf Indizien. Aber allein der durchaus begründete Verdacht, dass mit dem scheinbar »harmlosen«, gerade auch in Europa besonders lukrativen Handel mit archäologischen Objekten wie Rollsiegeln, Schmuckstücken, Keilschrifttafeln, Statuen oder Mosaiken die unaussprechlichen Gräuel an der Zivilbevölkerung in Syrien und im Irak mitfinanziert werden könnten, hat eine weltweite Schockwelle ausgelöst.

Wachgerüttelt wurden nicht nur diejenigen, die bis dahin insistiert hatten, Raubgrabungen und illegaler Handel mit Kulturgütern seien Kavaliersdelikte, denen man angesichts der vielfältigen, drängenden Herausforderungen an die Menschheit keine zusätzliche Aufmerksamkeit schenken könne und wolle. Ein Bewusstseinswandel hatte sich vielmehr auch in der Öffentlichkeit sowie in den Medien vollzogen, wo das Thema bis zu diesem Zeitpunkt weder angemessen präsent noch als schwerwiegende gesellschaftliche und politische Herausforderung erkannt worden war.

Mit den Propagandavideos des IS, die seit Ende Februar dieses Jahres veröffentlicht wurden und mutwillige, ideologisch motivierte Zerstörungen von Museen und archäologischen Stätten im Nordirak zeigen, hat sich jedoch noch eine andere, tiefer gehende Erkenntnis eingestellt: Religiöse oder konfessionelle Konflikte, politische Instabilität und wirtschaftliche Krisen stellen immer eine besondere Bedrohung für materielle wie immaterielle Kulturgüter dar. Je länger diese Krisensituationen andauern, je weiter sich die betroffenen Territorien ausdehnen und je schwächer der politische Wille und die Entschlossenheit sind, der schleichenden Zerstörung Einhalt zu gebieten, desto größer ist die Gefahr, dass wir unseren Kindern und Enkelkindern ein menschliches Kulturerbe in Trümmern hinterlassen werden.

Der kulturelle Reichtum der Vergangenheit, aus dem wir mit vielfach unreflektierter Selbstverständlichkeit unsere individuellen und kollektiven Orientierungsraster, unsere Entwicklungs- und Modernitätsnarrative sowie unsere ethischen Grundsätze ableiten, ist keine *quantité négligeable,* kein schmückendes Beiwerk, das es nur dann zu schützen gilt, wenn alle menschlichen Grundbedürfnisse bereits befriedigt sind. Denn uneingeschränkte Orientierung und verantwortete Handlungsfähigkeit sind Grundbedürfnisse des Menschen. Zugleich sind sie sein wichtigstes unterscheidendes Merkmal und sein größtes Kapital.

Wer glaubt, Raubgrabungen, Plünderungen und illegaler Handel mit Kulturgut seien ein Phänomen der jüngeren Zeit, das auf Länder wie Ägypten, Irak, Syrien oder Afghanistan beschränkt ist, täuscht sich gewaltig. Raubgrabungen in allen Regionen der Welt sind vermutlich so alt wie die Gewohnheit des Menschen, wertvolle Dinge unterirdisch zu verbergen, sei es zu deren Schutz, sei es in einem zeremoniellen oder kultischen Zusammenhang. Systematische Raubgrabungen etwa im Irak sind bereits für die Zeit um die Mitte des 19. Jahrhunderts dokumentiert, das heißt für eine Epoche, als im Zuge einer kulturellen Aneignung der Vergangenheit in kolonialem Kontext Staaten wie England, Frankreich oder Deutschland wissenschaftliche Expeditionen in das Land zwischen Euphrat und Tigris entsandten, um archäologische Objekte für Forschung und Museen in Europa zu gewinnen. Plünderungen archäologischer Stätten in großem Umfang hat der Irak erneut seit den 1990er Jahren zu beklagen, als Krieg und innenpolitische Instabilität nicht nur den flächendeckenden Schutz dieser Stätten unmöglich machten, sondern auch eine wirtschaftliche Krise auslösten, die wie immer die schwächsten Mitglieder der Gesellschaft am schlimmsten traf.

Raubgrabungen aus schierer menschlicher Not wie aus schnöder Habgier haben jedoch stets zwei Dinge miteinander gemein: 1. Sie stellen langfristig die mit Abstand größte Bedrohung für das kulturelle Erbe der Menschheit dar, eine Bedrohung, die weitaus umfassender ist als propagandistisch inszenierte Zerstörungsorgien oder Schäden durch militärische Kampfhandlungen.
2. Sie sind auf einen Markt mit gut ausgebildeter Infrastruktur und vor allem mit entsprechender Nachfrage angewiesen. Solange es möglich ist, mit illegal ausgegrabenen Kulturgütern einen lukrativen Handel zu treiben und ohne beträchtliche Risiken Geld zu verdienen, wird es Raubgrabungen und Plünderungen archäologischer Stätten geben; solange der Handel die Gier von Personen und Institutionen nach stets neuen Objekten befriedigen und damit die Nachfrage nur noch mehr anheizen kann, ist ein Ende der schleichenden Auslöschung unseres gemeinsamen kulturellen Erbes nicht abzusehen.

Dies ist jedoch nicht nur eine kulturelle Katastrophe für diejenigen Staaten, deren vielfach jahrtausendealte archäologische

Stätten der ungebremsten Nachfrage nach »grabungsfrischen« Objekten im Handel zum Opfer fallen. Der illegale Handel mit Kulturgütern wird zunehmend auch zur außenpolitischen Herausforderung für sogenannte Markt- oder Transitstaaten, in denen dieser Handel stattfindet. Denn ganz zu Recht fordern Regierungen, deren Länder von Raubgrabungen betroffen sind, bei diesen Markt- oder Transitstaaten strengere rechtliche Rahmenbedingungen und effektive Instrumente für die Bekämpfung des illegalen Handels auf nationaler Ebene ein. Dabei fällt auf, dass politische und wirtschaftliche Asymmetrien, deren Ursprünge in die Zeit des Kolonialismus zurückreichen, im Verhältnis dieser beiden Staatengruppen zueinander vielfach bis heute wirksam sind.

Wer Maßnahmen gegen den illegalen Handel mit Kulturgütern ergreifen will, muss zunächst verstehen, wie dieser Handel funktioniert, wer die Akteure sind, wie sie operieren und kommunizieren, wie die Verbindungen zu anderen Bereichen der organisierten Kriminalität beschaffen sind, womit besonders gern gehandelt wird und wieviel Gewinn sich damit erzielen lässt. Aus Sicht der Kriminologie zählt der illegale Handel mit Kulturgütern zu den Dunkelfeldern der organisierten Kriminalität. Ein Dunkelfeld zeichnet sich dadurch aus, dass es kein umfassendes, systematisches Wissen über diesen Bereich der Kriminalität gibt und dass Methoden sowie Instrumente fehlen, um möglichst schnell an dieses systematische Wissen zu gelangen.

Im Falle des weitverzweigten, illegalen Kulturguthandels zeichnet sich inzwischen ab, wie dieses Wissensdefizit mittelfristig behoben werden kann. Entscheidend ist dabei zunächst die Vernetzung der in diesem Bereich bereits vorhandenen Kompetenzen, Kapazitäten und Infrastrukturen auf internationaler Ebene, die gegenwärtig beispielsweise von der UNESCO, dem Internationalen Museumsrat ICOM oder Interpol mit großem Engagement vorangetrieben wird. Unverzichtbar ist weiterhin die wissenschaftliche Dunkelfeldforschung, deren Ziel es vor allem sein muss, effektive Verfahren für eine zuverlässige Erhellung des Dunkelfeldes zu entwickeln. In Deutschland geschieht dies gegenwärtig im Rahmen des vom Bundesministerium für Bildung und Forschung finanzierten Verbundprojekts »ILLICID. Illegaler Handel mit Kulturgütern in Deutschland« (siehe Kapitel 11). Gerade in Europa muss

Dunkelfeldforschung zum illegalen Kulturguthandel in Zukunft aber auch staatenübergreifend erfolgen, wenn sie den Gegebenheiten des europäischen Binnenmarktes entsprechen will.

Schließlich sind es detailreiche Untersuchungen wie das vorliegende Buch, die einen wichtigen Beitrag zur Bekämpfung des »schmutzigen Geschäfts mit der Antike« leisten können. Denn basierend auf umfassenden, sorgfältigen Recherchen entwirft Günther Wessel nicht nur ein atemberaubendes Panorama der Hintergründe, Funktionsweisen und vielfältigen Akteure des illegalen Kulturguthandels, das alle Facetten dieses schillernden Milieus abbildet und damit die wissenschaftliche Dunkelfeldforschung ideal ergänzt. Schärfen wird Wessels ebenso seriöser wie fesselnder Bericht vielmehr auch das öffentliche Bewusstsein für die menschenverachtenden und kulturzerstörenden Praktiken derjenigen Personen und Institutionen, die dem illegalen Handel mit Kulturgütern zuarbeiten oder ihn unterstützen: Niemand kann jetzt noch glaubwürdig behaupten, er habe nicht gewusst oder wissen können, welchen Schaden diese Form der organisierten Kriminalität der gesamten Menschheit und ihrem kulturellen Gedächtnis zufügt.

Prof. Dr. Markus Hilgert
(Direktor, Vorderasiatisches Museum im Pergamonmuseum, Staatliche Museen zu Berlin – Stiftung Preußischer Kulturbesitz)

Einleitung
Der Handel mit illegalen Kulturgütern:
Ein unseliger Boom

Alles beginnt mit dem Sammler, der zu einem Händler oder zu einer unsauberen Auktion geht, um ein Objekt zu kaufen. Er ist der Erste in der Reihe, der zahlt. Und alle anderen sind seine Komplizen: derjenige, der es außer Landes schmuggelt, der, der ausgräbt, und derjenige, der Kinder zum Ausgraben anheuert.
Monica Hanna, Archäologin

Es ist eine verschwiegene Szene. Eine, die nicht auffällt, die gediegen daherkommt, die kultiviert über ihre Stücke spricht, die vom Atem der Geschichte schwärmt, den Zeugnissen der Vergangenheit, von jahrtausendealter Kulturgeschichte, die so fassbar würde. Eine Szene, die sich für die Ästhetik ihrer Sammlerstücke begeistert, aber nur selten wissen will, dass an diesen manchmal Blut klebt, sie häufig illegal aus ihren Herkunftsländern ausgeführt wurden.

Aus dunklem Hintergrund strahlen sie den Betrachter an: eine Isiskrone aus Ägypten, ein sabäisches Kalksteinidol, der späthellenistische bronzene Kopf eines Maultieres. Das Fragment eines hölzernen ägyptischen Sarkophages. Und 657 weitere Objekte, alle schön fotografiert. Ein Auktionskatalog. Mehr als 330 Seiten, Hochglanz, Schutzgebühr 15 Euro. Sehr edel, sehr aufwendig. Doch in einem Punkt sind die ansonsten sehr präzisen Beschreibungen im Katalog recht ungenau: bei der Herkunftsbezeichnung, der sogenannten Provenienz. »Seit 1982 in englischem Familienbesitz« heißt es beispielsweise bei einer römischen Marmormänade, die für 140 000 Euro verkauft wurde. Oder: »Aus US-amerikanischer Privatsammlung erworben vor 1983«. Das meiste Geld brachte ein Porträt Cäsars: 160 000 Euro zahlte jemand für den nasenlosen

Marmorkopf. Insgesamt erlöste die Auktion an einem Frühsommertag im Jahr 2014 knapp 1,8 Millionen Euro. Es war nur eine von mehreren Antikenauktionen, die das angesehene deutsche Auktionshaus Gorny & Mosch jährlich durchführt.

Auktionshäuser gibt es viele, auch solche, die wie Christie's oder Bonhams in London noch weitaus teurere Stücke handeln. Das Museum von Northampton in England ließ im Juli 2014 trotz aller Proteste aus Großbritannien und Ägypten über das Auktionshaus Christie's eine etwa 4500 Jahre alte Kalksteinstatue versteigern. Die 75 Zentimeter hohe Skulptur des Schreibers Sekhemka war einem ungenannten Bieter knapp 16 Millionen Pfund, etwa 20 Millionen Euro, wert. Ob die Statue noch einmal öffentlich gezeigt wird, ist fraglich. Der erzielte Preis reiht sich in Rekordsummen ein: 2007 brachte eine Artemis-Figur aus einem Museum in Buffalo (USA) bei einer Auktion in New York 28,6 Millionen US-Dollar und eine nur acht Zentimeter große mesopotamische Löwinnenfigur im selben Jahr ebenfalls in New York gar 57 Millionen US-Dollar. Der Markt für Kunstgegenstände früherer Hochkulturen ist lukrativ, die Nachfrage groß und die Versuchung groß, diese nicht nur auf legalem Wege zu befriedigen.

Mir war die Szene lange unbekannt. In Brüssel, wo ich mehrere Jahre lebte, finden sich in den Seitenstraßen des Grand Sablon, eines Platzes im Herzen der Stadt, nicht nur die schönsten und auch teuersten Schokoladen- und Pralinenläden der Erde, sondern auch einige sehr exquisite Geschäfte, die mit Antiquitäten und Antiken handeln. Die meisten haben nur kurze Geschäftszeiten, dafür wird eine Telefonnummer angegeben. Man muss anrufen, will man das Angebot, das durch die Scheiben schimmert, näher in Augenschein nehmen. So pressten wir die Nasen an die Schaufenster, wunderten uns kurz, woher die Fülle an ägyptischen Kanopen, Rollsiegeln aus Mesopotamien oder streng blickenden Idolen von den Kykladen stammte, gingen dann aber weiter, um bei Pierre Marcolini Schokoladenkunstwerke eher zu bestaunen als zu kaufen oder an der Bude vor der Kirche Notre-Dame de la Chapelle eine Portion Pommes frites zu verspeisen.

2003 dachte ich wieder an diese Läden. In diesem Frühjahr gingen die Bilder vom geplünderten Irakischen Nationalmuseum in

Bagdad durch die Weltpresse. Innerhalb von zwei Tagen war das Museum ausgeraubt worden. Die Räuber rafften Zeugnisse aus 7000 Jahren Zivilisationsgeschichte zusammen. Sie zerschlugen Statuen und raubten deren Köpfe, zertrümmerten Vitrinen, stahlen, was ging. Keiner hinderte sie daran, kein Panzer stand vor dem Museum, um die Kultur zu schützen (vor dem Energieministerium hatten die Amerikaner Panzer auffahren lassen). Rund 15 000 Kunstwerke sollen entwendet worden sein – assyrische Plastiken aus Bronze, Goldarbeiten der Sumerer, zahlreiche Rollsiegel mit Keilschrifttexten. Was passierte mit dem Beutegut?

Viersen, Sommer 2010: Die Polizei der Stadt am linken Niederrhein bekommt einen Tipp aus den nahen Niederlanden. Jahrtausendealte Kunstschätze aus Mesopotamien sollen verkauft werden. Ihr angeblicher Wert: 15 Millionen Euro. Die Polizei handelt schnell und schickt einen verdeckten Ermittler zu dem Kunstdeal, der in einer Viersener Spielhalle über die Bühne gehen soll. Vier Händler – zwei Iraker, zwei Deutsche (einer mit irakischen, einer mit türkischen Wurzeln) aus Viersen und den Nachbarstädten Krefeld und Mönchengladbach. Die potenziellen Käufer stammen aus der Türkei und waren über die Schweiz nach Viersen gereist. Doch der Deal platzt. Die Polizei sucht nun undercover den Kontakt zu den Händlern. Beamte geben sich als interessierte Käufer aus. Die Händler stimmen einem Treffen, wieder in der Spielhalle, zu und bieten eine Terrakottafigur aus der Isin-Larsa-Zeit (2. Jahrtausend v. Chr.) und vier Rollsiegel für 2,5 Millionen Euro an. Sie werden verhaftet, bei einer Hausdurchsuchung findet die Polizei weitere neun Artefakte, das älteste circa 5000 Jahre alt. Unter den Fundstücken ist auch ein Rollsiegel aus grünem Calcit, das noch 2003 im Irakischen Nationalmuseum ausgestellt war. Doch nur wenige Tage später sind die Dealer wieder auf freiem Fuß. Man konnte sie nicht belangen, da nicht beweisbar war, dass die Männer wissentlich mit Hehlerware gehandelt hatten.

Brüssel, Sommer 2014: Der französische Archäologe Olivier Perdu spaziert durch das Antiquitätenviertel am Place Sablon. In der Auslage eines Händlers entdeckt er das Fragment einer ägyptischen Statue. Er ist verdutzt: Grüner Stein, knappe 15 Zentimeter hoch, erinnerte sie ihn an eine andere Statue, die er 1989 im Ägyptischen Museum in Kairo intensiv untersucht hatte. Das Brüsseler Stück scheint ein Zwilling zu sein. Perdu sieht genauer hin und stellt fest: Es sieht dieser Statue nicht nur ähnlich, es ist ein Teil von ihr – die Antike wurde bei der Plünderung des Museums im Jahre 2011 zerschlagen und gestohlen, kam auf verschlungenen Wegen nach Brüssel und wurde nun als aus altem Besitz stammend ausgegeben. Inzwischen befindet sich das Objekt wieder in Kairo. Der Brüsseler Händler, der von der Herkunft des Artefakts angeblich nichts wusste, betreibt weiter sein Geschäft.

Seit etwa 20 Jahren boomt das Geschäft mit geraubten Kulturgütern. Schon früher wurde in vielen Ländern illegal gegraben – auch in Deutschland –, schon früher wurden Grabungsfunde illegal ausgeführt. Im Jahre 1983 verabschiedete Ägypten sein aktuelles Antikengesetz: Seither ist der Handel mit ägyptischen Antiken sowohl innerhalb des Landes als auch deren Verkauf ins Ausland verboten. Ägypten gab sich erst spät solch ein Gesetz; aus Griechenland dürfen schon seit 1834 keine Antiken mehr ins Ausland verkauft werden, aus der Türkei und den anderen Nachfolgestaaten des Osmanischen Reiches wie dem Irak und Syrien seit 1869.

Seit die Preise für Kunst steigen und der Nahe Osten und Nordafrika immer mehr von politischen Unruhen erschüttert werden, nehmen die Raubgrabungen zu, wie mir zahlreiche Archäologen vor Ort bestätigten. Noch in den 1990er Jahren nahmen Händler, Sammler und auch Museen an, dass der Handel mit Antiken weitgehend legal sei. Viele Antiken, die damals auf den Markt kamen, stammten wirklich aus alten Sammlungen. »Damals haben sich viele Leute mit Geld auf Antiken gestürzt«, sagt der Archäologe Michael Müller-Karpe vom Römisch-Germanischen Zentralmuseum in Mainz. »Aktien sind in ihrem Wert verfallen, auch Devisenspekulationen waren nicht mehr so lohnend. Damals kamen tatsächlich alte Schweizer Sammlungen zum Verkauf. Und diese Objekte waren gesucht, denn man konnte sicher sein, sie stammen nicht aus neuen Grabungen. Da gab es Dokumentationen, die lange zurückreichten.« Kam doch mal ein Stück aus einer neueren Raubgrabung – und Müller-Karpe beeilt sich zu versichern, dass die Objekte aus den alten Schweizer Sammlungen mitnichten unbedingt legal erworben wären – auf den Tisch eines Kunsthändlers oder Auktionshauses, so sprach man von einem Einzelfall, dem berühmten faulen Apfel in einem ansonsten gesunden Obstkorb.

Doch irgendwann wurde deutlich, dass diese Annahme falsch war. Spätestens als der englische Journalist und Kulturhistoriker Peter Watson gemeinsam mit der italienischen Journalistin Cecilia Todeschini im Jahr 2006 das Buch »Die Medici-Verschwörung. Der Handel mit Kunstschätzen aus Plünderungen italienischer Gräber und Museen« vorlegte, war klar, dass ein großer Teil des Antikenhandels in illegale Aktivitäten verstrickt ist. So wurde damals bewiesen, dass Marion True, die zuständige Kuratorin das Getty-Museums in Malibu, Kalifornien, zahlreiche Stücke aus Raubgrabungen in Italien und Griechenland für die Sammlung erworben hatte.

Trotzdem argumentieren viele Händler noch heute, dass der Handel für den Erhalt der Antiken wichtig sei. Nur der monetäre Mehrwert würde Bauern in irgendeinem Land dazu bringen, archäologische Zufallsfunde nicht wegzuwerfen. Ursula Kampmann, Sprecherin der International Association of Dealers in Ancient Art (IADAA) und Geschäftsführerin der Zeitschrift *MünzenWoche,* erzählt mir, wie Bauern in Thailand Reste einer Stupa, eines buddhistischen Bauwerks mit einem spitz zulaufenden, mit Gold verkleideten Kuppelgewölbe, gefunden hätten. Die Goldbleche hätten sie sofort zum Goldschmied gebracht und einschmelzen lassen. »Hätten die Leute gewusst, dass es einen Kunsthandel gibt, wären wenigstens die Bleche vermutlich erhalten geblieben, weil man sich dann erhofft hätte, etwas mehr dafür zu bekommen. Der Handel inspiriert eigentlich die Leute überhaupt erst, die Dinge aufzubewahren.«

Michael Müller-Karpe kennt das Argument. Er gesteht ihm einen gewissen, aber geringen Wahrheitsgehalt zu, meint aber auch: »Der Anteil der Zufallsfunde, also dass jemand beim Graben eine Tonscherbe findet, ein Schüsselchen oder eine Goldmünze, ist in der Masse der angebotenen archäologischen Funde verschwindend gering. Die Mondlandschaften in den irakischen archäologischen Stätten entstehen nicht durch Zufallsfunde, sondern dadurch, dass Menschen gezielt in die archäologischen Stätten gehen und die Objekte planmäßig plündern. Dieses Argument des Handels ist scheinheilig, es ist im Grunde eine Entschuldigung von etwas, was nicht zu entschuldigen ist.«

Der Schmuggel von gestohlenen oder illegal ausgegrabenen Antiken gilt hierzulande oft als Kavaliersdelikt. Dabei ist er längst die Boombranche des Schwarzmarktes. Experten wie Sylvelie Karfeld, die sich beim Bundeskriminalamt in Wiesbaden mit dem Thema befasst, zitieren Schätzungen der UNESCO (Organisation der Vereinten Nationen für Erziehung, Wissenschaft und Kultur) und des Büros der Vereinten Nationen für Drogen- und Verbrechensbekämpfung (United Nations Office on Drugs and Crime, UNODC), nach denen die Umsätze des illegalen Antikenhandels jährlich bei sechs bis acht Milliarden US-Dollar liegen. Damit konkurriert der Antikenhandel um einen der vorderen Plätze auf der Liste der umsatzstärksten illegalen Erwerbsquellen. Nur mit Drogen und Waffen wird mehr Geld gemacht. Der Rechtsanwalt Robert Kugler aus Berlin, der sich schon lange mit Kulturgüterschutz beschäftigt, sagt sogar, dass der Handel mit archäologischen Objekten aus Raubgrabungen ein Betätigungsfeld des organisierten Verbrechens geworden ist.

Händlerorganisationen bezweifeln diese Zahlen. Ihrer Meinung nach sind sie stark überhöht. Sie berufen sich auf eigene Untersuchungen: Die schon erwähnte IAADA, ein Zusammenschluss von 32 Händlern aus acht Ländern, schätzt den jährlichen Umsatz aller europäischen und US-amerikanischen Auktionshäuser und Antikenhändler im Jahr 2013 auf eine Summe zwischen 150 und 200 Millionen Euro.

Natürlich sind alle Zahlen Schätzungen – es gibt keine genauen Erkenntnisse. Das liege in der Natur der Sache, sagt Markus Hilgert, der Direktor des Vorderasiatischen Museums in Berlin. Er ist Koordinator des seit Frühjahr 2015 angelaufenen und zunächst auf drei Jahre befristeten Forschungsprojektes ILLICID, das den illegalen Handel mit Kulturgut in Deutschland interdisziplinär untersuchen soll. »Das Problem ist, dass es sich bei diesem Feld um etwas handelt, was man in der Kriminologie als Dunkelfeld bezeichnet, das heißt, man kennt die Akteure nicht unbedingt, man weiß nicht, wie die Akteure agieren, welche Netzwerke sie nutzen, man weiß relativ wenig Genaues über den Umsatz in diesem Dunkelfeld, man weiß wenig über die Objekte, über deren Stückelung.« All das gelte es erst zu erforschen.

Archäologen reden nicht gern über Zahlen und den monetären

Wert von Antiken. Sie betonen vielmehr, dass mit den illegalen Ausgrabungen die Vergangenheit von Völkern vernichtet wird. Denn für die Wissenschaft und das kulturelle Gedächtnis der Menschheit sind die isolierten Kunstgegenstände verloren. Sie erzählen keine Geschichte mehr. Sind sie erst einmal im Ausland, in der Hand von Händlern oder Sammlern, weiß oft keiner mehr, wo sie ausgegraben wurden. Was lag sonst in dem Grab? Gab es ein Skelett, Mann oder Frau? Gab es Waffen, gab es Schmuck? Welche Gebrauchsgegenstände waren dem Verstorbenen mitgegeben?

Das Geschäft mit illegalen Fundstücken verbindet die honorigen Spitzen der Gesellschaft mit der Unterwelt. Die einen wollen ihr Geld gewinnbringend investieren oder ein einzigartiges Prestigeobjekt fürs Wohnzimmer kaufen. Die anderen organisieren auf professionelle Weise den Nachschub aus den Krisengebieten der Welt. In Ägypten, Syrien, Afghanistan oder dem Irak werden heute Fundstätten so brutal geplündert wie nie zuvor. Schmuggler und Hehler bringen das Raubgut über ungesicherte Grenzen ins Ausland und schließlich nach Westeuropa oder in die USA. Honorige Auktionshäuser, Privatleute, Galerien oder Internethändler verkaufen die Ware weiter. In Paris, London, Brüssel, München oder Berlin. Auch Terrorgruppen sollen am Geschäft mit illegalen Grabungen verdienen. Im Sommer 2014 ging kurz die Meldung durch die Presse, dass die Terrororganisation ISIS sich auch mit dem Verkauf illegal ausgegrabener Antiken finanziere. Seit Sommer 2015 ist das bewiesen. »An vielen Stücken klebt Blut«, sagt Michael Müller-Karpe. Es sind nicht nur Opfer des Terrors, der mit den Erlösen finanziert wird, oft genug sind es Kinder, die in ungesicherte Schächte kriechen, um die Kostbarkeiten aus dem Boden zu holen. Die ägyptische Archäologin Monica Hanna bestätigt seine Aussage: »Es ist ein Verbrechen, bei dem Kinder sterben. Da hängen Menschenleben dran.«

Als ich erstmals davon hörte, wieviel Geld im illegalen Antikenhandel umgesetzt wird, war ich geschockt. Sechs oder acht Milliarden Dollar im Jahr. Wie konnte das möglich sein? Ich begann mit meiner Recherche. Ich beschloss, nach Ägypten zu fahren, wo – wie mir Archäologen berichten – seit 2011 die illegalen Grabungen immer mehr werden. Meine Recherche führte mich viel weiter, als ich anfangs dachte. Sie führte mich quer durch Deutschland, in verschiedene Nachbarländer, nach Italien, Ägypten und in die USA. Ich traf auf ehrliche Sammler und Menschen, die nicht so genau hingucken wollen, auf Wissenschaftler, die zornig sind oder schier verzweifeln, auf Menschen, die dafür kämpfen, den Antikenhandel einzudämmen, auf Kriminalbeamte, die oftmals nur mit den Schultern zucken können, auf Händlervertreter, die den illegalen Antikenhandel als Problem weniger schwarzer Schafe ihrer Branche abtun. Und auf Dorfbewohner, die ihr Verhältnis zu ihrer und der Menschheitsgeschichte verlieren. Es geht im Folgenden um Gier, Wissenschaft und falsch verstandene historische Betrachtung. Um internationalen Schmuggel, einen habsüchtigen Markt, der auch über Leichen geht, um schön geschmückte Bürgervillen. Und am Ende auch um Forderungen an Politiker.

Denn bislang laufen illegale Geschäfte mit Kunstschätzen in Deutschland besonders gut, weil die Branche strengen gesetzlichen Schutz zu verhindern wusste. Händler verschleiern Herkunft und Provenienzen, genießen Rechtslücken und die Ohnmacht der Behörden. Michael Müller-Karpe: »Deutschland spielt als Drehscheibe eine ganz unrühmliche Rolle, es gibt kaum ein Land, in dem der Markt so ungehindert florieren kann.«

1
Ägypten: Grabungslöcher und Knochenhügel

Man muss sich eines klarmachen: Es ist ein Verbrechen. Es ist wie
mit Blutdiamanten. Es ist ein Verbrechen, bei dem Kinder sterben.
Da hängen Menschenleben dran.
Monica Hanna, Archäologin

Ende August 2014 fliege ich nach Ägypten. Bei der Einreise in Kairo
ist die Menschenschlange lang, nur wenige Urlauber aus Westeuropa sind darunter. Die politischen Unruhen seit dem Januar 2011
und der erneute Sturz der Regierung durch das Militär 2013 haben
den Tourismus fast zum Erliegen gebracht.

Kairo im Spätsommer: Es ist heiß, heiß und stickig. Und staubig. Die Stadt versinkt unter einer Dunstglocke. Die schluckt alle
Farben, das Blau des Himmels ist blass, die Häuserwände wirken
graubraun, auch wenn sie in Wahrheit rot sind, das Grün der wenigen Palmen am Nilufer ist staubig. Der Fluss fließt träge durch die
Stadt. Am Ufer baden ein paar Kinder, ein Junge schwimmt neben
einem Boot her. Überall Autos, dicht an dicht. Das Verkehrschaos
ist gewaltig.

Nur wenige Touristen schlängeln sich durch die Autokolonnen
am zentralen Tahrir-Platz. Auf einer Freifläche stehen Panzer und
Mannschaftswagen. Durch Stacheldrahtverhaue und Sperrgitter
führt ein schmaler Fußweg zum Ägyptischen Museum. Es gibt
trotz Sicherheitscheck keine Warteschlange am Eingang. Unruhige
Zeiten sind schlecht für den Tourismus.

Im Museum eine Überfülle von Artefakten aus 2000 Jahren vor-
christlicher ägyptischer Geschichte. Nicht so sortiert und nicht so
übersichtlich präsentiert, wie man das als mitteleuropäischer Mu-
seumsbesucher gewohnt ist – die Objekte stehen in alten Vitrinen,
oft zu eng nebeneinander, meist nur spärlich beschrieben und er-

läutert. Die museale Inszenierung ist schlicht, mitunter charmant-altmodisch. Kaum ein Stück wird präsentiert, wie das in europäischen Sammlungen meist der Fall ist, raffiniert ausgeleuchtet mit dunklem Hintergrund. Hier stehen Mumien und Steinskulpturen, hölzerne Sarkophagfragmente und jahrtausendealter Schmuck in atemberaubender Fülle nebeneinander, oft so dicht, dass ein Stück das andere einfach überstrahlt.

Eine kleine Extraabteilung ist wenigen besonderen Stücken gewidmet. Es sind Artefakte, die bei den Plünderungen des Ägyptischen Museums im Januar 2011 gestohlen wurden und dann in verschiedenen Ländern Westeuropas und Nordamerikas im Handel auftauchten. Teilweise wurden sie von ehrlichen Händlern zurückgegeben, teilweise von der Polizei beschlagnahmt und staatlicherseits zurückerstattet.

Bevor ich nach Ägypten aufbrach, habe ich in Köln mit Wafaa El Saddik gesprochen. Dort und in Kairo lebt sie mit ihrem Mann. El Saddik war von 2004 bis Ende 2010 als erste und einzige Frau Generaldirektorin des Ägyptischen Museums in Kairo und berichtet auch in ihrem Buch »Es gibt nur den geraden Weg. Mein Leben als Schatzhüterin Ägyptens« von ihrer Zeit dort. Sie beschreibt, wie sie im Fernsehen sah, wie der »hässliche Klotz« der Ägyptischen Nationalpartei in Flammen aufging, wie sie »im ersten Augenblick eine gewisse Genugtuung« verspürte, wie das Telefon klingelte und sie erfuhr, dass das Ägyptische Museum (also »ihr« Museum), das Museum in Memphis und die Magazine der historischen Stätten geplündert wurden. Sie schreibt: »In dieser frühen Phase des politischen Umbruchs geschehen schreckliche Dinge. Es gibt ein Sicherheitsvakuum, da Polizei, Militär und Sicherheitsdienste die archäologischen Stätten und Depots im Stich lassen. Das hat Plünderungen, an manchen Orten die völlige Zerstörung der Grabungsplätze zur Folge.«

Im Gespräch präzisiert sie ihre Aussagen noch. Sie sagt, dass die Plünderer genau wussten, was sie wollten – so beispielsweise im Ägyptischen Museum: »Die meisten Objekte, die gestohlen wurden, stammen aus einer bestimmten Epoche, nämlich der Amarna-Zeit [ungefähr die Epoche Echnatons, also in etwa der Zeitabschnitt um 1500 v. Chr., G.W.], obwohl sie nicht im selben

Saal standen. Das heißt, die Diebe wussten ganz genau, was sie wollten: eine Gruppe von Statuen des Großvaters von Echnaton, eine komplette Sammlung von Uschebti-Figuren, und dann haben sie im Saal des Tutanchamun ein paar Objekte gestohlen und anderes wieder woanders.« Mit Empörung spricht Wafaa El Saddik von den Plünderungen und Raubgrabungen in Ägypten. Es seien nicht nur Arme, die aus Verzweiflung grüben, auch die Gebildeten treibe die Gier. »In Mittelägypten, in El Hibeh, wurde das ganze Grabungsareal mit Bulldozern ausgegraben. Da lagen Knochen überall. Die haben die Mumien zerrissen, um Schmuck oder Gold zu finden, und die Gräber total zerstört.«

Im Ägyptischen Museum in Kairo sehe ich auch einige Stücke, die aus Deutschland nach Ägypten zurückgegeben wurden, die allerdings bereits vor den Plünderungen der Museen und Lagerstätten außer Landes geschmuggelt worden waren. So hatten Stuttgarter Zollbeamte bei einer Kontrolle im süddeutschen Weil am Rhein ägyptische Altertümer gefunden. Unter Teppichen lagen die Stücke, die wohl von Luxor aus über den italienischen Hafen La Spezia und die Schweiz bis nach Deutschland gebracht worden waren und nach Belgien weitertransportiert werden sollten: die Statue einer Familiengruppe, ein kleiner Obelisk und ein Naos (Schrein), auf dem Chaemwase (um 1281 v. Chr. – 1225 v. Chr.), der Sohn Ramses' II., opfernd vor dem Gott Horus kniet.

Im April 2009 meldete das Auswärtige Amt die Sicherstellung der vier Objekte. Doch dauerte es noch fünf Jahre, bis die Stücke endlich an Ägypten zurückgegeben werden konnten. Den Grund liefert das deutsche Kulturgüterschutzgesetz (siehe Kapitel 12), laut dem als anerkanntes Kulturgut eines Staates nur Dinge gelten, die in einem Verzeichnis des Herkunftsstaates geführt werden. Ägypten führt keine solchen Listen.

In Kairo bin ich mit Monica Hanna verabredet. Die 31-Jährige ist Archäologin und Aktivistin. Schnell und quirlig, gut vernetzt, immer mit Handy und iPad unterwegs. Als Jugendliche entdeckte sie ihre Liebe zur Archäologie, arbeitete schon zu Schulzeiten in den Laboratorien des Ägyptischen Museums, studierte Archäologie an der American University in Kairo, unterrichtete dann Englisch, machte ihren Doktor in Archäologie in Pisa und forschte im Rahmen eines Projektes der Berliner Humboldt-Universität in Luxor. Heute unterrichtet sie an der American University in Kairo. Ein Energiebündel. Denn nebenher baut sie die Egypt's Heritage Task Force auf – ein Netzwerk aus Wissenschaftlern und Menschen, die nahe den Ausgrabungsstätten leben, das Raubgrabungen in Ägypten beobachtet und sie auch zu verhindern sucht. Seit etwa zwei Jahren. Mehrere tausend Follower weltweit hat die Facebook-Seite des Netzwerkes inzwischen, auf der gestohlene oder vermutlich raubgegrabene Artefakte identifiziert werden.

So groß die Anerkennung ihrer Arbeit im Ausland ist, so wenig wird sie mitunter in ihrem Heimatland geschätzt. Der frühere ägyptische Minister für Altertümer Mohammed Ibrahim Ali behauptete beispielsweise im Staatsfernsehen, Hanna würde vom Ausland bezahlt, um Ägypten schlechtzumachen. Monica Hanna lacht darüber. Ägypten schlechtmachen? Sie spräche nur Klartext, sie könne es auch, anders als viele ausländische Forscher. »Internationale Forscherteams trauen sich nicht, Druck auf die Regierung auszuüben«, zitiert die *Zeit* sie im Juni 2014. »Sie fürchten, dass ihnen das Ministerium für Altertümer die Lizenz entzieht und ihre Ausgrabungen stoppt.« Sie brauche diese Rücksicht nicht zu nehmen, auch keine diplomatische. Es sei auch ihr Land. Und in der Situation sei eine eindeutige Sprache auch angebracht.

Nun also Klartext: »Seit 2011 haben die illegalen Ausgrabungen stark zugenommen. Es gab in Ägypten immer Raubgräber, doch seither wird überall geplündert. Früher gruben die Leute nur unter ihren Häusern, inzwischen gehen sie in die archäologischen Stätten, um dort zu plündern.« Überall entlang des Nils, überall, wo archäologische Stätten vermutet würden. Auch dort, wo Archäologen ständig arbeiteten. »Direkt an den Pyramiden von Gizeh haben wir schon Spuren illegaler Grabungen gefunden.«

Monica Hanna schaltet ihr iPad ein und zeigt mir Fotos. Hunderte Bilder bauen sich auf. Sie klickt sie an. Grablöcher in der Wüste, winkende Kinder mit Stücken von Holzsarkophagen, Knochenhaufen, Fetzen von Mumientüchern. Sie ruft Google Earth auf, gibt »Abu Sir al Malaq, Al Wasta, Gouvernement Bani Suwaif, Ägypten« ein. Das Satellitenbild ist sehr deutlich: Der Nil fließt im Osten, dann Felder, schließlich die Kleinstadt Abu Sir al Malaq selbst. Westlich des Ortes erstreckt sich ein schmaler Wüstenstreifen, dort liegt am Ortsrand auch, abgelegen von der Siedlung, eine Kirche. Sie zoomt weiter hinein ins Bild: Südlich der Kirche sind dunkle Punkte in der Wüste zu erkennen. »Das sind Grabungslöcher. Jeder Punkt ist ein Loch.« Wie Pockennarben reiht sich Grabungsloch an Grabungsloch, deutlich vom Satelliten erfasst. Vergleicht man heutige Satellitenbilder archäologischer Stätten mit solchen, die fünf oder sechs Jahre alt sind, wird deutlich, dass die Zahl dieser Grabungslöcher extrem zugenommen hat.

Ich beschließe nach Abu Sir zu fahren. Und nach Sakkara und Meidum. Sakkara ist einer der Orte, die nach der Revolution im Frühjahr 2011 am stärksten von Raubgrabungen heimgesucht wurden. Sakkara war aber auch schon früher besonders betroffen, wie Stephan Seidlmayer, der Leiter des Deutschen Archäologischen Instituts (DAI) in Kairo, der *Süddeutschen Zeitung* in einem Interview am 3. August 2011 berichtete: »Das Gebiet ist sehr reich an Fundstätten, dort gab es aber auch schon vor der Revolution Probleme mit Raubgrabungen.« Die Menschen vermuteten Schätze in der Erde und den Magazinen der Archäologen. »Ein ägyptischer Kollege aus Sakkara meinte«, so Seidlmayer, »vielleicht sollten wir einen Tag der offenen Tür machen. Dann sehen die Leute, dass in den Lagerräumen keine goldenen Schätze liegen.«

Monica Hanna rät mir, wenn ich nach Sakkara und Abu Sir al Malaq will, sehr früh morgens aufzubrechen. Am besten treffe man schon bei Sonnenaufgang ein, wenn die Raubgräber abgezogen seien und die Dorfbewohner noch nicht auf den Beinen. Sonst könnte es bedrohlich werden. Auf Nachfrage erzählt sie, dass sie selbst schon mehrfach angegriffen worden sei. Sie habe fotografiert, dann seien einige Männer, wohl Raubgräber, gekommen und hätten versucht, ihr mit Gewalt die Kamera abzunehmen. Sie hätten wohl Angst gehabt, auf den Fotos identifizierbar zu sein. Einmal – in Dahschur, dem Pyramidenfeld südwestlich von Gizeh, wo die bekannte Knickpyramide steht – wurde sogar auf sie geschossen. Sie spricht leiser und lacht unsicher, als sie das erzählt.

Nicht so früh wie geplant verlassen der Fahrer und ich Kairo. Alle Städte fransen zum Rande hin aus, und viele verlieren sich dann in Hässlichkeit: Bei Kairo, der Mutter aller Städte, wie Ibn Battuta sie im 14. Jahrhundert nannte, ist das besonders schlimm.

Kilometerlang halbfertige Neubauten entlang der Autobahn, die teilweise schon verfallen, bevor sie bewohnt werden. Vor uns ein Lastwagen, der mit Sand beladen ist und seine Ladung langsam verliert. Wofür braucht man hier Sand, und warum karrt man ihn hier durch die Gegend? Er liegt überall, am Straßenrand, überall dort, wo die Autos nicht langfahren. Der Wind weht ihn über Straßen, er sammelt sich an Mauerresten und auch an den Betonleitplanken, die die Fahrspuren trennen.

Aus dem morgendlichen Dunst schälen sich die drei großen Pyramiden heraus. Graubraune Ungetüme, die wie dort hingeworfen wirken, nicht von dieser Welt. Gizeh. Einige große Hotels an der Straße, die sich hinter langen Mauern und Reihen von Palmen verbergen. Sakkara liegt etwa 25 Kilometer weiter südlich. Die Straße führt zunächst in einigem Abstand entlang des Nils, dann nach Westen und wieder nach Süden entlang eines Bewässerungskanals. Am Straßenrand haben Händler ihre Waren ausgebreitet: Sie verkaufen Datteln, Papayas, Mangos. Abenteuerlich beladene Pick-ups, Esel- und Pferdekarren, bepackt mit Tomaten oder Mais. Hühner in großen Käfigstapeln. Auf die Ladefläche eines Kleinlasters passen, quer stehend und dicht gedrängt, ein halbes Dutzend Rinder. Die Fahrspuren der Straße trennt ein Kanal: Müll türmt sich am Rand, gebündelt und lose, Plastik überall. Leben scheint es am und im Fluss nicht zu geben. Doch auf den zweiten Blick sehe ich graue Reiher am Ufer und auf im Wasser liegenden Steinen und Stämmen. Blütenweiße Kuhreiher stehen auf grünen Feldern. Die Ebene um Sakkara ist fruchtbar. Wo Wasser ist, wächst alles, wo die Bewässerung endet, beginnen Sand und Steine. Die Wüste. Übergangslos endet das Grün der Felder und Palmenhaine. Eine Linie wie mit dem Messer entlang eines Lineals geschnitten.

In Sakkara parkt der Fahrer unter einer einsamen Palme. Er will hier im Schatten warten. Ich laufe vorbei an der an einer Seite eingerüsteten Stufenpyramide, der wohl ältesten Pyramide der Welt. Sie wird seit Jahren restauriert, man munkelt von Firmen, die nichts von dem Job verstehen. Mal geht das Geld aus, mal scheinen die Arbeiten voranzugehen, dann wieder werden totale Baustopps verhängt. Eine ausufernde graubraune Mondlandschaft – nichts erinnert mehr an den grünen Zauber nur wenig mehr als einen Kilometer entfernt. Ich bin allein, der einzige Besucher am Ort, der Einzige in dem kleinen, aber sehr schönen und informativen Museum nahe der Pyramide. Zwischen den Sand- und Gesteinshügeln, die sich kilometerweit um die Pyramide erstrecken und in ihrer Lebensfeindlichkeit unwirklich aussehen, sehe ich immer wieder Stellen, die wie frisch aufgefüllt aussehen. Die Oberfläche hat eine andere Struktur, und sie fühlt sich auch beim Darübergehen anders an. Nicht so verdichtet. Ich bin mir sicher, hier wurde gegraben, die Löcher wurden aber hinterher wieder verfüllt. Frische Grabungslöcher sehe ich nicht, ich habe aber auch ein wenig Angst, mich allein in dem weiten Gelände zu verlieren.

Weitere 50 Kilometer südlich. Auch an der Pyramide von Meidum bin ich der einzige Besucher des Tages. Die Pyramide, stark erodiert, liegt mitten im Nirgendwo. Eine Straße führt quer durch die Schotterwüste, sie endet an zwei Gebäuden, in deren Schatten fünf Männer, Wärter und Kassierer, sitzen und Tee trinken. Man winkt uns durch, ein mit einem alten Gewehr bewaffneter Wächter begleitet mich, zeigt auf die Pyramide und fragt mich, ob ich hineinwolle. 20 Pfund, knapp 2 Euro, verlangt er als Bakschisch, dann zückt er sein Handy als Taschenlampe, und wir kriechen durch einen langen dunklen Treppengang hinab. Beim Herausgehen bietet er mir einen behauenen Stein an – einen abgegriffenen Skarabäus. »Wichtig ist, den Leuten klarzumachen: Das sind unsere eigenen Kulturgüter«, hatte der Leiter des DAI Kairo, Stephan Seidlmayer, im Interview mit der *Süddeutschen Zeitung* auch gesagt. Ich lasse den Stein liegen.

Abu Sir al Malaq ist eine Kleinstadt, die nach einer großen Gottheit benannt ist: Osiris, dem Totengott. 20 000 Menschen leben angeblich hier, man mag es nicht glauben. Die Kirche am Ortsrand ist leicht zu finden. Eine löchrige Erdpiste führt dorthin. Hinter der Kirche beginnt ein Stück Wüste. Nebenan der Müllplatz des Ortes: Der Wind weht Plastiktüten in die Wüste hinein. Hier haben die deutschen Archäologen Otto Rubensohn und Georg Möller Anfang des 20. Jahrhunderts gegraben. Sie fanden eine ausgedehnte Nekropole mit Gräbern vor allem aus der Zeit zwischen 1100 v. Chr. und 400 n. Chr. Schon um 1908 stellten sie ihre Ausgrabungen ein. Danach versandeten die freigelegten Gräber wieder.

Heute reiht sich hier Loch an Hügel, Loch an Hügel, hastig gegraben und aufgeschüttet. Die Wüste wirkt wie der Ort eines

Massakers aus längst vergangenen Zeiten. Überall menschliche Knochen. Schädelplatten, Oberschenkel, Rippenbögen, achtlos über-einandergeschaufelt. Dazwischen Tuchfetzen – Reste von Bandagen, mit denen einst die Mumien umwickelt waren. Mal ein kleines Stück bemaltes Holz, eine Tonscherbe. Die Löcher sind tief, manche mit befestigten Rändern, manche einfach in Erde, Sand und Kies gegraben. Die meisten führen senkrecht hinab. Ich balanciere vorsichtig am Rand eines Grabungsloches entlang, sehe in die Tiefe, aber kein Ende des Schachtes. Ich werfe einen Stein hinein. Es dauert knapp drei Sekunden, bis ich ihn aufschlagen höre. Der Schacht muss etwa 20 Meter tief sein, nur provisorisch abgesichert, in den sich die Raubgräber abgeseilt haben. Monica Hanna hat mir berichtet, dass die meisten Raubgräber Kinder oder Jugendliche in die Grabungsschächte schicken, um die wertvollen Objekte herauszuklauben. Dabei käme es auch immer wieder zu Todesfällen. Es gibt hier nur wenige Grabungslöcher, die so groß sind, dass wahrscheinlich Maschinen eingesetzt wurden. Fast wie Hohn wirkt angesichts der Zerstörung, was der ägyptische Minister für Altertümer Mamdouh El-Damaty in einem am 11. April 2015 abgedruckten Gespräch mit dem *Spiegel* sagt: »Wir hoffen, diese Raubgrabungen mehr und mehr eindämmen zu können. In den ersten Jahren nach der Revolution war das fast undenkbar, die Polizei hatte nicht genügend Leute, wir hatten in jeder Hinsicht Probleme mit der Sicherheit. Jetzt gibt es immerhin eine Sondereinheit, die auch illegale Grabungen aufspürt.«

Ich laufe etwa eine Stunde durch die verwundete Wüste von Abu Sir. Mache Fotos. Schaue mir die herumliegenden, ausgeblichenen Knochen an. Ein paar Dorfbewohner kommen mit dem Motorrad vorbei. Ich packe die Kamera weg, doch die scheint die Ägypter gar nicht zu interessieren. Die Dorfbewohner zeigen mir andere Stellen mit frischeren Grabungen. Wollen ein Bakschisch dafür. Sie sind freundlich. Ich wirke wohl wie einer der rar gewordenen Touristen. Einer zeigt mir eine kleine Keramik und deutet auf das umgepflügte Gräberfeld. Sie sei *cheap, very cheap*. Ich winke ab.

Monica Hanna hat mir erzählt, dass für die meisten ländlichen Ägypter die archäologischen Stätten nur eine schnelle Geldquelle seien. Sie sind ein Steinbruch, ein Rohstoff, aus dem man Geld machen kann. Mehr als aus Datteln. Seit 2011 steigen in Ägypten die

Lebenshaltungskosten, und die Einkommen sinken, gerade auf dem Land. Die Bauern stehen am Ende einer langen Kette. Touristen, von denen das Land lebte, bleiben aus, die Menschen sparen an allem. Selbst an lokalen Lebensmitteln. Auch Hotels brauchen weniger Tomaten und Datteln, Exporte schrumpfen, und so bleiben die Bauern auf ihren Ernten sitzen. Daher verscherbelt man unsentimental das Erbe der Menschheitsgeschichte: Abu Sir al Malaq ist, nein, man muss inzwischen sagen, war für seine bemalten Holzsarkophage berühmt.

Alle Archäologen lehnen Raubgrabungen ab, viele haben aber Verständnis für die Raubgräber – egal, ob in Ägypten, im Irak oder sonstwo –, zumindest für die Leute, die vor Ort, im Dorf selbst oder direkt nebenan graben. Der schon zitierte Archäologe Michael Müller-Karpe, der einer der profiliertesten Kenner der Materie in Deutschland ist, sagt, dass die Raubgräber vor Ort meist arme Menschen seien, die wegen des Chaos in ihren Ländern beispielsweise ihre Dattelernte nicht verkaufen können. »Sie müssen aber ihre Familie sattbekommen und gehen dann in die archäologischen Stätten und machen Raubgrabungen. Die armen Bauern vor Ort sind im Grunde auch Opfer.« Er spricht von seinen eigenen Erfahrungen im Irak: »Ich weiß, dass die Einheimischen sich der Bedeutung des archäologischen Erbes bewusst sind.« Meist treibe die Bauern reine Not. Nur Gesetze, nur Grabungsverbote hülfen da nicht.

Zumal ägyptische Antiken im internationalen Handel sehr gefragt sind. Zwar bekommt man einen Uschebti, eine oft nur handgroße Statuette, die ursprünglich als Abbild des mumifizierten Verstorbenen fungierte, selbst wenn er mehr als 3000 Jahre alt ist, schon für unter 1000 Euro. Doch die Preise für größere Objekte gehen oft in die Hunderttausende oder in die Millionen. So etwas spricht sich auch auf dem Land in Ägypten herum. Archäologen wie Monica Hanna fürchten genau das, denn dann nehmen die Dorfbewohner erneut die Schaufel in die Hand und träumen vom großen Fund. »Es ist so, dass die Anwohner Raubgrabungen oft als einzige Möglichkeit sehen, überhaupt an etwas Geld und Verdienst zu kommen. Viele Ägypter denken: Was haben wir mit den Pharaonen zu tun?«, sagt Monica Hanna. Denen zu vermitteln, dass die archäologischen Stätten Teil ihres kulturellen Erbes seien, sei schwer. Was oft auch an der Archäologenzunft läge, meint sie. Otto Rubensohn und Georg Möller arbeiteten zu Beginn des 20. Jahrhunderts in Abu Sir al Malaq so, wie auch heute viele ausländische Grabungsteams in Ägypten agieren: »Ohne Einbeziehung der lokalen Bevölkerung. Sie graben, schreiben ihre Grabungsberichte, veröffentlichen diese, vielleicht sogar als Buch. Sie gehen dann an ihre Universitäten zurück und zehren ihr ganzes akademisches Leben von diesen Entdeckungen. Und geben nichts an die Gemeinde zurück, die ihnen erlaubt hat, zu graben.«

Hanna fordert, dass bei neuen Grabungsprojekten immer auch das Wohl der jeweiligen Gemeinde mit bedacht werden müsste. Nur wenn die Leute vor Ort von den Arbeiten auch ökonomisch profitierten, würden sie das Kulturerbe auch als das ihre und als etwas Verteidigungswertes begreifen. Viele Archäologen in Ägypten sprechen von der Notwendigkeit eines Paradigmenwechsels: Die Anwohner müssten eigentlich zu Hütern ihres Erbes und der kulturellen Stätten gemacht werden und nicht einfach nur durch Sicherheitskräfte weggehalten werden. Sie müssten lernen, dass sie langfristig mehr davon hätten, wenn sie diese Kulturstätten bewahren, als wenn sie sie ausgraben und plündern. Denn der Profit aus Raubgrabungen ist ein sehr kurzlebiger und wenig nachhaltig. Im Gegenteil, er ist im doppelten Sinne zerstörerisch: Nicht nur die archäologischen Stätten fallen ihm zum Opfer, oft auch die nahe gelegenen Kommunen.

Der Glasgower Archäologe Neil Brodie erforscht mit EU-Geldern seit 2012 den illegalen Antikenmarkt: Er, der sich schon lange mit Raubgrabungen und dem illegalen Antikenhandel befasst, kennt ein Beispiel aus Griechenland, wo der griechische Journalist Nikolas Zirganos lange im Dorf Aidonia auf der Peloponnes recherchiert hat. Nahe von Aidonia wurde 1976 ein umfangreiches Gräberfeld aus mykenischer Zeit gefunden. Brodie: »Zwei rivalisierende Banden kämpften mit Schusswaffen um den Besitz des Friedhofes, und danach gruben die Sieger monatelang dort. 1978 waren die Grabstätten leergeräumt, und infolge der Gewalt zerbrach die Gemeinde. 2007 war nur noch ein Haus dort bewohnt – das eines Grabräubers.« Besser – so Zirganos und Brodie – wäre es gewesen, das Gräberfeld archäologisch auszugraben, die Funde zu bestimmen und in ein lokales Museum zu geben. Einkünfte aus dem Tourismus hätten dann das Überleben der Gemeinde sicherstellen können. Beispielhaft sei das in der benachbarten Gemeinde Nemea geschehen, wo die arbeitenden US-Archäologen Geld in den Ort gebracht hätten, ebenso wie die Touristen, die das dortige Museum besuchen.

Eine Lösung für die archäologischen Stätten Ägyptens? Für Abu Sir al Malaq? Zumindest eine Idee. Denn schützen kann man diese Stätten kaum. Die Fundorte sind zu unübersichtlich, das Gelände ist zu riesig. Wie groß will man den Radius um eine Pyramide wie in Sakkara ziehen? Wie lang soll der Zaun sein?

Zurück nach Kairo: Die Nil-Insel Zamalek ist das vielleicht ruhigste Viertel der Kairoer Innenstadt. Die Hälfe der Insel ist Park und Sport-Country-Club, die andere bebaut mit alten Villen und modernen Zweckbauten. Hier haben viele Botschaften und internationale Organisationen ihren Sitz. Es gibt Straßencafés und Restaurants, auch solche, die Wein ausschenken, moderne Buchhandlungen, kleine Galerien. Europäisches Gepräge. Nahe dem östlichen Ufer stehen zwei große alte Villen, umgeben von einem großen Garten. Hier residiert das Schweizerische Institut für Ägyptische Bauforschung und Altertumskunde, das 1949 als Nachfolger des Ludwig-Borchardt-Instituts – benannt nach Ludwig Borchardt (1863 – 1938), dem Finder der berühmten Nofretete-Büste – gegründet wurde. Ein durchaus gediegenes Ambiente, auch wenn in diesen Tagen hin und wieder der Strom abgesperrt wird. Leiter des Instituts ist Cornelius von Pilgrim. An der Wand seines Büros hängen keine Fotos altägyptischer Preziosen, sondern ein Filmplakat: »Apocalypse now« von Francis Ford Coppola.

Die Schweizer Archäologen graben vor allem in Assuan, im Süden Ägyptens. Sie betreiben Stadtarchäologie, das heißt, sie versuchen die Lebensumstände der alten Ägypter in städtischen Siedlungen zu erforschen.

Die Geschichte Assuans reicht bis etwa 3500 v. Chr. zurück, und die frühesten Siedlungsspuren stammen auch aus dieser Zeit. Schon um 3000 v. Chr. bestand auf dem südöstlichen Teil der Nil-Insel Elephantine eine Festung und eine Siedlung aus Lehmziegeln, die zugleich die südliche Grenze Ägyptens, das Tor nach Nubien, markierte. In den Steinbrüchen nahe Assuan wurde

Granit geschlagen, der dann nach Nordägypten verschifft wurde. Um 1000 v. Chr. wurde auch das Ostufer des Nils und damit die Umgebung des heutigen Assuan besiedelt, um 300 v. Chr. dann, also in der Ptolemäerzeit, das heutige Stadtgebiet. Der Ort wurde Syène genannt und war einer der beiden Messpunkte – der andere war Alexandria –, mittels derer Eratosthenes von Kyrene (276/273 v. Chr. – ca. 194 v. Chr.) den Erdumfang sehr genau bestimmte. Laut seiner Berechnung betrug dieser 41 750 Kilometer, was dem realen Wert (40 075 Kilometer am Äquator) ziemlich nahe kommt.

Ägyptische Stadtforschung ist ein relativ junger Teil der Archäologie. Erst in den 1970er Jahren begannen Archäologen mit langfristig angelegten Stadtgrabungen, um den Lebensalltag der pharaonischen Ägypter zu erforschen. Bis dahin hatte man sich überwiegend auf Texte konzentriert – die Ägyptologie entstand, so von Pilgrim, eigentlich als Sprachwissenschaft – und auf schöne Objekte für die Museen, die die Grabungen finanziert hatten. Durch die Erforschung der Nekropolen weiß man heute mehr über die Jenseitsvorstellungen der Ägypter als über das damalige reale Leben.

Natürlich hat auch Cornelius von Pilgrim Erfahrungen mit Raubgrabungen. »In fast jeder Baugrube, in fast jedem Baugrundstück finden sich alte Grabungsschächte«, sagt er, »seit sicher dem letzten Jahrhundert wurden in der Stadt Raubgrabungen durchgeführt.« Jeder, der in Assuan lebt, weiß, dass die jetzige Stadt auf einer alten Pharaonenstadt erbaut wurde, und seit Generationen hofft man, unter dem eigenen Haus etwas Wertvolles zu finden. »Alte, wieder verfüllte Raubgrabungsschächte finden wir in fast jeder Baustelle. Aber oft auch neue.«

Die Altstadt von Assuan besteht heute eigentlich zu einem Drittel aus verlassenen und unbewohnbaren Häusern. Doch seien diese Ruinen immer noch vermietet, berichtet von Pilgrim. Der Grund dafür sei, dass so die Mieter dann unter den Häusern graben könnten. Die Eigentümer würden sich das normalerweise nicht trauen – sie könnten später rechtlich haftbar gemacht werden. Deshalb würden die Mieter graben – und sie grüben unglaublich tiefe Stollen. »Die reichen bis zu zwölf Meter tief in den Boden und enden in Querstollen. Ja, wir haben schon 20 Meter lange Tunnelsysteme entdeckt, die mitunter auch hochprofessionell verschalt sind. Mit einer kompletten Holzverschalung, mit elektrischem Licht, mitunter sogar Pumpen, die das Grundwasser dann abpumpen.« Es habe sich schon ein richtiges System herausgebildet: Scheichs (lokale Führer) munterten die Leute auf, an bestimmten Plätzen zu arbeiten, weil sie wüssten, dass dort etwas zu finden sei. Die Grabenden ließen dann Orte segnen oder hängten Idole auf, um sich zu schützen.

Cornelius von Pilgrim ist überrascht von dem Aufwand, der dort betrieben wird. Denn, so sagt er, »letztlich kann man dort nicht viel finden.« Eigentlich würde man in Städten nur Zivilisationsmüll finden, interessant für den Archäologen, aber wenig lohnend für Raubgräber. »Wenn man dort eine extrem korrodierte Münze findet oder eine angeschlagene Öllampe, ist das schon mit das Beste, was man erwarten kann. Es sei denn, man trifft auf Gräber, wo, wie man weiß, Besseres zu finden ist. Und die Menschen leben natürlich in der Illusion, auch mal ein Grab zu finden. Und irgendwo mag das auch dann mal der Fall gewesen sein, dass jemand aus purem Zufall auf ein Grab gestoßen ist und vielleicht eine kleine Goldperle darin gefunden hat, aber in der Gerüchteküche der Stadt wird das natürlich dann sofort ein Goldschatz, und jeder nimmt sofort die Hacke in die Hand und gräbt ein Loch in seinem eigenen Haus.«

Löcher im eigenen Haus. Es gibt ganze Dörfer, die von diesen Löchern leben, ganze Generationen von Familien, die den Boden unter ihren Häusern durchwühlen. Beispielsweise Scheich Abd el-Qurna (kurz Al-Qurna), ein Dorf am westlichen Nilufer gegenüber von Luxor, das am Fuß der Thebanischen Berge direkt über dem altägyptischen Gräberfeld von Theben-West errichtet wurde. Dort verdienten einige Einheimische lange gutes Geld mit dem Ausgraben und Verkauf von Antiken. Die *Frankfurter Allgemeine Zeitung* berichtete am 7. November 2014 von einer Familie in Al-Qurna, deren Haus über zwei Felsengräbern der Pharaonenzeit stand. Nur eines der Gräber war den Behörden bekannt, das andere nicht. Es wurde prompt geöffnet – allerdings, so die Nachfahren der Raubgräber, sei es leer gewesen.

Andere waren wohl erfolgreicher: So die Familie von Ali Abd al Rassul, einer der wichtigsten einheimischen Mitarbeiter von Howard Carter, dem Entdecker des Grabes von Tutanchamun. Die

Familie Rassul hatte damals schon in Al-Qurna einen legendären Ruf: 1875 entdeckte Ahmed Abd al Rassul eine geräumige Grabkammer mit Mumien – ein Schatz, mit dem er und seine Familie ausgesorgt hatten. Die Familie schwor, das Geheimnis nie zu verraten, doch nachdem mehr und mehr kostbare Kunstgegenstände der Pharaonenzeit auf dem Antikenmarkt verkauft wurden, wurde die Antikenverwaltung hellhörig. Die Rassul-Brüder wurden verhaftet – schließlich arbeitete der eine, Mohammed, mit der Polizei zusammen und zeigte den Behörden 1881 das Grab. Die Rassuls gruben aber weiter in Theben – erfolgreich. Und bis 1983 konnten Antiken ja auch innerhalb von Ägypten gehandelt und mit Lizenzen ins Ausland verkauft werden.

Im Jahr 2006 war die Antikenverwaltung die Raubgräberei in Al-Qurna leid: Auf ihr Betreiben wurden die Einwohner des Dorfes trotz großer Proteste umgesiedelt, in das neue Dorf Al-Qurna al-dschadida (»Neu-Qurna«). Die Raubgrabungen gehen weiter.

Der bereits zitierte Glasgower Archäologe Neil Brodie verwendet das Bild einer Kette, deren Glieder gut geölt ineinandergreifen. »Ganz unten sind die Leute im Dorf, die ausgraben. Eine Stufe darüber dann derjenige, den ich den Organisator nenne, der ebenfalls vor Ort lebt, aber entweder die Funde an einen Händler woanders verkaufen kann oder sogar weiß, wie man sie außer Landes bringt.« Strafen schrecken die einheimischen Raubgräber kaum. Cornelius von Pilgrim erzählt, dass zwar immer wieder Raubgrabungen auffielen und dann auch Leute verhaftet würden. »Ich weiß das von meinen vielen ägyptischen Kollegen vor Ort, die bei Gericht als Gutachter auftreten müssen.« Die Angeklagten werden dann oft auch zu Gefängnisstrafen verurteilt. »Ich kenne aber auch einen Fall, in dem der Delinquent nach einem Jahr Gefängnis entlassen wurde, nach Hause ging und sofort wieder die Hacke in die Hand nahm und weitergrub.«

Die Dorfbewohner wissen, darüber sind sich die Archäologen in Ägypten einig, genau, wo was zu holen ist. Und alle sagen auch, dass diese Form der Raubgräberei von »armen Leute aus den Dörfern, die ihre Ernten nicht mehr verkaufen können und deshalb graben«, so Monica Hanna, zwar schlimm und ärgerlich ist, die Raubgrabungen inzwischen aber andere, problematischere

Formen angenommen hätten. »Arme Leute suchen nicht so systematisch«, meint der amtierende Minister für Antiken in Ägypten, Mamdouh El-Damaty, »es gibt aber auch organisierte Gruppen.« Das Graben der Dorfbewohner sei fast eine Petitesse gegenüber dem, was sich heute in Ägypten abspiele. Seit der Revolution von 2011, die zum weitgehenden Zerfall staatlicher Ordnung führte, sei das Raubgräbergeschäft irrsinnig gewachsen. El-Damaty vermutet, dass sich seitdem die Menge der raubgegrabenen und gestohlenen Artefakte verdoppelt hat. Monica Hanna spricht ebenfalls von professionellen, mafiaähnlichen Gangs, die nun die Grabungen organisierten: »Diese Banden haben Experten angeheuert, die genau wissen, wo man graben muss. Sie nutzen Ultraschallgeräte, um die Grabschächte zu finden. In einer Woche räumen die mit schwerem Gerät mehrere Gräber komplett leer.«

Es ist ein ungleicher Wettbewerb. Gut bewaffnete und gewaltbereite Raubgräber gegen schlecht bezahlte Wachen, die ein riesiges Gelände sichern sollen. Die Ägyptologin Salima Ikram, Professorin für Archäologie an der American University in Kairo und Fachfrau für Tiermumien, spricht ebenfalls von einer neuen Qualität des Raubgräbertums. Die Banden würden allradgetriebene Fahrzeuge nutzen und automatische Waffen. Sie hätten auch keine Skrupel, beides einzusetzen: »Erst kürzlich gab es einen Zwischenfall, bei dem die Wächter des Antikenministeriums von einer Bande beschossen wurden, als sie versuchten, eine Ausgrabungsstätte zu schützen. Es war ein echter Angriff von Schwerbewaffneten. Wären die Wächter nicht geflüchtet, wären sie einfach niedergemäht worden.«

Von mafiaähnlichen Strukturen spricht auch Cornelius von Pilgrim. Von organisierten Banden. Es wird in Lagerräume eingebrochen, in denen die noch nicht katalogisierten Ausgrabungsfunde aufbewahrt werden. »Speziell in den letzten drei Jahren, wo die Sicherheitskräfte den Schutz der antiken Gebiete gar nicht mehr in dem Maße gewährleisten konnten, wie sie das noch zu Mubaraks Zeiten getan haben.« Auch werde oft auf Bestellung gegraben. Man könne auf Google Earth sogar sehr gut nachverfolgen, wie in Dahschur in den letzten drei Jahren die Raubgrabungslöcher in einer dramatischen Art und Weise zugenommen hätten. »Dort wurde eine große pharaonische Nekropole mit vielversprechenden Funden zwischen Claims generalstabsmäßig aufgeteilt und dann systematisch geplündert. Tausende Gräber sind dort geplündert worden, und man hat auch da hochqualitative Objekte gefunden, die in den Antikenmarkt einfließen.«

Im *Deutschlandfunk* berichtete von Pilgrim im Frühjahr 2014 von der Entdeckung vierer Gräber von hohen Beamten nahe Assuan. Es seien Felsgräber der Bürgermeister und Gouverneure von Elephantine, der südlichen Grenzstadt Ägyptens aus dem Neuen Reich, aus der Zeit zwischen 1500 und 1300 v. Chr. »Sensationell« nannte der Archäologe den Fund. Denn aus dieser Epoche seien bisher keine Gräber, weder in Assuan noch nahebei, gefunden worden. In einem der Gräber sei eine Person namens User beigesetzt worden. Die Grabanlagen enthielten hervorragend erhaltene Wandmalereien und Reliefs. Was ansonsten in den Grabkammern zu finden war, kann von Pilgrim nur vermuten. Denn diese wurden durch illegale Grabungen über mehrere Monate ausgeräumt. Die Felsengräber seien von den Raubgräbern schon vor längerer Zeit entdeckt und dann mit Waffengewalt verteidigt worden. Wegen der politisch angespannten Situation hätten die Behörden nicht eingreifen können, und so sei es zu Grabungen durch die Bewohner des dortigen nubischen Dorfes gekommen, unter anderem auch mit sehr brachialen Mitteln. Sie hätten schweres Gerät eingesetzt, Lastwagen und Bagger und damit »die ganzen Vorbauten dieser Gräber wohl zerstört«. Wieviel von den Funden bereits ins Ausland geschmuggelt und verkauft sei, das wisse man auch nicht. Größere Objekte seien, so von Pilgrim, schwer zu verkaufen und schwer aus dem Land zu schmuggeln. Kleinere gäbe es hingegen fast überall.

Schon in Deutschland hatten mir Archäologen erzählt, dass man trotz aller Verbote und trotz teilweise drakonischer Strafen in Kairo illegal Antiken kaufen könne. Doch anders als in den Kleinstädten müsse ich in der Hauptstadt auf der Hut sein, die Händler seien sehr misstrauisch. Vor allem Ausländer seien gefährdet, da die ägyptischen Behörden durch ihre Verfolgung international Handlungsfähigkeit demonstrieren könnten.

Gegenüber dem Ägyptischen Museum gibt es mehrere Andenkenläden, darunter einer, der wie eine Höhle im Erdgeschoss eines Geschäftshauses liegt. Eine enge, langgestreckte, vollgestopfte Rumpelkammer, ein Interieur wie in einem düsteren Fantasyfilm oder – passenderweise – einem Indiana-Jones-Streifen. Vorne ist er hell erleuchtet, hinten verliert sich alles im dunklen Schummerlicht, selbst an den Tagen, an denen der Strom nicht abgestellt ist. Ich bin allein mit drei Verkäufern. Am nächsten Tag komme ich wieder und bin wieder der einzige Kunde. Die Verkäufer grüßen. Es gibt Touristenkitsch, Kühlschrankmagneten, seltsam geformte Kopien der Nofretete, Repliken der üblichen ägyptischen Katzen und Sarkophage für die Fensterbank, Elfenbeinschnitzereien und Elfenbein aus Plastik, made in China. Ein Papagei läuft über den Fußboden. Was ich suche, fragt mich ein Verkäufer. Ich murmele etwas von koptischer Kunst – man hatte mir vorher berichtet, danach solle ich fragen –, spreche von echten Antiken, die mich interessieren würden, keine Kopien, wie man sie überall fände. Er guckt mich erstaunt und abschätzend an, sagt, ich solle einen Moment warten. Der Chef kommt selbst, er ist neugierig und auch misstrauisch. Ich frage erneut, er schaut abschätzend, sagt, dass er nicht wirklich viel habe. Woher ich käme? Aus Deutschland. Willkommen. Ob ich schon öfter in Kairo gewesen sei? Ich bejahe. Was mich denn interessiere? Er habe Amulette, Textilien. Er führt mich weiter in den dunkleren Teil des Ladens hinein. Licht scheint es hier nicht zu geben. Er habe etwas an antiken Textilien, ob ich sie sehen wolle. Eigentlich nicht, sage ich. Etwas anderes? Amulette? Ja, vielleicht. Ich fühle mich unwohl. Ich bin immer noch der einzige Kunde, vom Eingang kann uns niemand sehen. Noch ein paar Schritte weiter ins Dunkle, der Chef winkt. Ich weiß, es ist illegal, was ich hier mache, und auch, dass ausländische Journalisten in Kairo nicht gut angesehen sind. Auf die innere Stimme soll man hören: Irgendetwas sagt mir, es sei besser zu gehen.

Er würde mir was zeigen, kleine Sachen, ruft er mir noch hinterher.

Kleine Sachen sind vor Ort oft teurer als große, erfahre ich später. Denn man kann sie leichter außer Landes schmuggeln.

2
Irak und Syrien: Terrorfinanzierung durch Raubgrabungen?

Wenn Sie einmal in den Lauf einer Kalaschnikow gucken müssen, weil sie zufälligerweise einen Grabräuber stören, dann merken Sie, welche kriminelle Energie hinter dem Ganzen steckt.
Hermann Parzinger, Archäologe, Präsident der Stiftung Preußischer Kulturbesitz

Ende August 2015 erreichten die Weltöffentlichkeit neue Schreckensmeldungen aus Syrien: Der sogenannte Islamische Staat (IS) hatte am 18. August Khaled Asaad, den ehemaligen Chefarchäologen von Palmyra ermordet. Der 81-Jährige war 40 Jahre lang von 1963 bis 2003 Direktor des Museums und der archäologischen Stätten von Palmyra. Mitte Juli hatte der IS ihn entführt und danach brutal gefoltert, da er sich, wie die britische Tageszeitung *The Guardian* berichtete, geweigert hatte, zu verraten, wo antike Artefakte versteckt waren. Denn vor dem Einmarsch des IS in die antike Oasenstadt hatte er gemeinsam mit dem Antikendienst wertvolle Skulpturen und Kunstschätze aus der Stadt in geheime Lager »irgendwo in den Bergen bei Damaskus« gebracht, wie Stefan Weber, der Direktor des Museums für Islamische Kunst in Berlin, im Gespräch mit dem *Stern* vermutete.

Wenige Tage später sprengten die Terroristen den aus dem zweiten nachchristlichen Jahrhundert stammenden Tempel des Baal Schamin in Palmyra, einen der besterhaltenen antiken Tempelbauten der Stadt, sowie den großen Baaltempel, die mit rund vier Hektar Größe größte Tempelanlage in Palmyra. Später folgten weitere Sprengungen, so die dreier Grabtürme. Andere Kulturgüter sind angeblich vermint, sie können sozusagen auf Knopfdruck gesprengt werden.

Die Zerstörungen in Palmyra reihen sich ein in die Verwüstungen kultureller Güter, die der IS seit Jahresbeginn 2015 betreibt. Ende Februar 2015 zerschlugen IS-Kämpfer mit Hämmern und Pressluftbohrern jahrtausendealte Statuen im Museum von Mossul, wo bis dato die wichtigsten Funde aus der Stadt Nimrud, deren Ruinen nur 30 Kilometer südsüdöstlich von Mossul liegen, aufbewahrt und gezeigt wurden. Nimrud, im Nordirak am Ufer des Tigris gelegen, wurde um 1270 v. Chr. gegründet und war als Kalchu oder Kalach im 9. Jahrhundert v. Chr. die Hauptstadt des Assyrischen Reiches, das sich unter König Assurnasirpal II. (883 – 859 v. Chr.) vom westlichen Iran bis zum Mittelmeer erstreckte. Archäologen arbeiten hier seit dem 19. Jahrhundert. Sie gruben Festungsruinen, Tempelanlagen, Obelisken und reich verzierte Reliefs aus, dazu steinerne Türhüterfiguren, seltsam anmutende Großskulpturen, halb Mensch, halb Tier. »Dämonen mit unergründlich stieren Blicken«, so die *Frankfurter Allgemeine Zeitung* am 7. März 2015. Die Skulpturen, die zunächst so primitiv wirkten, wiesen in Wirklichkeit »ein Höchstmaß an Konzentration und Stilisierung auf. Sie sind Hervorbringung eines allumfassenden Denkens, Konzentrate dessen, was eine Hochkultur über sich, über den Menschen und seine Beweggründe herausfand.«

Wenige Tage nach den Zerstörungen in Mossul erreichten die Terroristen Nimrud: Mit Sprengstoff, Planierraupen und Bulldozern ebnen sie dort die riesigen archäologischen Stätten ein. Die Assyrer-Metropole umfasste etwa 360 Hektar, allein die Zitadelle der Stadt nahm eine Fläche von 20 Hektar ein. Die Stadt, deren heutiger Name von dem im Alten Testament genannten, sagenhaften Jäger-König Nimrod stammt, gehört wie Ninive, Assur und Ur zu den wichtigsten Orten im Zweistromland, den Stätten, in denen früh bereits geforscht wurde und wo sich die Altorientalistik als Wissenschaft herausbildete. Bereits während des Irakkrieges 2003 waren, da die US-Armee dort Stellungen eingerichtet hatte, viele antike Artefakte in Nimrud zerstört worden.

Die IS-Terroristen gaben sich nicht mit den Verwüstungen in Mossul und Nimrud zufrieden. Sie zerstörten auch die archäologischen Ausgrabungen in Hatra, einer etwa 110 Kilometer südwestlich von Mossul gelegenen Stadt, die ihre Blüte zu Zeiten der Römer und Parther hatte und seit 1985 UNESCO-Welterbe ist. Innerhalb weniger Tage wurden so die Zeugnisse einer jahrtausen-dealten vorislamischen Kultur im Irak vernichtet.

»Die absichtliche Zerstörung von Kulturerbe ist ein Kriegs-verbrechen«, sagte die Direktorin der UNESCO, Irina Bokova, am 6. März 2015 in Paris und berief sich auf die Haager Konvention zum Schutz von Kulturgut bei bewaffneten Konflikten aus dem Jahr 1954. Und Markus Hilgert, der Direktor des Vorderasiatischen Museums in Berlin, nennt die Zerstörung von Nimrud »eine Kata-strophe für das Kulturerbe der Menschheit«. Er analysiert im Ge-spräch die Motive der Islamisten sehr genau: »Es ist einerseits die typische theologische Begründung für den Ikonoklasmus, den Bil-dersturm: Die Objekte in den Museen seien Götzenbildnisse und dürfen deswegen nicht angebetet werden. Das habe der Prophet angeblich verboten, und deshalb müssten sie zerstört werden.« Andererseits sei wahrscheinlich auch das Kalkül, zu provozieren: Schließlich seien die Zerstörungen ein Angriff auf das gemein-same Kulturerbe der Menschheit. »Und auf das altorientalische Kulturerbe führen wir im Westen viele kulturgeschichtliche Nar-rative zurück. Wir sprechen ja davon, dass da die Schrift erfunden wurde, wir sprechen von den frühen Hochkulturen, wir sprechen von der Wiege der Zivilisation. Wenn man in unsere Schulbücher schaut, stellt man ja fest, dass die Geschichte sozusagen mit dem Alten Orient, mit den Gesellschaften Mesopotamiens beginnt. Das ist insofern schon eine ganz gezielte Provokation auf unsere Sicht der Geschichte. Man sagt stattdessen, wir beginnen hier etwas Neues, wir zerstören nicht nur die historischen Narrative, sondern wir zerstören auch das, worauf sich diese Narrative gründen, und beginnen mit einer neuen Zeitrechnung.«

Der Bildersturm von Palmyra, Mossul, Nimrud und Hatra hat Vorbilder. Im März 2001 sprengten die Taliban die berühmten Bud-dha-Statuen von Bamiyan im zentralen Afghanistan. Die 53 Meter beziehungsweise 35 Meter hohen Statuen aus dem 6. Jahrhundert standen ebenfalls auf der Liste des UNESCO-Welterbes und wur-den trotz weltweiter Proteste von den islamistischen Taliban mit Boden-Luft-Artillerie und Sprengstoff zerstört. Anders als damals bei den Taliban verurteilen heute auch hochgestellte islamische Geistliche die Zerstörungstaten des IS. Der Großscheich der Al-Az-har-Universität in Kairo bezeichnete in einer Fatwa (Gutachten eines islamischen Rechtsgelehrten, in dem festgestellt wird, ob eine Handlung mit den Grundsätzen des islamischen Rechts vereinbar ist) die Zerstörung von Kulturgut als Vergehen gegen den Glauben.

Vor der Zerstörungsorgie durch den IS hatten Medien immer wieder auch berichtet, dass dieser sich auch mit dem Verkauf illegal ausgegrabener Antiken finanziert. Im Falle des IS war von 36 Millionen US-Dollar die Rede, die das Terrornetzwerk innerhalb weniger Wochen mit dem Verkauf von raubgegrabenen Antiken verdient haben sollte. Erstmals tauchte diese Summe im Juni 2014 in den Medien auf, angeblich war sie von westlichen Geheimdiensten genannt worden. Der *Guardian* berichtet am 15. Juni 2014 über den Tod eines führenden ISIS-Terroristen – damals nannte sich der IS noch ISIS –, bei dem man zahlreiche Datenträger mit Dokumenten wohl auch über die Finanzierung von ISIS gefunden hatte. Ein anonym bleibender Geheimdienstmitarbeiter wurde in dem Artikel damit zitiert, dass ISIS allein 36 Millionen Dollar mit bis zu 8000 Jahre alten Antiken aus einer Region westlich von Damaskus verdient hätte. »Vorher hatten uns westliche Regierungsbeamte immer gefragt, wo die ihr Geld herhatten. 50 000 Dollar hier oder 20 000 Dollar da. Das waren Peanuts. Heute wissen sie und wissen wir es.« Die 36 Millionen US-Dollar waren seither in der Welt und wurden immer wieder kolportiert, wurden aber auf Nachfrage vom deutschen Auslandsgeheimdienst, dem Bundesnachrichtendienst (BND), weder bestätigt noch sonstwie kommentiert. Françoise Bartolotti aus der Abteilung Drogen, organisierte Kriminalität und Kunstraub in der Interpol-Zentrale in Lyon, die ich im Dezember 2014 treffe, ist auskunftsfreudiger. Sie sagt zwar nicht, dass der IS selbst grabe, dass die Islamisten allerdings »die Bevölkerung ermutigen, auszugraben. Sie kassieren dann eine Steuer auf die Gewinne, die damit gemacht werden.« Auch Stefan Weber vom Islamischen Museum in Berlin spricht am 27. August 2015 im *Stern* von solch einer Steuer. Und mancher Beobachter schrieb nach den Zerstörungen in Mossul und Nimrud auch, bedeutsam an den Videos des IS sei, was seine Milizen nicht zerstört hätten. Kenner wüssten nun, was demnächst auf dem Markt zu haben sei. Die *Washington Post* zitierte den Bostoner Archäologen Michael Danti am 8. Juni 2015 damit, dass der IS sehr rational vorgehe: »Er zerstört Dinge, die nicht leicht zu vermarkten sind, und verkauft das, was leicht transportierbar ist.«

Vorbilder für die Terrorfinanzierung durch den illegalen Verkauf von Antiken gibt es durchaus. So berichtete der *Spiegel* am 18. Juli 2005 unter Berufung auf Erkenntnisse des Bundeskriminalamtes, dass der Ägypter Mohammed Atta, Drahtzieher der Al-Qaida-Gruppe, die am 11. September 2001 die Anschläge auf das New Yorker World Trade Center unternahm, im Jahr 2000 oder 2001 eine Göttinger Wissenschaftlerin mit dem Ziel kontaktiert habe, den Verkauf antiker afghanischer Kunst zu vermitteln. Atta sprach, wie sich die Wissenschaftlerin in einem Gespräch mit der *Frankfurter Allgemeinen Zeitung* (Ausgabe vom 27. Februar 2010) erinnerte, von einer ganzen Sammlung von Objekten, die sich in einem großen unterirdischen Antiquitätenlager befunden haben soll, irgendwo im Grenzgebiet zwischen Pakistan und Afghanistan. Mit dem Erlös aus den Verkäufen wolle er ein Flugzeug kaufen, soll Atta damals gesagt haben.

Eine direkte Verbindung von Terrorismus und illegalem Kulturguthandel machte 2010 ein Report der Politologin und Journalistin Gretchen Peters aus, der vom Combating Terrorism Center in West Point, der berühmten US-amerikanischen Militärakademie, veröffentlicht wurde. Peters berichtet, dass das Haqqani-Netzwerk, eine mit Al-Qaida verbündete Terrororganisation, die im Grenzgebiet zwischen Afghanistan und Pakistan aktiv ist, Geld von Antikenschmugglern eintriebe. Im Report wird ein Haqqani-Kämpfer mit den Worten zitiert, dass »Geschäftsleute, die wertvolle Steine, Skulpturen und andere historische Artefakte schmuggeln würden, eine Art Zoll an die Taliban zahlen würden«. Colonel Matthew Bogdanos vom US Marine Corp (Marineinfanterie) berichtet 2006 in seinem Buch »Die Diebe von Bagdad. Raub und Rettung der ältesten Kulturschätze der Welt«, dass Aufständische im Irak, nachdem die Konten ihrer Unterstützer eingefroren waren, zur Geldbeschaffung Antiken schmuggelten und verkauften. So fanden Marines verschiedene Lager der Aufständischen, in denen nicht nur Waffen, sondern auch Antiken, die teilweise 2003 aus dem Irakischen Nationalmuseum gestohlen worden waren, lagerten.

Der Archäologe Peter B. Campbell untersuchte für seine 2013

publizierte Studie »The Illecit Antiquities Trade as a Transnational Criminal Network« verschiedene von WikiLeaks veröffentlichte Dokumente der US-Regierung. Er konnte damit ebenfalls dokumentieren, dass im Verlauf verschiedener Militäraktionen der US Marines im Irak und in Afghanistan bei Aufständischen Waffen und Antiken gefunden wurden, und auch, dass beispielsweise 2005 ein Attentat mit Raketenwerfern in und bei Nasirah, einer irakischen Stadt nahe den sumerischen Ruinen von Ur, geplant war. Der Mann, der die Raketenwerfer an die Terroristen verkaufte und sie auch bis zum Attentat verstecken sollte, war als Antikenschmuggler bekannt.

Und der IS beziehungsweise ISIS? Der *Spiegel* berichtet am 28. Juli 2014 über den syrischstämmigen Archäologen Cheikhmous Ali, der gemeinsam mit einigen Mitstreitern in Syrien versucht, das Ausmaß der Raubgrabungen und Plünderungen zu dokumentieren. In dem Artikel heißt es über die Hintermänner des Geschäfts ohne konkreten Beleg: »Viele der Erlöse – manche der Antiken sind Hunderttausende Euro wert – fließen direkt in den Kauf von Waffen und Munition. Beständig füllt die Islamistenmiliz IS ihre Kriegskasse durch den Handel mit Antiquitäten.« Auch die Autoren des ARD-Dokumentarfilms »Das geplünderte Erbe. Terrorfinanzierung durch deutsche Auktionshäuser« – ein Team von Journalisten von *NDR* und *Süddeutscher Zeitung* – nahmen die oben erwähnten 36 Millionen US-Dollar als gegeben an, ebenso die These, dass ISIS am Verkauf von illegal ausgegrabenen Antiken in Syrien und dem Irak verdiene. Beweise legten auch sie nicht vor. Leitmotivisch schnitten sie immer wieder Bilder von ISIS-Kämpfern in den Film und sensationalisierten so ihre Recherche. Doch Wochen später schrieb einer der Filmautoren in einem Beitrag für die *Süddeutsche Zeitung* über die Finanzquellen von ISIS – nachdem er alle der vorliegenden Daten ausgewertet hatte – lapidar: »Woher aber kommt das Geld? Viel ist spekuliert worden über Kunstschmuggel, Einnahmen aus Entführungen oder den Verkauf von Öl. Dazu finden sich keine Angaben in den Unterlagen.«

Die International Association of Dealers in Ancient Art (IADAA), ein internationaler Zusammenschluss führender Antikenhändler, kommentierte Eingeständnisse wie dieses so: »Wir möchten hinzufügen, dass uns trotz zahlreicher reißerischer Berichte in der

Presse aktuell kein Fall bekannt ist, in dem nachweislich ein durch die Hände von ISIS gegangenes Objekt in Deutschland verkauft wurde«, heißt es in einer Pressemitteilung der IADAA vom 21. Oktober 2014, die immer noch auf der Webseite des Verbandes nachzulesen ist. Der Antikenhändlerverband verweist richtig auch darauf, dass der Handel mit kürzlich ausgeführtem syrischen und irakischen Kulturgut EU-weit verboten ist: »So wurde zum Schutz des syrischen Kulturguts am 13. Dezember 2013 unter der Nummer 1332/2013 eine EU-Verordnung erlassen, die den Handel mit syrischem Kulturgut in ganz Europa untersagt, das nach dem 9. Mai 2011 aus Syrien exportiert wurde. Auch irakisches Kulturgut unterliegt schon lange diesem besonderen Schutz, der bereits am 7. Juli 2003 in der EU-Verordnung Nr. 1210/2003 ausgesprochen wurde.« Aber natürlich hält das Bestehen eines solchen Verbotes diejenigen, die Kulturgüter aus Raubgrabungen ins Ausland schmuggeln und dort vermarkten wollen, nicht ab. Illegaler Antikenhandel findet *per definitionem* nicht mit dem Gesetzbuch unter dem Arm statt. Hinzu kommt, dass sich Antiken nicht immer räumlich genau zuordnen lassen. Ob ein Stück aus dem heutigen Irak, dem Iran oder gar aus Syrien stammt, ist oft nicht eindeutig zu sagen, wenn die Herkunftsbezeichnung »Mesopotamien« oder »Vorderer Orient« lautet.

Was schon lange erwiesen ist: Raubgrabungen in Syrien und im Irak haben in den letzten Jahren dramatisch zugenommen. Die Nachrichtenagentur Reuters berichtet am 27. Oktober 2014, dass der Import syrischer Kulturgüter in die USA zwischen 2011 und 2013 um 145 Prozent gewachsen sei, der Import irakischer Kulturgüter im selben Zeitraum um 61 Prozent. Die Nichtregierungsorganisation Heritage for Peace, die in Syrien Kriegsschäden an archäologischen Stätten dokumentiert, illegale Grabungen aufspürt und an einer Datenbank mit raubgegrabenen syrischen Antiken arbeitet, hat allein beinahe 2000 Objekte sichergestellt und versteckt.

Erwiesen ist ebenfalls: Alle kriegsführenden Parteien in Syrien beteiligen sich am Raubgrabungsgeschäft. Schon im September 2012 berichtete das *Time magazine* von einem Schmuggler mit dem Decknamen Abu Khaled, der im Grenzgebiet zwischen Syrien und dem Libanon arbeitet. Er erzählte, dass Kämpfer der Freien

Syrischen Armee, die gegen das Assad-Regime kämpften, ihm berichtet hätten dass sie eine Raubgräbertruppe gebildet hätten und nun durch illegale Ausgrabungen und den Verkauf von Antiken Geld für Waffen und die Revolution erwirtschaften wollten. Aber auch syrische Regierungsvertreter, so Abu Khaled, würden mit ihm Geschäfte machen – sie bräuchten schnelles Geld für sich selbst oder ihre Handlanger. Und der IS?

Ende September 2015 legte Andrew Keller, ein leitender Beamter des US-Außenministeriums, auf einer Konferenz der Antiquities Coalition – eines Zusammenschlusses von Experten – im New Yorker Metropolitan Museum Papiere vor: Unterlagen, die dem amerikanischen Militär im Mai in die Hände gefallen waren. Damals fand es bei dem getöteten IS-Führer Abu Sajjaf zahlreiche zum Verkauf bestimmte Antiken. Insgesamt etwa 700 Objekte, von denen etliche auch aus dem Museum von Mossul stammten. Und eben Papiere. Dokumente, die zunächst von den US-Amerikanern als geheim deklariert wurden, seit Ende September aber der Öffentlichkeit zur Verfügung stehen.

»Ich halte die vorgelegten Dokumente für authentisch«, sagt Markus Hilgert, Direktor des Vorderasiatischen Museums in Berlin und zugleich Koordinator des Projektes ILLICID, das den illegalen Handel mit Kulturgütern in Deutschland erforscht. »Sie erlauben einen Einblick in die gut organisierte, administrative IS-Struktur.« Danach unterhalten die Terroristen ein Ministerium für »Natürliche Ressourcen und Antiken« mit Unterabteilungen für Ausgrabungen, Erforschungen von alten und neuen Fundstellen sowie das Marketing und den Verkauf von Antiken. Schon am 30. Mai 2015 hatte die *Süddeutsche Zeitung* den irakischen Vizeminister für Antiken und Tourismus, Qais Hussein Rashid zitiert: »Wir wissen, dass unsere Antiquitäten auf dem schwarzen Markt gelandet sind, sogar in Auktionshäusern.« Man habe durch die Zusammenarbeit mit Interpol assyrische Objekte gefunden, die es nur im Norden des Irak gebe, den der IS beherrsche. Und am 26. August 2015 veröffentlichte das FBI auf seiner Internetseite eine Warnung an Händler und Sammler. Stücke aus Raubgrabungen des IS würden mehr und mehr auf dem Antikenmarkt angeboten. »Wir haben nun glaubhafte Berichte, dass US-Amerikanern Kulturgüter angeboten wurden, die frisch aus Syrien und dem

Irak kamen«, wird Bonnie Magness-Gardiner aus dem FBI-Kunst-diebstahls-Programm (FBI Art Theft Program) zitiert. Auf *Buzzfeed.com* veröffentlichte der Journalist Mike Giglio auch ein Video, das den IS bei Raubgrabungen in Dura Europos, einer antiken Stadt in Syrien am Euphrat, kurz vor der Grenze zum Irak zeigt.

Bostoner Archäologen von der American Schools of Oriental Research um Michael Danti analysieren seit Monaten hochauflösende Satellitenbilder, die archäologische Stätten im Irak und Syrien zeigen. Zudem stehen sie in Kontakt zu Archäologen vor Ort. Deshalb kann Danti ein Gesamtbild der Plünderungen, Raubgrabungen und Zerstörungen durch den IS geben: »In den vom IS besetzen Gebieten sind Raubgrabungen weit verbreitet, und es werden oft Metalldetektoren, schwere Maschinen und große Gruppen von Arbeitern eingesetzt. Dabei birgt der IS selbst die besonders wertvollen Stücke.« Danti referierte im November 2015 vor dem House Committee on Foreign Affairs, einem ständigen Ausschuss des Repräsentantenhauses der Vereinigten Staaten. Schon seit Jahren gäbe es Gruppen von Raubgräbern und gut eingeführte Schmuggel- und Verkaufswege für antike Artefakte. »Der IS hat nun einfach die Kontrolle über diese Netzwerke übernommen.« Dort, wo der IS nicht selbst gräbt, vergibt er Lizenzen an Ausgräber, die dann wiederum mindestens 20 Prozent ihrer Erlöse als Steuer zurückzahlen. Auch das lässt sich nun mit Quittungen beweisen, die bei Abu Sayyaf gefunden wurden.

Wie viel Geld der IS mit dem Verkauf von Antiken erwirtschaftet, kann allerdings immer noch nicht genau belegt werden. Auch tauchen zurzeit nur wenige Antiken aus Syrien und dem Irak auf den Märkten auf. »Meine Mitarbeiter waren in der letzten Woche auf der Basel Ancient Art Fair [13.–18. November 2015, G. W.]. Da wurde fast nichts aus dem Nahen Osten angeboten«, sagt Markus Hilgert. »Ich glaube aber nicht, dass der Nachschub fehlt.« Der Wissenschaftler vermutet: »Gerade die hochpreisigen Objekte werden nicht öffentlich verkauft. Und viele Funde werden wahrscheinlich in Freihäfen gelagert, vielleicht jahrelang, bis ihre Herkunftsspuren verwischt sind.«

3
Deutschland:
Wo Hobbyarchäologen wühlen

Entlang des Limes sieht es aus wie ein Schweizer Käse.
Michael Müller-Karpe, Archäologe

Raubgrabungen gibt es weltweit. Keine Kultur bleibt ausgenommen. Egal ob Inka-Ruinen in den Andenländern, Mumien in Nordchile und Peru, Tonarbeiten verschiedener Kulturen Südamerikas, aztekische Gold- und Silberschätze in Mexiko, Tempelanlagen in Laos, Kambodscha oder Nordthailand, Begräbnisstätten in Äthiopien – es ist ein weltweites Phänomen. Auch alle europäischen Länder sind betroffen, nicht zuletzt Deutschland. Sind die Raubgräber in Ländern wie Ägypten, denen des Nahen Ostens oder Lateinamerikas oftmals Menschen, die durch den Verkauf der Kulturgüter ihren Lebensunterhalt bestreiten, so findet man in Mitteleuropa solche Motive zwar auch, es gibt aber auch viele sich selbst so nennende Schatzsucher, die aus angeblich historischem Interesse graben.

»In Deutschland deckt der Wald die Grabungslöcher gütig zu«, sagt Michael Müller-Karpe vom Römisch-Germanischen Zentralmuseum in Mainz. Selbsternannte Hobbyarchäologen gehen hierzulande seit Jahren verstärkt mit Metallsonden auf Schatzsuche. In Internetforen diskutieren sie über das beste Equipment und tauschen sich über die besten Fundregionen aus. Ein Metalldetektor ist im Internet bei einer auf Schatzsucher-Equipment spezialisierten Versandfirma schon für 200 Euro zu haben (»preisgünstig & gut«), das Spitzenmodell – »leistungsstark & vielseitig« – kostet 100 Euro mehr. Eine Grabehacke gibt es für knapp 15 Euro, den Klappspaten für knapp 20 und die handliche »Minischaufel, um Funde schonend und fachgerecht zu bergen«, schon für 6,95 Euro. Und für 12,80 Euro gibt es das Taschenbuch »Metallsonde. Auf der Suche nach wertvollen Schätzen«, das sich – so die Webseite – »speziell an Hobbyeinsteiger« richtet. »Sie erhalten eine schnelle und praxisnahe Anleitung zum erfolgreichen Aufspüren wertvoller Schätze.« Und in der Tat kommen bei Raubgrabungen in Deutschland spektakuläre Funde zutage.

Am 4. Juli 1999 gehen zwei Männer über den Gipfel des 252 Meter hohen Mittelbergs, rund vier Kilometer westlich der Kleinstadt Nebra. Sie gehen langsam und horchen auf ein etwaiges Signal ihrer Metallsonden. Plötzlich piepst es. Henry Westphal und Mario Renner müssen nicht tief graben: Sie finden eine bronzene Scheibe mit Goldapplikationen darauf – Sterne, die Sonne, der Mond, dazu zwei Schwerter mit goldverzierten Griffen, zwei Beile, einen Meißel und zwei Armspiralen. Sie wissen, dass das Ausgraben schnell gehen muss. Und sie arbeiten schnell – so schnell, dass bei der Bronzescheibe ein kleines Stück abbricht und ein Teil des Goldes abbröckelt.

Was sie tun, ist illegal. Schon die Grabung, noch mehr aber die Mitnahme der Funde. In Sachsen-Anhalt gehören laut sogenanntem Schatzregal alle etwaigen Überbleibsel vergangener Zeiten mit der Entdeckung dem Land. Das hindert die beiden aber nicht daran, schon am nächsten Tag die grob mit Seife und Stahlwolle gereinigte und dabei noch weiter beschädigte Bronzescheibe für 31 000 Mark (etwa 15 000 Euro) an einen Kölner Hehler zu verkaufen – die beiden scheinen schon vorher Kontakt zu ihm gehabt zu haben.

Obwohl die Himmelsscheibe von Nebra, denn um diese handelt es sich hier, nun nicht mehr legal weiterverkauft werden kann, wird sie noch im selben Jahr zwei Museen angeboten: dem sachsen-anhaltinischen Landesmuseum für Vorgeschichte in Halle sowie dem Berliner Museum für Ur- und Frühgeschichte. Eine Million Mark (mehr als 500 000 Euro) soll sie kosten. Beide Museen lehnen ab. Später kaufen ein Lehrer und Hobbyarchäologe und eine Museumspädagogin aus Nordrhein-Westfalen die Himmelsscheibe, die sie Ende 2001 durch Mittelsmänner erneut auf dem Markt anbieten. Der neue Leiter des Landesamtes für Denkmalpflege und Archäologie in Halle, Harald Meller, gibt sich als Interessent aus und nimmt Kontakt mit den Anbietern auf. Man trifft sich mehrfach, und schließlich soll es im Februar 2002 im Basler Hilton zur Übergabe der Scheibe für 358 000 Euro kommen. Die Schweizer Polizei verhaftet die beiden Dealer.

Durch Nachgrabungen am Fundort konnte der, wie Hermann Parzinger sagt, »mit Sicherheit bedeutendste Fund aus der Vorgeschichte in Mitteleuropa in den letzten Jahrzehnten, der im Grunde ein ganz neues Bild auf die frühe Bronzezeit vor 3000 Jahren hier in unseren Breiten wirft«, einigermaßen in seinen historischen Kontext eingebettet werden.

Zu den wichtigsten Ausstellungsstücken der bronzezeitlichen Sammlung im Neuen Museum in Berlin gehört der knapp 75 Zentimeter hohe sogenannte Berliner Goldhut, ein spitz zulaufender Kegel aus dünnem Goldblech, das reich verziert ist. Die Verzierungen haben eine Kalenderfunktion, und der Hut diente vermutlich religiös-kultischen Zwecken. Der Berliner Hut ist einer und der am besten erhaltene von vier bekannten bronzezeitlichen Goldhüten, die bislang in Süddeutschland und Frankreich entdeckt wurden. Man kennt die Fundorte und die Fundumstände der anderen drei Hüte, nicht aber die des Berliners. Denn den kaufte die Stiftung Preußischer Kulturbesitz 1996 für das Berliner Museum für Vor- und Frühgeschichte auf dem Kunstmarkt. Die Provenienz war dubios: Der Verkäufer gab an, er stamme aus einer anonymen Schweizer Sammlung der 1950er und 1960er Jahre. Wahrscheinlich stammt er aber aus einer Raubgrabung. Hätte das Museum ihn überhaupt kaufen dürfen? Hermann Parzinger, Präsident der Stiftung Preußischer Kulturbesitz, äußerte sich am 4. Dezember 2014 in einem Interview mit der *Zeit* dazu: »Die Ethikregeln des internationalen Museumsverbandes ICOM lassen Erwerbungen mit ungeklärter Herkunft unter dem Aspekt *repository of last resort* ausdrücklich zu. Das bedeutet, dass Museen Objekte ungeklärter Herkunft an sich nehmen können und sogar sollten, damit sie nicht in ungeklärten Kanälen verschwinden. Weil der Goldhut offensichtlich aus Deutschland stammt, fällt er in den Zuständigkeitsbereich eines deutschen Museums.«

Im Februar 2014 präsentierten Landesarchäologen aus Rheinland-Pfalz einen Schatzfund aus dem 5. Jahrhundert: einen großen

Silberteller, eine Silberschale, zahlreiche goldene Gewandappli-
kationen, Reste eines versilberten und vergoldeten Klappstuhls,
einige Silberstatuetten sowie Überreste verschiedener anderer
Gegenstände aus Edelmetall. In der Pressemitteilung der General-
direktion Kulturelles Erbe Rheinland-Pfalz (GDKE) heißt es: »Aus
der Gegend des Fundes sind mit den Hortfunden von Neupotz und
Hagenbach bereits zwei überregional bedeutsame Schatzfunde
aus der Römerzeit bekannt, die jedoch beide deutlich früher datieren als die vorliegenden Stücke. In beiden Fällen waren Ger-
manen plündernd ins Römische Reich eingedrungen und hatten
einen Teil ihrer Beute auf dem Rückweg verloren bzw. verborgen.
Ein solches Szenario ist natürlich auch in diesem Fall denkbar: Um
die Jahreswende 406/407 n. Chr. brach die römische Grenzvertei-
digung am Rhein in weiten Strecken in sich zusammen, was zur
Folge hatte, dass nun immer wieder starke germanische Gruppen
die Grenze überschritten und plündernd in das Römische Reich
eindrangen. Allerdings weisen einige Stücke starke stilistische Be-
züge in den osteuropäischen Raum auf, so dass es auch denkbar
wäre, dass die Gegenstände im Zuge der Völkerwanderung von
dort in unseren Raum gelangten.«

Etwa 1500 Jahre ruhte der sogenannte Barbarenschatz nur einen halben Meter tief in einem Wald bei Rülzheim, etwa 20 Kilometer nordwestlich von Karlsruhe auf der linken Rheinseite.
Bis ein Raubgräber im Frühjahr 2013 mit seiner Sonde kam. Der
fand den Schatz und übergab ihn schließlich am 23. Dezember
2013 den Behörden – allerdings »unter dem Druck der Ermittlungen«, so der Leiter der Direktion Landesarchäologie – Außen-
stelle Speyer, Ulrich Himmelmann, laut *Spiegel online*. Es bestand
zusätzlich der Verdacht, dass der Finder Teile des Schatzes bereits veräußert hatte. Außerdem wurde, so die Pressemitteilung
der Landesbehörde, »die Fundstelle, vermutlich durch den mut-
maßlichen Raubgräber, regelrecht durchwühlt, weshalb die dort
vorhandenen Hinweise und Spuren, die bei einer regulären archäologischen Ausgrabung dokumentiert worden wären, verloren
gegangen sind«. So weiß man bis heute nicht, ob der Hort planmäßig angelegt wurde oder während einer hastigen Flucht, denn die
Fundstelle war zerstört.

Für den Ausgräber, den damals 23-jährigen Benjamin Czerny

aus Speyer, war der Fall hingegen klar: Ein Hortfund sei grundsätzlich »ein wild zusammengewürfelter Haufen Plunder«, so zitierte ihn die *Rheinpfalz*. Der Finder ist sich keiner Schuld bewusst. Im Dezember 2014 stellt er im öffentlichen Forum von *www.schatzsucher.org* dar, wann und wie er den Schatz fand, verschweigt nicht, dass er Monate brauchte, bis er endlich die Landesarchäologen informierte, wundert sich schließlich über fehlende Dankbarkeit der Behörden und hofft auf Entschädigung. Im Februar 2015 wurde Benjamin Czerny zu einer Bewährungsstrafe von einem Jahr und drei Monaten verurteilt, außerdem zu einer Geldbuße von 3000 Euro zugunsten eines Kinderhospizes. Das Gericht sah es als erwiesen an, dass der Angeklagte nicht vorhatte, den entdeckten Schatz abzugeben, wie er vor Gericht behauptet hatte.

Auf welcher Grundlage Czerny auf eine Entschädigung oder gar einen Finderlohn hoffte, ist nicht klar. Denn in fast allen Bundesländern, auch in Rheinland-Pfalz, gilt das sogenannte Schatzregal, eines der besonderen Hoheits- und Sonderrechte, die seit dem Mittelalter von einem jeweiligen Souverän (beispielsweise einem König) beansprucht werden konnten und den einzelnen Bundesländern bis heute durch das Bundesrecht zugestanden werden. Diese Regalien stehen auch über Bundesgesetzen. Im Schatzregal des Landes Sachsen heißt es zum Beispiel: »Bewegliche Kulturdenkmale, die herrenlos oder so lange verborgen gewesen sind, dass ihr Eigentümer nicht mehr zu ermitteln ist, werden mit der Entdeckung Eigentum des Freistaates Sachsen und sind unverzüglich an die zuständige Fachbehörde zu melden und zu übergeben.« Nur ein Bundesland in Deutschland, nämlich Bayern, kennt kein Schatzregal. Dort gilt, wie auch im Paragrafen 984 des Bürgerlichen Gesetzbuches festgeschrieben, die sogenannte Hadrianische Teilung, eine Regelung, die auf Kaiser Hadrian (117 – 138 n. Chr.) zurückgeht. Sie besagt, dass ein »Schatz« zwischen Finder und Eigentümer des Fundortes zur Hälfte geteilt wird.

Sondengänger und Schatzsucher lieben die Hadrianische Teilung, sie verweisen gern darauf, dass in Bayern mehr archäologische Entdeckungen den Behörden gemeldet werden. Archäologen sehen das eher skeptisch. Sie sprechen vom »Fundtourismus«, davon, dass bei vielen Objekten der angegebene Fundort nicht der reale ist. Auch in Österreich gilt übrigens die Hadrianische Teilung, die Schweiz und Liechtenstein kennen Regelungen, die mit den Schatzregalien vergleichbar sind.

Am Fall des Rülzheimer Barbarenschatzes lässt sich gut das Denken der Sondengänger und Schatzsucher in Deutschland beschreiben. Für den von Rainer Schreg vom Römisch-Germanischen Zentralmuseum in Mainz betriebenen Blog *Archaeologik* hat die Archäologin Jutta Zerres Online-Kommentare zum oben zitierten Artikel auf *Spiegel online* gesichtet und kategorisiert. Sie schreibt: »Die Beiträge spiegeln eine erhitzte Debatte und wie durch ein Brennglas offenbaren sich Einsichten über die Wahrnehmung von Archäologen und der Arbeit der Bodendenkmalpflege, die hier näher beleuchtet werden soll.« Und weiter: »Einen breiten Raum in den Stellungnahmen nimmt das Verhältnis der professionellen Archäologen gegenüber den Hobbyforschern ein. Hier lässt sich ein stark negatives Bild herausarbeiten und es scheint einen tiefen Graben zwischen beiden Gruppen zu geben. Sie werden von den Foristen als faul, unfähig, egoistisch und geltungssüchtig charakterisiert. Statt dankbar zu sein, dass Hobbyforscher ihnen Funde bringen, die sie selber nicht aufgespürt haben, nehmen die Profis den Findern die Funde weg. Obendrein werden die Hobbyforscher dann noch kriminalisiert und die Profis schmücken sich mit ihren Federn.«

»IsaDellaBaviera« beispielsweise schreibt am 18. Februar 2014: »›Landesarchäologen‹ sind doch nur sauer & genervt, weil sie diesen Fund nicht selbst gefunden und auf ihr Konto verbuchen können. Wie wärs mal mit etwas mehr ARBEIT & ENGAGEMENT, Leute? Schnappt euch ein paar arme, unterbezahlte Praktikanten, drückt ihnen und euch selbst Metallsuchgeräte in die Hand und geht mal raus an die frische Luft. Das nennt sich FIELDWORK, ihr Schnarchzapfen. Oder habt ihr es schon vergessen? Und das ist auch der Grund, warum ihr von uns Steuerzahlern eingestellt wurdet und bis heute auch bezahlt werdet. (…).« »Christiewarwel«, ebenfalls am 18. Februar 2014: »Ihr lieben Archäologen, die Ihr den Hobbyarchäologen mit Anwalt und Strafgesetzbuch zu Leibe rückt, was habt denn Ihr mit Euren großartigen Methoden und Eurer staatlichen Finanzierung (mehr schlecht als recht) zu Tage gefördert, wenn ich mal fragen dürfte? Ward [sic!] Ihr dem Schatz schon auf der Spur oder hattet Ihr nicht den leisesten Schimmer?«

Viele Stimmen zeigen, so Jutta Zerres, ein völlig falsches Bild von der Archäologie: Sie schreibt, dass »den Kommentatoren völlig unbekannt zu sein (scheint), dass bei der archäologischen Forschung und Bodendenkmalpflege kein Wettbewerb um die besten, meisten, schönsten, teuersten oder spektakulärsten Funde ausgetragen wird, sondern um die Erschließung von Quellen zur Geschichte und deren Schutz«. In den Stellungnahmen zeige sich große Unkenntnis darüber, was Archäologie als Wissenschaft wirklich sei.

Das hängt natürlich mit zweierlei zusammen: zum einen mit der Stellung der Archäologie zwischen und ihrer Herkunft von zwei Fächern: Sie speist sich aus der Kunstgeschichte und der Geschichte. Verstehen sich Archäologen eher als Kunstwissenschaftler oder als Historiker? Im Idealfall als beides. Aber wie werden sie in der Öffentlichkeit wahrgenommen? Eben eher als Finder von Objekten denn als Finder historischer Spuren. Das Bild des Archäologen ist geprägt von seiner unmittelbaren Arbeit, weniger von deren Ergebnis: der erforschten Vergangenheit.

Michael Müller-Karpe sagt, dass er es sehr bedauerlich fände, wie ausgerechnet Menschen, die vorgäben, sich für Archäologie zu interessieren, die Wissenschaft komplett ignorierten. »Im Grunde ist das Interesse dieser Menschen ein Scheuklappeninteresse.« Sie seien bereit, wesentliche Informationen zu zerstören, nur um ein Objekt zu besitzen, das ihnen das Gefühl gibt, sich mit der Vergangenheit zu verbinden. Das sei aber nur ein romantisches Gefühl und habe mit Wissenschaft und der Verantwortung, die Wissenschaft habe, nichts zu tun.

Archäologie sei eben mehr als Schatzsuche. Mehr als die Sensation, mehr als Indiana Jones.

4
Spurensucher, keine Schatzgräber: Die Archäologen und die Archäologie

The goal of archaeology is not to find things, but to find out things.
Archäologensprichwort

Der berühmteste Archäologe der Welt wurde am 1. Juli 1899 in Princeton, New Jersey, geboren. Er studierte in Chicago und promovierte dort 1922. Danach aber wurde Henry Walton Jones jr. nicht Professor an einer Universität oder an einem bekannten College, sondern begab sich auf Reisen. Jahrzehntelang. Er beschäftigte sich mit religiösen Fragen, suchte und fand legendäre Reliquien, legte sich – immer wieder trick- und siegreich – mit Nazis an und trug seinen Feodora, einen Filzhut, mit Charme: Indiana Jones, die fiktive Gestalt der Abenteuerfilme von Steven Spielberg und George Lucas, gespielt von Harrison Ford, ist der populärste Altertumsforscher der Welt, wahrscheinlich auch der schlagkräftigste. Angebliches Vorbild für den peitschenschwingenden Archäologen war Hiram Bingham III (1875 – 1956), ein Archäologe und Forschungsreisender, der später auch als Gouverneur von Connecticut und Mitglied des US-Senats politisch erfolgreich war. Bingham unternahm zwischen 1906 und 1924 sechs Expeditionen nach Südamerika und fand dabei 1911 – zwar nicht als Erster – die Ruinen der Inkastadt Machu Picchu, legte bis 1913 weite Teile der dortigen Bauten frei und führte erste archäologische Grabungen durch.

Bingham war bestimmt ein besserer Archäologe als Indiana Jones. Denn ist das wirklich Archäologie, was die Filmfigur da treibt? Der Altorientalist Markus Hilgert, der auch ein Archäologiestudium absolviert hat, bestreitet das: »Sie können nicht die Altertumswissenschaften dafür verantwortlich machen, dass Hollywood sozusagen mit Indiana Jones so einen prototypischen wild gewordenen Archäologen vorgibt.« Er berichtet, wie er beim

Zappen durchs Fernsehprogramm bei »Indiana Jones und das Königreich des Kristallschädels« hängenblieb und bei Indianas sensationellen Funden dachte: »Mein Gott, was für ein Idiot. Er greift einfach in den Fund hinein und holt sich das Beste, nämlich die Maske, raus. Dann schaut er sie kurz an, wischt den Staub weg, und das ist es dann. Da wird nichts dokumentiert, nichts von dem getan, was Archäologen tun.« Was tun Archäologen? Was ist Archäologie?

Seitdem Menschen auf der Erde leben, haben sie Spuren hinterlassen: Werkzeuge, Kunstwerke, Bauten, mitunter ganze Städte, Gräber und auch Müllhaufen. Bodenarchiv nennen die Archäologen diese Funde, sie erzählen, wenn sie sorgfältig ausgegraben und untersucht werden, viel über diejenigen, die sie zurückließen. Über ihre Glaubensvorstellungen und ihren Alltag oder über frühere Handelswege.

Berlin-Dahlem: In einer alten Villa, von der Straße durch einen modernen Zweckbau abgeschirmt, residiert Friederike Fless, die Präsidentin des Deutschen Archäologischen Institutes. Das DAI, dem Auswärtigen Amt nachgeordnet, ist zwar wissenschaftlich unabhängig, aber auch ein Mittel deutscher auswärtiger Kulturpolitik. Es arbeitet nicht zuletzt in zahlreichen Ländern des Nahen Ostens und hat Außenstellen unter anderem in Istanbul, Kairo, Damaskus, Teheran und Bagdad. Fless spricht davon, dass sie und ihre Wissenschaftskollegen versuchen, dort Lebenskontexte zu rekonstruieren. »Wir untersuchen auch die Erde nach Pollen und Tierknochen, um herauszufinden, wie die Menschen damals lebten.« So gräbt das DAI seit 1995 beispielsweise in Göbekli Tepe in der Südosttürkei aus: eine steinzeitliche Kultstätte, die bis in das 10. Jahrtausend vor Chr. zurückreicht und in der sich monumentale, mit Gravuren und Flachreliefs geschmückte Steinsäulen fanden. Interessant ist für die Archäologie nun nicht nur, wie die Säulen geschmückt sind – mit Tier- und Menschendarstellungen –, fast interessanter ist, was man durch die Analyse alter Tierknochen herausfand: nämlich, dass die Erbauer damals noch keine Tiere domestiziert hatten, sondern Wildtiere aßen, und noch keine Landwirtschaft betrieben, sondern in einer Jäger- und Sammlergesellschaft lebten. So weiß man heute dank der Forschungen in Göbekli Tepe mehr über den graduellen Übergang von der Jäger-

und Sammlergesellschaft zur Landwirtschaft. Und auch, dass sich der Übergang von der nomadischen zur sesshaften Lebensweise anders als bis dahin gedacht gestaltete – nämlich nicht linear, sondern durchaus mit Vor- und Rückschritten.

Die Archäologie ist eine vergleichsweise junge Wissenschaft. Zwar berichtete bereits der Geograf Strabon von Pontos um die Zeitenwende, dass Römer in Korinth Reliefs, Bronzegefäße und Keramiken ausgegraben hätten, doch eigentlich erwachte erst in der Renaissance das Interesse an griechischen und römischen Altertümern. Archäologie war damals ein beliebter Zeitvertreib der gebildeten Klassen, doch war ihre Begrenzung evident: Man beschränkte sich darauf, historische Quellen und die Bibel zur Interpretation der Vergangenheit zu nutzen. Niemand wagte es zunächst zu bezweifeln, dass die Welt, wie aus der Bibel abgeleitet wurde, um 4000 v. Chr. entstand. Trotzdem wurden erste Grabungen an älteren Orten durchgeführt, so ab 1685 in einer neolithischen Grabkammer im nordfranzösischen Houlbec-Cocherel, gut dokumentiert durch einen Grabungsbericht. In Nordeuropa öffnete man Hügelgräber, so der Kieler Professor Johann Daniel Major um 1690 auf Jütland.

Die ersten Sammlungen antiker Kunst entstanden. Man schaute auf die Antike, bewunderte ihre Schöpfungen und grub ab dem 18. Jahrhundert die Ruinen von Pompeji und Herkulaneum aus. Der deutsche Kunsthistoriker Johann Joachim Winckelmann (1717 – 1768) veröffentlichte seine »Sendschreiben von den herculanischen Entdeckungen«, in denen er darauf hinwies, dass die Ruinen von Pompeji und Herculaneum nur nachlässig erhalten würden. Kunstwerke wären dem Verfall preisgegeben. Er verankerte in europäischen Gelehrtenkreisen mit dieser Schrift, die oft als erste archäologische Publikation angesehen wird, die Idee, antike Stätten zu schützen und zu erforschen. Gleichzeitig begeisterte er die aufgeklärten Europäer für die griechische Kunst, auch weil er sie eingängig charakterisierte: als Verkörperung von edler Einfalt und stiller Größe. Die Europäer sahen sich geistesgeschichtlich als die Erben des klassischen Hellenismus und der klassischen antiken Kunst sowie ihres angenommenen Menschenbildes. So brachten vom Ende des 18. bis zum Ende des

19. Jahrhunderts zahlreiche westliche Diplomaten, vermögende Reisende, Hobbyausgräber und Kunstsammler bemerkenswerte archäologische Funde vor allem aus den Ländern des damaligen Osmanischen Reiches – es umfasste große Teile der heutigen Staaten Griechenland, Ägypten, Syrien, Libanon und Palästina – nach Europa. Sie füllten damit die Museen und Privatsammlungen in England, Deutschland und Frankreich. Goethe notierte auf seiner Italienreise in einem Brief vom 9. März 1787: »Sie bezahlen jetzt großes Geld für die etrurischen Vasen und gewiss finden sich schöne und treffliche Stücke darunter. Kein Reisender, der nicht etwas davon besitzen wollte.« Archäologie verstand sich mehr als Kunstwissenschaft, als Fach, das das Einzelobjekt suchte und bewunderte.

1819 stellte das Dänische Nationalmuseum erstmals prähistorische Artefakte aus. Der Leiter der Ausstellung, Christian Thomsen (1788 – 1865), sortierte sie nach den Materialien, aus denen sie hergestellt wurden: Stein, Bronze, Eisen. So schaffte er das System, nach dem im Wesentlichen heute noch Kulturen beschrieben werden: Paläolithikum (Altsteinzeit), Neolithikum (Jungsteinzeit), Bronzezeit und Eisenzeit. Langsam setzten sich archäologische Forschungsmethoden durch. Wichtig war die Entdeckung des stratigrafischen Prinzips, welches grob besagt, dass Funde, die sich in einer gleichen Bodenschicht befinden, in der Regel zusammengehören und somit gleich alt sind.

Die Archäologie in Ägypten nahm ihren Anfang mit Napoleons Ägypten-Feldzug 1798. Mit den Soldaten kamen auch Wissenschaftler. Sie waren fasziniert, und Ägypten entwickelte sich zum archäologischen Zentrum. Der Offizier Pierre François Xavier Bouchard fand am 15. Juli 1799 bei der Hafenstadt Rosetta einen beschrifteten Stein, welcher es 1822 Jean-François Champollion möglich machte, die Hieroglyphen zu entziffern. Der französische Ägyptologe Auguste Mariette (1821 – 1881), der zwar oft mit zerstörerischen Methoden ausgrub (Sprengladungen) und zahlreiche Kunstobjekte nach Paris brachte, setzte sich ab Mitte des 19. Jahrhunderts dafür ein, die Funde in Ägypten zu belassen, und begründete den Vorläufer des heutigen Ägyptischen Nationalmuseums.

Das 19. Jahrhundert war eine Blütezeit der Archäologie. Mitverantwortlich dafür war ein Mann, der 1822 in Neubukow als

Pfarrerssohn geboren wurde (und 1890 in Neapel starb). Ab 1871 suchte Heinrich Schliemann am Südufer der Dardanellen mit Homers Werken in der Hand nach Troja. Er schrieb später: »Nachdem ich zweimal die ganze Ebene aufmerksam untersucht hatte, theile ich vollkommen die Überzeugung, daß die Hochfläche von Hirrsalik die Stelle des alten Troja bezeichnet, und daß auf dem gesamten Hügel seine Burg Pergamus gelegen hat.« Mit Hilfe des US-amerikanischen Archäologen Frank Calvert begann Schliemann zu graben, grub sich tiefer und tiefer in den Hügel hinein und ließ einen elf Meter tiefen Schacht durch den Hügel ausheben. Geleitet wurden die Erdarbeiten von Ingenieuren, die am Bau des Suez-Kanals beteiligt waren und nur wenig auf die alten Gesteinsschichten, durch die sie sich wühlten, achteten. Heutige Archäologen gruselt es bei einer solchen Vorstellung, manch einer aus der Zunft wirft Schliemann sogar die »zweite Zerstörung Trojas« vor. Doch erst in der konkreten Ausgrabungsarbeit entwickelte sich das Vorgehen Schliemanns – erste Methoden der Archäologie.

Am 31. Mai 1873 stieß Schliemann schließlich auf den sogenannten Schatz des Priamos, bestehend aus Bronzewerkzeugen, Bronzewaffen, Bronzegeräten und Gold. Für ihn war klar; er hat das homerische Troja gefunden. Hatte er nicht, stellte man später fest. Schliemanns Schatz des Priamos war etwa 1000 Jahre älter. Ironischerweise zerstörte Schliemann durch seine Grabungsarbeiten große Teile der archäologischen Schicht, in der man heute das wirkliche homerische Troja vermutet.

Schliemanns Ruhm begründete sich neben dem Beharren auf der Überlieferung vor allem auf den unglaublichen Schätzen, die er mit nach Deutschland brachte. Er war zwar laut türkischer Ausgrabungslizenz verpflichtet, alle Funde mit der Türkei zu teilen, schaffte den Schatzfund aber sofort beiseite und per Schiff nach Athen. Erst dort gab er ihn bekannt. Die Türkei verlangte das herausgeschmuggelte Gut zurück, und bei einem Gerichtsverfahren in Athen wurde Schliemann zu einer Geldstrafe von 10 000 Goldfranken, einer internationalen Verrechnungseinheit, verurteilt. Er zahlte freiwillig das Fünffache. Nach dem Zweiten Weltkrieg gelangte der Schatz, den Schliemann 1881 dem deutschen Volk geschenkt hatte und der ab 1885 im späteren Museum für Vor- und Frühgeschichte verwahrt wurde, als Beutekunst nach Russland. Er wird heute im Moskauer Puschkin-Museum aufbewahrt. Die Türkei bemüht sich um die Rückführung.

Schliemann grub danach in Mykene und fand angeblich dort die Totenmaske des Agamemnon, des griechischen Oberbefehlshabers vor Troja. In Wirklichkeit soll die Maske aber einige 100 Jahre älter als die angenommene Regierungszeit Agamemnons sein – manch ein Forscher hält sie sogar für eine Fälschung.

Ein anderer bedeutender Archäologe des 19. Jahrhunderts war Arthur Evans (1851–1941), der sich ebenfalls von der griechischen Mythologie beeinflussen ließ. Er grub auf Kreta den minoischen Palast von Knossos aus – und ließ große Teile des Palastes nach seiner Fantasie wieder aufbauen. Sein Landsmann William Matthew Flinders Petrie (1853–1942) arbeitete in Ägypten. Er war ein penibler Ausgräber, der viel Wert auf detailgetreue Dokumentation legte, und wurde später auch der erste Professor für Ägyptologie in Großbritannien. Flinders Petrie begründete vier Prinzipien der Feldarbeit: Sorgfalt und Vorsicht bei der Grabung und Rücksichtnahme auf mögliche künftige Ausgräber, Genauigkeit bei der Grabung und Dokumentation jedes vorgefundenen Details, genaue Vermessung und Kartierung und zuletzt die komplette Veröffentlichung der Resultate.

Das Vorgehen der frühen Archäologen wurde wissenschaftlicher: Sie führten Voruntersuchungen durch, sie gruben bis auf die unterste Bodenschicht, sie beachteten die unterschiedlichen Schichten der Siedlungen, sie teilten Fundstätten in Planquadrate ein, und sie arbeiteten schon früh mit anderen Wissenschaften interdisziplinär zusammen. Immer weniger war die Archäologie ein Zeitvertreib gebildeter Laien, sie wurde mehr und mehr zur Wissenschaft – auch wenn ihr dennoch die romantische Suche nach sensationellen Fundstücken anhaftete.

Der britische Archäologe Howard Carter (1874–1939) machte im November 1922 in Ägypten einen solchen Fund: Er grub, finanziell unterstützt durch Lord Carnarvon, seit 1917 im Tal der Könige und war lange schon auf der Suche nach dem Grab des eigentlich eher unbedeutenden jungen Pharaos Tutanchamun. Kurz bevor sein Gönner ihm die Mittel strich, entdeckten Arbeiter einen Treppenabgang. Carter ließ ihn freilegen, am Ende stieß er auf eine verschlossene, versiegelte Tür. Er informierte sofort Lord

Carnarvon, der aus London anreiste. Gemeinsam öffneten sie die Tür, dahinter lag ein mit Geröll verschütteter Gang, an dessen Ende sich eine zweite versiegelte Tür befand, die mit einem Siegel mit dem Namen Tutanchamuns verziert war. Am 26. November 1922 begann man diese vorsichtig zu öffnen. Das Grab war zwar relativ klein, aber weitgehend unversehrt, angefüllt mit Kunstgegenständen, darunter ein Thronsessel, ein goldener Kanopenschrein, Schmuckstücke, Waffen sowie vier ineinandergeschachtelte, vergoldete Schreine, in denen der Sarkophag des Tutanchamun lag. In diesem gab es drei wiederum ineinandergeschachtelte Särge, die teils vergoldet, teils aus massivem Gold waren, darin der mumifizierte Leichnam des Pharao mit einer goldenen Totenmaske.

Spektakuläre Funde wie Howard Carters oder die Hiram Binghams, der 1911 Machu Picchu fand, dürfen über zweierlei nicht hinwegtäuschen: Zum einen entwickelte sich schon damals die Archäologie von der Schatzgräberei der früheren Jahrhunderte zu einer eigenständigen Wissenschaft, zum anderen haben sich ihre Arbeitsschwerpunkte auch verschoben. Archäologie ist eine komplizierte Wissenschaft. Sie umfasst heute zahlreiche Fachgebiete, die sich nach Themen, Zeiten und geografischen Räumen unterscheiden. Es lassen sich fünf Disziplinen definieren: die Prähistorische Archäologie oder Vor- und Frühgeschichte, die Provinzialrömische Archäologie, die mit Methoden der Vor- und Frühgeschichte die römischen Provinzen erforscht, die Klassische Archäologie, die sich der antiken Welt widmet, also den Griechen, Römern und Etruskern zwischen dem 2. Jahrtausend v. Chr. und dem 5. Jahrhundert n. Chr., die Archäologie des Mittelalters und die der Neuzeit. Dazu gibt es noch regionale Schwerpunkte wie die Ägyptologie, die Vorderasiatische Archäologie oder die Altamerikanistik.

Der Prähistoriker Hermann Parzinger, ein Spezialist für die Kultur der Skythen, spricht zusammenfassend davon, dass man im 18. und 19. Jahrhundert nur Objekte gesammelt habe. Und zwar als Kunstgegenstände, erst später habe man erkannt, dass diese auch bedeutende Zeugen der Vergangenheit sind. »Zunächst begann man sie zu sammeln, um sie zu retten, und noch viel später sah man, dass es eben nicht mehr genügt, nur das Objekt für sich alleine zu haben, sondern auch seinen geschichtlichen Kontext, seine geschichtliche Einbindung kennen sollte.« Archäologie sei Geschichtsschreibung. »Wir versuchen, die Geschichte der frühen Menschheit zu rekonstruieren, und da wir keine Schriftquellen aus diesen frühen Epochen haben wie die klassische Geschichtswissenschaft, müssen wir mit anderen Quellen arbeiten.« Friederike Fless vom DAI betont, dass es darum ginge, Lebenskontexte zu rekonstruieren. Archäologie sei heute ganz stark naturwissenschaftlich geprägt, weil man versuche, das gesamte Leben mit allen Äußerungen zu erschließen. Der Müll der Siedlung oder dass Gegenstände aus verschiedenen Regionen beispielsweise in Gräbern gemeinsam vorkommen, sagt eventuell mehr über das Leben und den Alltag versunkener Völker aus als das eine, strahlende Objekt. Denn – so Michael Müller-Karpe vom Römisch-Germanischen Zentralmuseum – »der Wert eines archäologischen Objektes besteht in den Informationen, die dieses Objekt transportiert.« Es sind Informationen über Menschen, von denen wir durch die Zeit getrennt sind, und diese Informationen seien zu einem ganz wesentlichen Teil mit dem Fundkontext im Boden verbunden. Werden nun diese Objekte unsachgemäß und undokumentiert aus dem Boden gewühlt, geht dieser Fundkontext unwiederbringlich verloren. Hermann Parzinger berichtet davon, wie er in den 1990er Jahren am oberen Indus Ausgrabungen leitete und sah, wie auf den Basaren in den Dörfern Objekte angeboten wurden, die ganz eindeutig aus geplünderten Gräbern stammten. Was ihn damals verblüffte, war, dass diese Objekte Beziehungen bis nach China und nach Sibirien und in andere Teile Zentralasiens aufwiesen, was vermutlich bedeutete, dass es bereits im 2. oder 1. Jahrtausend v. Chr. eine Seitentrasse der Seidenstraße gegeben haben musste, die über Gebirgspässe von Westchina und Sibirien bis hinab in die Indusebene an den Indischen Ozean führte. Das sei eine ganz neue Erkenntnis gewesen. Aber für den Archäologen sei es natürlich bedeutsam, dass er diese Objekte nicht nur auf dem Basar sähe, sondern im originalen Grabungszusammenhang: Nur so ließen sich historische Netzwerke rekonstruieren, Handelswege nachstellen, Einflüsse und Wanderungswege beweisen.

Margarete van Ess, Wissenschaftliche Direktorin der Orient-Abteilung des Deutschen Archäologischen Instituts, quantifiziert während der Tagung »Kulturgut in Gefahr. Raubgrabungen und illegaler Handel« im Dezember 2014 in Berlin, wie viel Raubgräber zerstören. Sie geht von einer Grabungsfläche von 10 mal 10 Metern aus, die Archäologen bis zu einer Tiefe von durchschnittlich 2,5 Metern ausgraben würden. In diesen 250 Kubikmetern würden Archäologen – wenn sie nicht gerade den Fund des Jahrzehnts machen würden – circa 10 000 Scherben, vielleicht 500 Fragmente von Kleinfunden, also Terrakotten, Tontafeln, Geräte und so weiter finden. Die Scherben und viele Kleinfunde werden dann statistisch ausgewertet. Etwa 50 Objekte sind so wichtig, dass sie genauer dokumentiert werden, und erhalten eine Museumsnummer, noch viel weniger sind einer Ausstellung wert. Nur Letztere, so sagt sie, »wären eventuell auch für den Kunstmarkt interessant«, ein noch kleinerer Teil für den internationalen Markt. Für diese Stücke – wobei nicht einmal eine Garantie besteht, so eines zu finden, wird bei Raubgrabungen aber viel mehr aus dem Boden gerissen. »Alles andere wird weggeschmissen, sei es eine Terrakottafigur ohne Kopf oder eine halbe Tontafel«, klagte van Ess schon am 27. Februar 2010 in einem Gespräch mit der *Frankfurter Allgemeinen Zeitung*. Bleiben solche Objekte dann an der Oberfläche liegen, so zerfallen sie innerhalb von nur zwei oder drei Jahren. »Der Wind zwischen Syrien und Afghanistan wirkt wie ein Sandstrahlgebläse.«

Die Argumentation der Archäologen teilen nicht alle Kunstwissenschaftler. Vor allem Museumskuratoren und -leiter, die stolz auf ihre Sammlungen sind und diese erweitern wollen, denken eher an das einzelne Objekt als an die Fundzusammenhänge. James Cuno ist Kunsthistoriker und Präsident und Geschäftsführer des J. Paul Getty Trust, einer der reichsten Kunstinstitutionen der Welt, die sich allerdings mit der Ankaufspolitik ihres Museums, des J. Paul Getty Museums in Los Angeles, nicht immer mit Ruhm bekleckert hat (siehe Kapitel 7). Cuno breitet seine Ansicht vom kulturhistorischen Wert eines Einzelobjektes in einem Aufsatz mit dem Titel »The Value of Antiquities« aus: »Archäologen sagen häufig, dass Altertümer keine Bedeutung außerhalb ihres archäologischen Kontextes besitzen. Wenn wir den Fundort nicht kennen, sagen sie, seien die Altertümer bedeutungslos und nur von ästhetischem Wert, den sie als subjektiv bezeichnen und geringer schätzen als den ›objektiven‹ Wert der ausgegrabenen antiken Artefakte. Aber sicherlich haben Antiken alle möglichen Bedeutungen außerhalb ihres spezifischen archäologischen Kontextes: ästhetische, technologische, ikonographische, sogar – im Falle derjenigen, die eine Inschrift tragen – epigraphische.«

Ganz ähnlich liest sich das in einem Aufsatz mit dem Titel »And What Do You Propose Should Be Done with Those Objects?« des Kunsthistorikers Philippe de Montebello, der von 1977 bis 2008 das Metropolitan Museum of Art in New York leitete und für den Ausbau des Museums zu seiner heutige Größe wesentlich verantwortlich war – auch wenn das Metropolitan-Museum wie das Getty-Museum zahlreiche Werke aus obskuren Quellen bezog. Wie auch den Euphronios-Krater, auf den sich Montebello im Folgenden unter anderem bezieht (siehe Kapitel 7): »Schließlich zur Annahme, dass eine Antike ohne Kenntnis ihre Fundorts oder des archäologischen Kontexts bedeutungslos sei, oder wie es meine italienischen Kollegen vom Kulturministerium sagten – sie beschrieben den Euphronios-Krater: »Ohne seine Grabanlage ist eine Antike eine *cosa morta*. Nur wenige, glaube ich, die das Ausmaß und die Erhabenheit des Euphronios-Kraters, die Präzision und Eleganz der Linienführung und seine ergreifende Darstellung des homerischen Epos vom Tode des Sarpedon bewundert haben, würden zugeben, dass er eine *cosa morta* sei. Auch wenn er nicht ordentlich ausgegraben wurde, ist er absolut nicht bedeutungslos. Er ist vom Maler und dem Töpfer signiert, die meisten Figuren sind eindeutig durch ihren Namen auf der Vase identifiziert, und diese Informationen sind unabhängig von jeder Kenntnis, die das Grab noch mitgeliefert hätte.«

Für viele Archäologen ist das ein Denken, das weitgehend im 19. oder frühen 20. Jahrhundert verhaftet ist. »Natürlich spielt auch die rein kunsthistorische Betrachtung eine Rolle«, sagt Hermann Parzinger, »etwa in der klassischen Archäologie, aber auch in der vorderasiatischen Archäologie. Besondere Funde sind natürlich ganz eindeutig als Weltkunst zu bezeichnen.« Ja, es gäbe diese Richtung innerhalb der Archäologie als eine mehrerer Spezialdisziplinen. »Aber auch da ist inzwischen, weil man über die Kunstwerke schon eine Menge weiß, der Kontext enorm wichtig geworden. Auch für die Beurteilung der Kunstwerke selbst.«

So weit sind Philippe de Montebello und Hermann Parzinger vielleicht theoretisch in ihren Aussagen gar nicht auseinander. Doch während der eine sich im Zweifel für das Objekt, schön ausgeleuchtet ausgestellt in einer Vitrine, entscheiden würde, würde der andere lieber den Zusammenhang des Fundes erhalten und analysieren. »In dem Moment, wo es aus einer illegalen Grabung kommt, ist es aus dem Kontext gerissen. Und damit verliert ein Objekt seine Geschichte, seinen geschichtlichen Kontext, seine geschichtliche Einbindung und hat für die Wissenschaft und das, was das kulturelle Erbe uns über die Vergangenheit erzählt, nur noch einen Bruchteil seines Wertes. Und ich glaube, das ist ein ganz enormer Verlust.«

5
Tunnel und Diplomatenkoffer: Die Schmuggler

Michel van Rijn ist für 90 Prozent aller Fälle von Kunstschmuggel verantwortlich. Und er würde gern auch noch in Anspruch nehmen, in die restlichen zehn Prozent verwickelt zu sein.
Richard Ellis, Gründer der Abteilung für Kunst- und Antikenkriminalität bei New Scotland Yard

»Das fing alles sehr bescheiden an. Ich war 15 Jahre alt und hatte einen Freund. Und der hatte einen Lieferwagen. Wir fuhren dann damals, das war so Mitte, Ende der 1960er Jahre, damit nach Istanbul und kauften dort Teppiche und Mäntel.« Michel van Rijn lacht. »Mäntel für die Hippies in Amsterdam. So Dinger aus Schaffell, eigentlich nur umgedrehte Felle mit Ärmeln.« Die brachten sie nach Amsterdam und verkauften sie mit bescheidenem Gewinn an die damals wachsende Hippie-Szene dort. »Und dann ging das so weiter. Wir lernten irgendwelche Leute im Bazar kennen.« Die fragten ihn, ob er antike Stücke mit nach Holland nehmen könne. Im Klartext: schmuggeln. Antike byzantinische Öllampen und Kruzifixe. Michel van Rijn tat es und verkaufte die Artefakte. »Und dann merkten wir, dass wir anstelle dieser unglaublichen Menge von Zeugs, von Mänteln, die uns während der Fahrt vergammelten, nur ein kleines Objekt mit zurückbringen mussten, um dieselbe Menge Geld zu machen.«

So begann eine Karriere als Kunstschmuggler, die Michel van Rijn in den Nahen Osten, nach Zypern und nach Moskau führte und zu einem der von Scotland Yard meistgesuchten Menschen machte. Irgendwann wechselte er die Seiten. Ausgangspunkt für seinen Sinneswandel soll die Begegnung mit den Terrakotta-Köpfen der Nok-Kultur im heutigen Nigeria gewesen sein, ausdrucksstarke Figuren, stark stilisierte Tier- und Menschendarstellungen mit elliptischen Augen, Bärten und Schmuck, die etwa zwischen 500 v. Chr. und 200 n. Chr. entstanden. Man weiß extrem wenig über die Figuren, die auf dem internationalen Kunstmarkt sehr begehrt sind, weder welchen Zwecken sie dienten noch wo sie hergestellt wurden. Nur wenige der Terrakotten stammen bislang aus einem gesicherten Fundzusammenhang. Kontexte, die nützlich zur Erforschung wären, sind weitgehend unbekannt, auch weil die meisten Fundstellen durch Raubgrabungen gestört sind.

Fortan beriet van Rijn Zoll und Polizei. Er führte eine Webseite, auf der er über Kunstschmuggel, illegalen Handel mit Kunstwerken und Fälschungen informierte. 2006 schaltete er sie nach fünf Jahren ab – es hatte angeblich nicht nur Drohungen gegen ihn, sondern auch gegen seine Kinder gegeben. Andere berichten, van Rijn sei damals mit zu vielen Klagen von Kunsthändlern konfrontiert gewesen.

Sich mit Michel van Rijn zu verabreden, ist nicht ganz einfach. Er versteckt sich nicht, lebt aber doch recht abgeschieden, und seine Adresse, E-Mail-Adresse oder Telefonnummer sind nicht problemlos zu bekommen. Ich versuche es über mehrere Mittelsmänner, und schließlich gelingt mir der Kontakt. Wir schreiben uns einige Mails, telefonieren miteinander, und er willigt schließlich ein, sich interviewen zu lassen. Ich erwartete, dass der Niederländer in Amsterdam oder Umgebung lebt, und bin überrascht, als er mir die Adresse schickt: Sie *ist strictly confidential*, irgendwo in Italien. Vielleicht ist es auch nur eine von vielen. Ich fliege nach Italien, setze mich dort in den Zug, fahre durch Pinienhaine. An einem Bahnhof steige ich aus und laufe von dort etwa drei Kilometer bis zur angegebenen Adresse. Es ist spätsommerlich heiß, ich schwitze, bin zu früh, trinke in einem Café noch einen Cappuccino. Dann stehe ich vor der Tür des Apartmenthauses, klingle, gleich die Antwort: Yes, please? Aufzug, fünfter Stock, Michel? Er sei nicht da, versichert mir der junge Mann, der öffnet. Ich solle später noch einmal wiederkommen. Der nächste Cappuccino. Eine Stunde später. Michel ist da. Er öffnet selbst die Tür. Untersetzt, bärtig, etwas zu lange Haare, barfuß in Shorts und Poloshirt. Er sieht müde aus und erklärt ungefragt, dass er am Vorabend auf einer Party war. Die hätte etwas länger gedauert. Sein Apartment ist klein, bietet eine wunderbare Aussicht und ist vollgestopft mit Kunst und Kitsch. Michel van Rijn hat einen eigentümlichen Geschmack, der zwischen beidem nicht genau trennt. Aber er weiß, was ihm gefällt, und er gibt wenig auf die Ansicht von studierten Kunstexperten.

Wie brachte man denn zu seiner Zeit die Stücke von Istanbul nach Amsterdam? Michel zündet sich die nächste Zigarette an. Dazu schwarzer Kaffee. Viel Kaffee. »Das war am Anfang alles sehr unprofessionell. Aber es gab auch noch nicht solche Kontrollen wie heute am Zoll. So konnten wir alles im Auto verstecken oder bei Flugreisen in den Koffern. Die wurden damals noch nicht geröntgt.« Bei Michel van Rijn hört sich das alles ziemlich einfach an. Ab mit den Stücken in den Koffer oder den Kofferraum und dann losgefahren. Oder in den nächsten Flieger. Und dann auf das Glück vertraut. Aber es war wohl so. Die Grenzen waren ziemlich unkontrolliert, das Glück half ihm, dazu seine Abenteuerlust, wie er sagt. So bekommt man eine kleine Vase, ein Öllämpchen oder eine Statuette aus dem Land, aber nichts Großes. Es folgte das – wie er sagt – »übliche Vorgehen«. »Ich habe damals viel gelernt.« Von Russen und vor allem von Armeniern, die wie Familien organisierter Krimineller funktionierten. »Die Armenier kannten alle Tricks. Die gehen nach dir in eine Drehtür hinein und kommen vor dir wieder raus«, sagt er. Er trank mit den Wichtigen, schmierte Polizisten und Zöllner. Seine Drehscheibe war Beirut – ein kosmopolitischer Handelsplatz, über den er Kunst aus dem Nahen Osten und vor allem Ikonen aus der damaligen Sowjetunion in den Westen brachte.

»Ich arbeitete damals viel mit Reiseveranstaltern und Diplomaten.« Vor allem in Moskau. Er bändelte auf Partys mit potenziellen Kurieren an, vor allem in der niederländischen und der englischen Botschaft. Damals, im Kalten Krieg, arbeiteten alle westlichen Botschaften eng zusammen. Man traf sich regelmäßig, gesellschaftliche Anlässe dafür gab es zuhauf. Bei Sekt und Kaviar führte man leise Gespräche. Und dann kamen vor allem die Engländer, zogen van Rijn beiseite und sagten, sie hätten gehört, dass er was mit Kunst mache. »Ja, antwortete ich dann langsam. Und dann gab ein Wort das andere, und nach ein paar Drinks kam das Gespräch auf Diplomatengepäck und Ikonen und wie man die aus dem Land schaffen könne. Das war ein bisschen wie in einem schlechten Film.« So redete Michel van Rijn mit den Diplomaten, verhandelte den Preis, zahlte und erwartete schließlich seine Stücke. Was nicht immer klappte, denn mitunter wollten die Diplomaten hinterher nichts mehr von dem Deal wissen. Deshalb verlegte er sich darauf, Exportpapiere zu fälschen. Auch das war überraschend einfach. Er kaufte billige Ikonen, die für Touristen als Souvenirs bestimmt waren und Exportpapiere besaßen. »Die hatten hinten so Aufkleber drauf, die die Exporterlaubnis bestätigten. Die haben wir einfach entfernt und auf die alten echten Ikonen draufgeklebt. Oder wir haben in die Liste mit den zum Export bestimmten Gütern, die wir von den Behörden uns haben abstempeln lassen, nachher noch was hinzugefügt.« Als er Kunst aus Zypern ins Ausland schmuggelte, lief viel über Bestechung. Die Bilder wurden nachts per Boot von der Insel gebracht: »Sehr einfach. Per Schiff kannst du alles außer Landes bringen.«

Etwa 30 Jahre liegen zwischen Michel van Rijns Erfahrungen und heute – dennoch sind sie aktuell.

Auch die Archäologin und Ägyptologin Salima Ikram spricht vom Missbrauch des diplomatischen Gepäcks, oft ohne das Wissen der obersten Stellen. Der ägyptische Antikenminister Mamdouh el-Damaty gibt zu Protokoll, dass Antiken oft als Repliken getarnt und mit entsprechenden Papieren versehen das Land verließen. Oder dass die Kopien oft die Originale tarnten: »Wir haben Schmuggler erwischt, die beispielsweise große Repliken von Statuen angefertigt haben, und in diesen Repliken waren die antiken Stücke versteckt.« Inzwischen könne man so etwas glücklicherweise an den Flughafen und Häfen durch Röntgen kontrollieren. Es ist auch kein neues Verfahren. Schon 2002 waren Schmuggler auf die Idee gekommen, ägyptische Antiken aus Stein oder Terrakotta in flüssigen Kunststoff zu tauchen und sie dann mit bunten Farben anzumalen, sodass sie wie billige Souvenirs aussahen. Sperrige Dinge werden oft zerschlagen, da man sie so leichter durch den Zoll schleusen kann. Später werden sie dann wieder zusammengefügt. Israelische Behörden fanden im Frühjahr 2012 beispielsweise einen hölzernen Sarkophag, der in zwei Hälften gesägt worden war, damit er in Koffern geschmuggelt werden konnte.

Auf den Flughäfen werden die meisten Schmuggler gefasst. Mal kleinere, mal größere. So ertappte man einen BBC-Journalisten, der im Sommer 2014 einige Antiken nach England bringen wollte. Doch kaum ein Zöllner kann unterscheiden, ob der Uschebti, eine oft nur handgroße Statuette, die einen Verstorbenen zeigt, im Handgepäck eines Reisenden wirklich 3000 oder 4000 Jahre alt ist oder ob er aus dem Chan-el Khalili, dem große Bazar im Herzen Kairos, stammt, wo Kopien in mal guter, mal besserer Qualität an jeder Ecke verkauft werden. Wenn der Reisende dann noch Papiere vorlegen kann, dass es sich um eine Replika handelt ...

So gibt es viele Lücken im System, zu viele. Salima Ikram spricht davon, dass die ägyptische Landesgrenze generell durchlässig sei, die Wüste nach Libyen, aber auch der Weg in den Sudan. Auch Wafaa El Saddik, die ehemalige Leiterin des Ägyptischen Museums in Kairo, hatte von den Wegen erzählt, den langen, nicht kontrollierbaren Grenzen in der Wüste. Auch von den vielen kleinen Orten am Roten Meer, wo man mit Booten anlanden könne. Die Antiken würden dann auf offener See auf größere Schiffe umgeladen. »Das geht auch am Mittelmeer«, sagt Salima Ikram. »Manche Schmuggler bringen Flüchtlinge aus Syrien ins Land und schmuggeln Antiken raus.« Andere Schmuggelwege kennt Monica Hanna: Sie führen über den Sinai und dann durch Tunnel hinein in den Gaza-Streifen und vorn dort ebenfalls durch Tunnel weiter nach Israel. Sind die Antiken einmal dort, werden sie von Tel Aviv oder Jerusalem – die dortige Via Dolorosa ist voller Antiken- und Antiquitätenläden – aus weiterverkauft. Die Antikenhändler in Israel haben keine Probleme damit, weil dort der Handel mit Antiken kaum eingeschränkt ist, egal woher sie kommen. »Es ist ein sicherer Hafen für Antikenhändler«, sagt Monica Hanna. »Deshalb gehen viele Objekte dorthin, von wo sie dann in die USA oder nach Europa verschifft werden.« Die Archäologin kennt weitere Wege: »Anderes verlässt direkt von den ägyptischen Häfen Ain Sukhna am Roten Meer oder Damietta am Mittelmeer aus das Land. Die Antiken werden in großen Kisten zusammen mit Möbeln verpackt, sehr gut versteckt.«

Nicht immer sind die Verstecke gut genug. Im Januar 2015 entdeckte die spanische Polizei Hunderte ägyptischer Altertümer versteckt in billigen Vasen in einem Container, der von Alexandria nach Valencia verschifft wurde. Insgesamt wurden die Antiken auf einen Wert von bis zu 300 000 Euro geschätzt, vermeldete die *Cairo Post*, doch könnten sie – glaubt man den Bildern, die unter anderem mehrere große Kanopenkrüge zeigen, die auf Auktionen in Europa schon für 176 000 Euro angeboten wurden – auch wesentlich mehr bringen.

Monica Hannas Fazit: »Es ist wie mit Waffen. Genau wie man Drogen und Waffen schmuggelt, so schmuggelt man auch Antiken. Auf denselben Wegen.« Das bestätigt auch Silvelie Karfeld, Kriminalhauptkommissarin im Bereich Kunstdiebstahl im deutschen Bundeskriminalamt in Wiesbaden. Sie sagt, dass alle Transportsysteme, die auch für den legalen Warenverkehr genutzt werden, im illegalen Handel zum Einsatz kommen. Die Schmuggler nutzen Frachtpostunternehmen, sie nehmen die Antiken als Begleitgepäck mit. Sie verstecken sie in Bussen, in Autos, in Schiffen. Und Françoise Bartolotti, die bei Interpol im Bereich Kunstkriminalität arbeitet, stimmt ihr zu: »Es gibt keine speziellen, bekannten Routen.« Eines ist aber sicher: Es ist organisierte Kriminalität.

Nicht in dem Sinne, wie man sie aus Mafiafilmen kennt, als straffer, gut geführter Ring von sehr gewaltbereiten Kriminellen. So kann es im Einzelfall sein, der Glasgower Archäologe und Kriminalitätsforscher Neil Brodie aber definiert »organisierte Kriminalität« anders – wie die Vereinten Nationen als »Gruppe von drei oder mehr Menschen, die eine gewisse Zeit zusammenarbeiten, um auf illegale Art und Weise Geld zu verdienen«. Kleine Netzwerke, die sich schnell zusammenfänden und wenig hierarchische Strukturen besäßen. Der Archäologe Peter B. Campbell schreibt in seiner schon zitierten Studie »The Illicit Antiquities Trade as a Transnational Criminal Network«, dass die kriminellen Akteure weniger »berufsmäßige Kriminelle seien, sondern eher rational denkende und normale Menschen, die Gelegenheiten nutzen würden, ihr Einkommen aufzubessern«. Und anders als in »normaler« organisierter Kriminalität sei es hier so, dass nicht der endgültige Profit unter den Kriminellen geteilt würde, sondern dass in jeder einzelnen Etappe die handelnden Personen ausgezahlt würden.

Der Antikenhandel würde, so Brodie, genau nach diesem Etappenschema funktionieren: Ausgräber, Aufkäufer, Schmuggler und schließlich die Galerien und Auktionshäuser in Europa und den

USA. Netzwerke, die schon lange trügen. Und glaubt man anderen Archäologen, Kriminalisten und auch dem Exschmuggler Michel van Rijn oder einem anderen Fachmann wie dem früheren Basler Kunsthändler Christoph Leon, funktionieren diese Netzwerke mit diversen Unternetzen: Schmugglerringen, die auch schon in anderem Zusammenhang erprobt worden sind, nicht nur bei illegalen Antiken, sondern auch bei anderer Schmuggelware. Und insgesamt hielten diese Absprachen nicht nur von der Ausgrabungsstätte über mehrere Zwischenhändler bis über die Grenze, sondern letztlich weiter bis zu den Antikenhändlern in Europa oder den Vereinigten Staaten.

Klar ist inzwischen, dass es Zentren gibt, in denen geschmuggelte Antiken zwischengelagert werden. Monica Hanna nennt Israel. Auch der Libanon ist als Durchgangsstaat bekannt. »Früher gab es die tolle Schweiz, wo man keinerlei Fragen stellte«, sagt Michel van Rijn. »Da gab es die Freihandelszonen, und man konnte alles dorthin schicken. Man importierte es nicht, konnte es aber dann von dort direkt nach New York oder zu Sammlern weiterversenden. Und für den dortigen Zoll kam es dann eben aus der Schweiz.« Die Schweiz hat ihre Gesetze geändert. Zwar gibt es dort immer noch große Zollfreilager voll mit Kunst und Antiken, doch achten die Behörden heute stärker auf die Herkunft der Objekte und darauf, ob es für sie eine Ausfuhrgenehmigung des Herkunftslandes gibt. Michel van Rijn stellt die Frage: »Was ist heute der größte Freihafen?« Und er gibt sich selbst die Antwort: »Dubai. Dort stellt man keine Fragen.« Auch irakische Antiken landen da, ebenso ägyptische.

Die Facebook-Seite *Egypt's Heritage Task Force* zeigte im Oktober 2014 die Antikengalerie von Fayez Barakat in Abu Dhabi mit Angeboten an echten und imitierten ägyptischen Kunstschätzen, auch weil *Egypt's Heritage Task Force* vermutet, dass dort raubgegrabene Antiken verkauft werden. Barakat unterhält drei Shops weltweit: einen im Emirates Palace Hotel in Abu Dhabi, einen auf dem North Rodeo Drive in Beverly Hills und den dritten auf der Brook Street in London. Auf seiner Webseite *www.fayezbarakat.com* präsentiert er stolz Bilder seiner Antikensammlung, aber auch sich selbst im Jahr 2001 neben dem ehemaligen US-Präsidenten Bill Clinton. Die Fernsehdokumentation »Das geplünderte Erbe« zeigte, wie Verkäufer in der Antikengalerie in Abu Dhabi versichern, dass sie alle Antiken der Galerie nach Deutschland ausführen könnten. Sie würde auch die Zolldeklaration und allen anderen Papierkram abwickeln. Schwierigkeiten dabei gäbe es nicht, davon, dass die Antiken Ausfuhrpapiere hätten, ist aber auch nicht die Rede.

Im Januar 2015 entdecke ich auf der Webseite der Galerie in Abu Dhabi *(www.barakatgalleryuae.com)* in der Rubrik »Ägyptische Kunst« das Fragment einer Kalksteinwand, das einen Pharao zeigt, angeblich entstanden in der Zeit zwischen 664 und 525 v. Chr. Ein sehr schönes Stück mit einem ausdrucksstarken Kopf und zwei Händen, die Pflanzenbündel halten. Ich schicke eine Mail an die Galerie und frage darin nach der Größe des Fragments, nach dem Preis und der Provenienz. Einen Tag später erreicht mich die Antwort von Paul Henderson, dem Leiter der Galerie in Beverly Hills: Die Antike würde etwa 66 mal 38 Zentimeter messen, der Preis betrüge 360 000 englische Pfund (damals etwa 480 000 Euro), und das Stück stamme von der Galerie Phönix aus Genf. Drei Zeilen bei einem Stück, das fast eine halbe Million Euro kosten soll. Etwas mehr über die Vorbesitzer hätte ich gern erfahren oder vor allem auch, wann das Stück Ägypten mit welchen Papieren verlassen hat. Das muss alles keine Absicht, sondern kann einfach nur kalifornisch-lässiges Geschäftsgebaren sein.

Googelt man die Galerie Phönix in Genf, so stößt man auf ihre Besitzer, die Brüder Ali und Hicham Aboutaam, die eine weitere Galerie in New York, dort in der Schreibweise Phoenix, besitzen. Die Galerie Phönix ist auch Betreiber des Onlineportals e-tiquities. com. Die Brüder Aboutaam sind in der Szene der hochpreisigen Antikenhändler keine Unbekannten. Die Schweizer *Weltwoche* berichtete am 12. Januar 2006 vom Verkauf der sogenannten Stele von Pasenenkhons, die 1993 bei Bauarbeiten in Akhmim (Ägypten) gefunden wurde. Sie gelangte wohl auf rätselhaften Wegen, trotz aller Exportverbote, die seit 1983 für ägyptische Antiken gelten, in die Galerie Phönix nach Genf, die damals noch von Ali Aboutaam, dem Vater der Brüder, geführt wurde. Der übergab sie zur Entzifferung der Hieroglyphen Massimo Patanè von der Genfer Universität, der einen Artikel publizierte und somit der Stele wissenschaftliche Anerkennung verschaffte. Danach wurde sie an einen belgischen Händler veräußert, der sie wiederum an einen

Sammler in den USA verkaufte. Doch bevor dieser sich an seiner Neuerwerbung richtig erfreuen konnte, holte die amerikanische Bundespolizei die Stele aus der Wohnung in Manhattan – ein Ägyptologe hatte das Stück erkannt. Die USA retournierten die Antike an Ägypten, »zwei weitere Stelen aus Akhmim wurden freiwillig zurückgegeben, behauptet Ali Aboutaam gegenüber der *Weltwoche*«, schrieb die Zeitung. Juristische Folgen hatte der Deal nicht.

2004 wurde Hicham Aboutaam in New York wegen illegaler Einfuhr zu 5000 US-Dollar Buße verurteilt. Er hatte ein Gefäß aus dem Iran falsch deklariert. Die Strafsumme war eine Petitesse, das Gefäß hätte ihm 950 000 US-Dollar gebracht. Sein Bruder Ali wurde 2004 in Abwesenheit in Ägypten zu 15 Jahren Gefängnis verurteilt: Er soll Mitglied einer Schmugglerbande für ägyptische Antike gewesen sein. In der Berufung wurde das Urteil allerdings wegen Mangel an Beweisen aufgehoben.

Von Einzelfällen spricht Hicham Aboutaam am 18. März 2007 in der *New York Times*: »Wir können die Gerüchte und Anschuldigungen uns gegenüber nicht kontrollieren. Letztlich ist alles eine Frage der Statistik: Wie viele Fälle sprachen gegen uns, und wie viele Stücke verkaufen wir? Es gab sehr wenige Fälle, die gegen uns sprachen, und wir verkaufen sehr viel. Rechnet selber nach!« Folgt man dieser Logik, muss der Ruf der Brüder als makellos gelten, vielleicht – so mutmaßte Hicham Aboutaam – wurden die Anschuldigungen ja auch nur von Konkurrenten aufgebracht, um die Galerie Phönix zu schädigen.

Michel van Rijn kennt viele Geschichten über Antikenhändler und ihre mal sauberen, mal etwas weniger sauberen Geschäfte. So sei nun einmal das Spiel im Antikenhandel. »Man kann da keine hohe moralische Position einnehmen. Wenn die Karten auf dem Tisch liegen, bleiben nur zwei Möglichkeiten: entweder mitspielen oder aussteigen.« Die meisten spielen wohl weiter mit.

Es gibt bislang nur wenige systematische Untersuchungen zur Struktur des illegalen Antikenhandels. Doch diese sprechen wie eben auch Michel van Rijn den Vereinigten Arabischen Emiraten eine Schlüsselrolle zu. Die oben erwähnte Arbeit von Peter Campbell fasst Recherchen unterschiedlicher Institutionen und Wissenschaftler zusammen und verfolgt beispielsweise, wie Antiken aus

Afghanistan herausgeschmuggelt werden. Die populärste Route führt nach Pakistan; sie wird auch von Drogenschmugglern benutzt. Netzwerke von Schmugglern bringen Drogen, Waffen, Edelsteine, Menschen und eben auch Antiken über die Grenze. Den lokalen Kriegsherren, meist Taliban, zahlen sie Schutzgelder dafür, dass sie unbehelligt die Grenze überschreiten können. In Pakistan werden die Antiken dann entweder direkt in den Grenzstädten weiterverkauft und von dort nach Dubai oder nach Schardscha (ebenfalls in den Emiraten) oder Abu Dhabi ausgeflogen. Auch gibt es jede Menge direkter Luftfracht zwischen der afghanischen Stadt Kandahar und Dubai. In den Emiraten – so Campbell – kommen Antiken aus der gesamten Region, aus Afghanistan, dem Irak und Iran, dem Jemen, Pakistan, aber auch anderen Ländern zusammen, bevor sie weltweit auf den Markt geworfen werden. Immer wieder fallen Sendungen mit illegal ausgegrabenen Antiken auf, die über Schardscha oder Dubai exportiert werden.

Michel van Rijn meint lakonisch über die Emirate: »Dahin sind sie nun alle umgezogen, die großen Antikengalerien mit ihren glänzenden Namen.« Und von dort verkaufen sie in die ganze Welt – auch nach Deutschland.

6
Geldanlage oder Kunstgenuss?
Die Sammler

Ich bin also schon als Zehnjähriger in Museen und mit Heimatforschern herumgelaufen und habe auch schon angefangen zu sammeln. Also sehr früh eigentlich. Und dieses Engagement für die Vergangenheit und das Interesse an der Vergangenheit und auch die Ehrfurcht vor der Vergangenheit, das ist halt bis heute geblieben.
Karl-Heinz Preuß, Sammler

So schnell kann das gehen. 14 Millionen Pfund in 5 Minuten. Auf YouTube ist es zu verfolgen. Der *Northants Herald and Post*, eine lokale Wochenzeitung aus Northampton, hat den Livestream aus dem Londoner Auktionshaus Christie's vom 10. Juli 2014 dort eingestellt: »Und nun kommt zum Aufruf: Lot Nr. 10.« Die Stimme des Auktionators an diesem Vormittag klingt unaufgeregt. »Das ist die großartige Statue des Sekhemka, hier links im Bild. 2400 v.Chr. Hier links. Wir eröffnen mit drei Millionen Pfund.« Dann zählt er hoch, 3 Millionen, 3 Millionen 200 000, 3 Millionen 500 000. Er stockt, es gibt Zwischenrufe, Proteste. Demonstranten im Saal verlangen, die Auktion abzubrechen. Kurze Unterbrechung, dann geht es weiter. Bald sind 5 Millionen erreicht, dann 8 Millionen, nach fünf Minuten Gesamtzeit dann 10 Millionen. Es geht in Millionenschritten weiter. 11 Millionen, 12 Millionen, 13 Millionen, 14 Millionen nach fünfeinhalb Minuten. Stille. Der Auktionator fragt nach: »Will noch jemand bieten? 14 Millionen, will noch jemand bieten?« Es bleibt still im Saal. Er spricht einzelne Bieter an. Ob sie noch überlegen? Schließlich, nach etwas mehr als vier Minuten: »Und verkauft. Für 14 Millionen«, er zögert ein letztes Mal, »für 14 Millionen Pfund.« Nach etwas mehr als 5 Minuten Gesamtauktionszeit fällt schließlich der Hammer. Applaus.

Wer der Käufer der 75 Zentimeter hohen Statue ist, die den

Schreiber Sekhemka (seine Frau zu seinen Füßen und eine Papyrusrolle auf seinen Knien) zeigt, ist bis heute nicht bekannt. Auch nicht, ob die Statue, die bis dato dem Museum von Northampton (England) gehörte, das sie trotz großer Proteste aus dem In- und Ausland versteigern ließ, jemals wieder öffentlich ausgestellt wird.

Der Kunstmarkt blüht. Sei es für moderne zeitgenössische Künstler, sei es für Alte Meister, für die Werke der Klassischen Moderne oder auch für die der Antike. Fünf-, sechs- oder gar siebenstellige Summen sind auch bei Artefakten des Altertums keine Seltenheit mehr. Beim Münchner Auktionshaus Gorny & Mosch zahlte jemand im Juni 160 000 Euro für einen nasenlosen Marmorkopf von Cäsar, und im November 2014 wechselte ein nur knapp 20 Zentimeter großes ägyptisches Relieffragment mit dem Bild einer Gottheit bei der Cahn Auktionen AG in der Schweiz für 114 000 Euro den Besitzer. In Internet-Galerien wie e-tiquities.com werden winzige Skulpturen für knapp 15 000 Euro angeboten. Die Albright-Knox-Gallery in Buffalo ließ im Juni 2007 eine antike Artemisstatue für 28,6 Millionen US-Dollar versteigern. Den absoluten Rekord für Antiken setzte aber im Dezember 2007 eine nur acht Zentimeter große Sandsteinfigur, eine Löwin mit menschlichen Gliedmaßen, 5000 Jahre alt und aus dem heutigen Irak stammend, bei einer Auktion von Sotheby's: Sie brachte 57 Millionen Dollar ein. Die Artemisbronze wird übrigens später (Kapitel 10), wenn es um Fälschungen geht, wieder auftauchen.

»Die Preise für Top-Antiken gehen durch die Decke« zitiert die *New York Times* am 14. August 2014 den Londoner Antikenhändler Lorne Thyssen. Aber sie seien insgesamt noch unterbewertet, vor allem verglichen mit moderner Kunst. Thyssen selbst bezahlte 2010 in New York knapp 24 Millionen US-Dollar für eine Marmorbüste des römischen Kaisers Hadrian aus dem 2. Jahrhundert. »Manche Antiken sind tatsächlich wie Gold«, sagt auch der deutsche Kunsthändler Gordian Weber, der auf Altertümer spezialisiert ist, im Gespräch mit der *Welt* am 30. Mai 2010.

Still und leise haben sich Kunstwerke seit Ende der 1980er Jahre zu Objekten der Geldanlage entwickelt. Damals verfielen Aktien, auch Devisenspekulationen waren nicht mehr so lohnend, das nichtsdestotrotz vorhandene Kapital wird seither verstärkt in vermeintlich krisensicherer Kunst angelegt. Kein Wunder, dass es Anfang der 1990er Jahre Rekordpreise gab: Im Mai 1990 ersteigerte der japanische Industrielle Ryoei Saito innerhalb weniger Tage Vincent van Goghs »Porträt des Dr. Gachet« für 82,5 Millionen Dollar und Pierre-Auguste Renoirs Gemälde »Bal au moulin de la Galette« für 78,1 Millionen Dollar. Kunstwerke werden seither als Sachwerte systematisch zur Diversifizierung des Vermögens genutzt und gehören neben Aktien und Immobilien ins Portfolio der Geldanleger. Der British Rail Pension Fund, der das Geld für die betriebliche Altersvorsorge britischer Eisenbahner verwaltet, stieg früh ein und erwirtschaftet mit Kunstwerken seit den 1980ern eine Rendite von 13,8 Prozent im Jahr – wesentlich mehr als Aktien und Devisen brachten.

Zwar sanken die Preise für Kunstwerke wieder, aber nur unwesentlich: Und der Kunstmarkt hat in der Breite zugelegt. *Die Welt* konstatierte am 10. Januar 2012: »Die Preise für begehrte Kunstwerke erklimmen astronomische Höhen, und das nicht trotz der Finanzkrise, sondern wegen ihr.« Die Zeitung zitiert Raymund Scheffler, den Geschäftsführer der Berenberg Art Advice in Düsseldorf: »Durch die Turbulenzen an den Kapitalmärkten sind die Menschen verunsichert, sie suchen sichere Häfen. Kunst gehört dazu.« Und Robert Ketterer, der Chef von Deutschlands größtem Kunst-Auktionshaus, erklärt im Interview mit *Focus Money* am 13. Januar 2013: »Der Preistrend am Kunstmarkt zeigt im Durchschnitt ganz klar nach oben: Wer vor fünf oder acht Jahren Kunst kaufte, machte damit mehr Rendite als mit den allermeisten anderen Anlageklassen.«

Doch wo bleibt die Kunst, die so teuer verkauft wird? Oft verschwindet sie als Anlageobjekt in einem klimatisierten Hochsicherheitssafe. Über Jahre, mitunter jahrzehntelang, gut gesichert. Sie taucht nur wieder auf, wenn sie erneut verkauft wird. Immer häufiger dabei auch in einem der zahlreichen Zollfreilager in Genf, in Luxemburg, in den Emiraten oder Singapur.

Zollfreilager: Was so spröde klingt, muss nicht so sein. Es gibt große Lager in fast allen Hafenstädten, in die Waren ein- und ausgelagert werden, ohne dass Zölle oder Steuern fällig werden. Ursprünglich geplant, damit Waren ohne lästige und teure Zölle und Mehrwertsteuern zwischengelagert werden können, wurden manche von ihnen zu günstigen Umschlagplätzen für Kunst mit oder ohne gesicherten Herkunftsnachweis. Führend bei solchen Zollfreilagern war lange Zeit die Schweiz, in der es heute zwölf sowie mehrere hundert sogenannte offene Zolllager gibt; bei Letzteren muss der Betreiber eine Sicherheit von zwei Prozent des Wertes der gelagerten Waren beim Zoll hinterlegen.

»Die Eidgenössische Finanzkontrolle schätzt, dass Waren im Wert von 100 Milliarden Franken in solchen Lagern in der Schweiz schlummern«, schrieb das *Handelsblatt* am 24. April 2014. Und es zitierte die Finanzverwaltung: »Bei der Langzeitlagerung von Waren mit großem Wert besteht die Gefahr, dass diese vom ursprünglichen Sinn und Zweck des Gesetzes abweicht und lediglich der Steueroptimierung dient.« Gerade Kunstwerke würden deshalb oft über Jahre eingelagert. Vor allem solche, die als reine Spekulationsobjekte und Geldanlage dienen.

Waren die Lager früher nur gut gesichert gegen allerlei menschliche und natürliche Katastrophen, aber ansonsten doch eher schlicht, so gehen heute viele als »Alternative zum eigenen Museum« durch, wie die *Süddeutsche Zeitung* am 7. Februar 2015 David Arendt, den Chef des vor zwei Jahren eröffneten Luxemburger Freeport, zitiert. Manche Lager sind wie Showrooms von Antiken- oder Kunsthändlern gestaltet und werden auch als Verkaufsgalerien genutzt. Die Kunstwerke haben oft nur einen kurzen Weg: Sie reisen nach dem Verkauf vielleicht nur von dem einen gepanzerten Raum in den nächsten – verbleiben aber im selben Lagergebäude. Das senkt die Versicherungskosten. Und anders als auf Auktionen wird ein Besitzwechsel nicht bekannt. Auch, weil oft nicht die Endkunden, sondern Offshore-Firmen mit Briefkästen in Steueroasen die Mieter der Lagerräume sind. Das Gute für Käufer und Verkäufer ist: Keiner bezahlt Steuern. Jedenfalls so lange, wie die Kunst im Hochsicherheitstrakt bleibt – dort sind die Spekulationsobjekte ja vielleicht auch besser aufgehoben. Erst wer sie ins heimische Wohnzimmer holen möchte, zahlt Steuern.

Die *Süddeutsche Zeitung* zitiert auch Lincoln Ng, den Manager eines Freeports in Singapur. Er weiß, was Sammler tun, die Sehnsucht nach ihrer teuren Kunst haben. »Manche Sammler kommen einfach vorbei, um hier ihre Bilder zu genießen«, sagt er. Es gibt in

den Hallen wohnlich eingerichtete Räume, die je nach Bedarf um-
dekoriert werden. Dazu gibt es maximale Sicherheit dank bewaffneten Sicherheitspersonals und eine garantierte Temperatur von
20 Grad Celsius bei 55 Prozent Luftfeuchtigkeit. Ng: »Sie können
Ihre Freunde einladen und ein paar Flaschen von dem Château
Latour aus Ihrem Weinlager aufmachen. Dazu hängen wir Bilder
aus Ihrer Sammlung auf.«

Symptomatisch für die Verwerfungen, die in den letzten Jahren zu
beobachten sind, sind zwei Kunstmarktskandale: Im Jahre 2010
flog der Fälscher Wolfgang Beltracchi auf, der über Jahre hinweg
systematisch Bilder vor allem von Vertretern der Klassischen Moderne wie Heinrich Campendonk, Max Ernst und Max Pechstein
gefälscht und mit seiner Frau und weiteren Komplizen in den
Kunstmarkt eingeschleust hatte. Sie erzielten pro Bild einstellige
Millionengewinne, insgesamt soll ein Schaden von mindestens
16 Millionen Euro entstanden sein. Vor Gericht wurde dann lediglich die Fälschung von 14 Gemälden verhandelt, obwohl das
Landeskriminalamt Berlin 50 Fälle ermittelt hatte und Beltracchi
später in Talkshows angab, dass er innerhalb von 40 Jahren etwa
300 Bilder gefälscht habe, von denen wohl noch mehr als 200 bislang unentdeckt seien.

Bemerkenswert an dem Fall ist weniger die Zahl der Fälschungen, sondern vielmehr, dass niemand etwas bemerkt hatte. Das
kann an der Qualität der Fälschungen liegen, aber auch daran,
dass niemand etwas merken wollte. Schließlich verdienten (fast)
alle an dem Geschäft.

Der Maler Beltracchi natürlich, auch Kunsthändler wie der ehemalige Sotheby's-Frankreich-Chef Marc Blondeau in Genf, der die
Bilder abnahm. So kaufte er die Max-Ernst-Fälschung »Fo-rêt« für
1,7 Millionen Euro, ein Bild, das danach mehrfach den Besitzer
wechselte und zuletzt für 7 Millionen Dollar vom US-Verleger Daniel Filipacchi gekauft wurde. Es verdiente auch der Kunsthistoriker Werner Spies daran, bis dato der größte Max-Ernst-Experte,
der sieben Fälschungen für echt erklärte, – er kassierte von Beltracchi Provisionen in Höhe von 400 000 Euro, dazu Provisionen
in unbekannter Höhe von dem Kunsthändler Marc Blondeau.
Hinzu kamen die Gelder, die er für seine Tätigkeit als Mitglied des

Kunstbeirats der Sammlung Reinhold Würth erhielt. Diese hatte zwei gefälschte Werke, einen Campendonk und einen Max Ernst, erworben. Stefan Koldehoff, Journalist und Kunstmarktexperte, erklärte 2012 im Interview mit dem Magazin *K. West:* »Es gibt für ganz viele Künstler nur einen einzigen Menschen, der über Ja oder Nein entscheidet und damit darüber, ob ein Werk 150 Euro oder eine Million wert ist. Es gibt kein Verbot in diesem System Kunstmarkt, dass derjenige, der ein Bild für echt erklärt, hinterher auch noch dran verdienen darf.«

Dabei hatte keiner der involvierten Händler und Experten je nachgeprüft, ob die Sammlung Jäger, aus der all die Werke stammen sollten, überhaupt je existiert hatte. Und auch die eher stümperhaft gefälschten Galerieaufkleber des vom NS-System verfolgten Galeristen Alfred Flechtheim auf der Rückseite der Bilder hatten die meisten Auktionshäuser nicht irritiert – erst dem Kunsthistoriker und Flechtheim-Experten Ralph Jentsch fiel auf, dass diese keinesfalls echt sein konnten: Typografie und Druck waren zu schlecht. So kam der Fälschungsskandal ans Licht.

Stefan Koldehoff kann erklären, warum das erst so spät passierte: Die Auktionshäuser seien »auf der permanenten Suche nach marktfrischen Bildern«. Und er sagte in dem zitierten Interview weiter: »Wer ein teures Kunstwerk kauft, kauft häufig nicht nur das Bild, sondern auch das mit ihm verbundene Prestige. Das heißt, er möchte eine Geschichte mit kaufen: ganz, ganz wichtiges Werk, ganz, ganz lange verschollen gewesen und so weiter. Die von Beltracchi angebotenen Bilder lieferten diese Geschichte: berühmte Herkunft aus Galerien wie der von Alfred Flechtheim oder ›Der Sturm‹. Und dann gingen die Signallämpchen häufig alle aus. Da ist viel Psychologie dabei. Aber hinter der Gier nach dem Neuen verbirgt sich eben auch die Gier nach dem Geld.«

Ganz klassisch: Gier frisst Hirn – in der Kunst wie auf dem Kapitalmarkt.

Und die Käufer? Natürlich, die blieben auf dem Schaden sitzen. Wären die Fälschungen nicht aufgeflogen, hätten sie wahrscheinlich in kurzer Zeit ebenfalls Gewinn gemacht. Auch sie hatten deshalb eigentlich kein wirtschaftliches Interesse an der Aufklärung der Fälschungsfälle. Verlierer ist die Kunst.

Auch im Fall des Kunstvermittlers Helge Achenbach, der im März 2015 zu sechs Jahren Gefängnis verurteilt wurde. Dieser hatte als Kunstvermittler für den Aldi-Erben Berthold Albrecht eine Kunstsammlung aufgebaut, ihm später auch historische Automobile vermittelt. Dabei hatte er überhöhte Provision für die Vermittlung kassiert und überhöhte Preise für die Kunstwerke in Rechnung gestellt. Im Verfahren wurde eines deutlich: Es ging weder den Albrecht-Erben noch Berthold Albrecht und wahrscheinlich auch nicht Helge Achenbach bei der Anschaffung um Kunst. Es ging um Investments und Rendite, um den Kauf und Verkauf von Kunst, mit dem sich Geld machen lässt. Mehr Geld als beim Handel mit anderen Gütern. Thomas Steinfeld resümiert in der *Süddeutschen Zeitung* am 13. März 2015: »Der Kunstmarkt (hat) sich von der Kennerschaft mittlerweile so weit emanzipiert, dass der höchste Preis sein eigenes Argument geworden ist. Die Nachfrage [...] gilt nicht besonders guter oder besonders interessanter Kunst, sondern nur möglichst teurer Kunst – Werken, die möglichst viel Kapital anziehen und in sich bergen können, deren eigentliche ästhetische Qualität also in ihrem Preis liegt.«

Antiken erleben als Teil des Kunstmarktes dieselben Trends. Die Preise steigen, die Objekte werden gesuchter. Gordian Weber sagt: »Der Markt für Antiken ist ein spekulationsresistenter Markt.« Extreme Preissprünge kämen nicht vor, weder nach oben noch nach unten. Im Großen und Ganzen würden die Preise steigen, verhalten zwar, aber stetig. Das *Handelsblatt* konstatiert am 3. März 2013, dass vor allem römische Statuen und ägyptische Antiken hoch im Kurs stünden. Inwieweit es dem Käufer und Händler der Altertümer um den Kunstgenuss geht, steht auf einem anderen Blatt.

Der Berliner Rechtsanwalt Robert Kugler, der sich viel mit Kulturgütern und ihrem Schutz beschäftigt hat, weist auf eine Diskrepanz hin: »Betrachtet man Kulturgüter als Anlage- oder Investitionsobjekte, dann werden sie komplett anders behandelt als andere Investitionsgüter. Bei denen muss große Transparenz an den Tag gelegt werden, da muss ein Prospekt aufgelegt werden, da werden gewisse Standards überprüft.« Der Antiken- und Kunsthandel werbe auch mit seiner Diskretion. »Ein Objekt, das möglicherweise viel Geld wert sein kann, wird entgegen all den sonstigen Erfordernissen, die man an ein Anlageobjekt stellt, immer noch gehandelt wie im 19. Jahrhundert.« Das müsse geändert werden, man laufe sonst Gefahr, dass der An- und Verkauf solcher Objekte leicht zur Geldwäsche genutzt werden könne.

»Antiken eignen sich hervorragend zum Geldwaschen«, meint auch Silvelie Karfeld vom Bundeskriminalamt. »Die verrosten nicht, man kann sie jahrzehntelang lagern. Ich kann sie auf der ganzen Welt absetzen, und sie steigen im Wert im Unterschied zu vielen anderen Dingen.« Sie seien ideal geeignet. Dabei muss es nicht unbedingt um Drogengelder oder Gelder aus anderen illegalen Geschäften gehen. Auch das Geld, das mühsam an der Steuer vorbeigeschleust wurde und sich heute nicht mehr ganz so leicht auf Schweizer, Liechtensteiner, luxemburgischen oder österreichischen Konten verstecken lässt, kann so wertsteigernd und unauffällig geparkt werden. Die Rendite stimmt offensichtlich. Der Basler Kunsthändler Christoph Leon berichtet, dass er in Deutschland Sammler kannte, die ihre Sammlungen hinter einer verdoppelten Hauswand verborgen hätten. »Die hatten Angst, vom Finanzamt gefragt zu werden, woher haben Sie denn das Geld, mit dem Sie diese Stücke gekauft haben?«

Man muss nicht jedem Sammler unterstellen, dass er aus Geldanlagegründen oder als Schwarzgeldversteck Antiken sammelt. Es gibt positive Beispiele; »Ich bin schon als Zehnjähriger in Museen und mit Heimatforschern herumgelaufen und habe auch schon angefangen zu sammeln.« Mit Karl-Heinz Preuß bin ich im Ägyptischen Museum der Bonner Universität verabredet. Das hat zwar an diesem Tag eigentlich geschlossen, öffnet aber bereitwillig für uns die Türen. Weniger für mich, wohl aber für den großen, schlanken Mann, ehemals Herausgeber und Chefredakteur des *Deutschen Forschungsdiensts*. Er sammelt gemeinsam mit seiner Frau, einer früheren Lehrerin, Antiken. Beide haben beschlossen, diese nach und nach Museen und anderen kulturellen Einrichtungen zu stiften. Das Bonner Museum präsentiert im Sommer 2014, als wir uns treffen, gerade die Ausstellung »Von der Antike bis zur Moderne. Tierdarstellungen aus vier Jahrtausenden in der Sammlung Preuß«, deren Spektrum von einem falkenköpfigen Kanopendeckel (etwa 800 v. Chr.) und einem unter anderem mit Tiermotiven bemalten Eingeweidekasten (circa 300 v. Chr.) bis zu einer Farbaquatintaradierung von – ausgerechnet – Max Ernst reicht.

Warum das Ehepaar Preuß Antiken sammelt? Für Karl-Heinz Preuß ist die Antwort einfach: »Wir umgeben uns ganz einfach gern mit schönen Dingen. So wie andere Bilder sammeln und an die Wand hängen, sammeln wir antike Kunst.« Ihn fasziniert nicht nur die Ästhetik der Objekte, sondern mindestens ebenso sehr, dass von den Dingen, wie er sagt, der »Hauch der Geschichte« ausgehe. Einleuchtend findet das auch Markus Hilgert, der Direktor des Berliner Vorderasiatischen Museums: »Dass von dem Gedanken, etwas zu besitzen, das vor 2000 oder 4000 Jahren einer anderen Person gehört hat, eine gewisse Faszination ausgeht, kann ich nachvollziehen.« Und Hermann Parzinger hält das Sammeln gar zu einem gewissen Teil dem Menschen nahezu genetisch eingeschrieben, schließlich habe ja sogar schon der Neandertaler kuriose Dinge gesammelt. Er selbst halte es wie die meisten Archäologen, er sammle nichts. »Wenn Sie seit Ihrer Studienzeit immer mit riesigen Materialmengen zu tun haben, dann wird es sehr schnell sehr profan. Ich habe als Student wochenlang Hunderte, Tausende von Scherben durchsortiert, sie gemessen, beurteilt, typologisch klassifiziert, um dann in statistischen Auswertungen hinterher zu gewissen Ergebnissen, was die Entwicklung, die Veränderbarkeit, die Änderungsreihen der materiellen Kultur angeht, zu kommen.«

Einige hundert Kilometer weiter südlich, in Lörrach, kurz vor der Schweizer Grenze, lebt Ursula Kampmann, Numismatikerin, Münzhändlerin und Sprecherin der IADAA, des Zusammenschlusses weltweit führender Antikenhändler. Sie kennt zahlreiche Sammler, und befragt man sie nach deren Motiven, sagt sie: »Es ist eine Möglichkeit, direkt und konkret mit der Vergangenheit in Kontakt zu treten. Sie haben eine fantastische, direkte Berührung mit Objekten, die Menschen geschaffen haben, denen das, was sie geschaffen haben, wichtig war.« Sammler seien mitunter Hobbyhistoriker, Menschen, die einem anderen Brotberuf nachgingen, sich aber sehr intensiv mit Teilaspekten der Geschichte beschäftigten. Sie seien aber eigentlich alle sehr unterschiedlich, das Einzige, was sie verallgemeinernd sagen könne, sei: »Sammler sind zum großen Teil Männer.«

Einer dieser Männer wohnt in Hürth nahe Köln in einem alten Herrenhaus mit Park. Er ist einer der Großen des deutschen Fernsehgeschäftes. Helmut Thoma machte RTL groß und erfolgreich. Er ist Sammler – wie jeder sofort sieht, der sein Haus betritt. Nicht systematisch, er kauft, was ihm gefällt und Geschichte atmet. »Mich hat immer fasziniert, Zeugen der Vergangenheit um mich herum zu haben. Da ich mich sehr für Geschichte interessiere, ist das auch folgerichtig.«

Im Salon stehen Buddhas neben französischen Möbeln des 18. Jahrhunderts, die Glasplatte des Couchtischs ruht auf einem hölzernen Säulenabschluss aus Südostasien. »Angefangen zu sammeln habe ich mit Kleinigkeiten, die ich von Reisen mitgebracht habe. Auf Zypern habe ich einen kleinen Kopf von einer Aphrodite gekauft, und dann war ich drei-, viermal in Syrien. Später habe ich auch auf Versteigerungen, vor allem bei Sotheby's, ein paar Sachen erworben.« So kam eine kleine Buddhasammlung mit, wie er sagt, 32 Figuren zusammen, die verschiedene Wohnungen schmücken. Und ein bisschen paart sich die Begeisterung für Geschichte mit Investment, wenn er davon spricht, dass er das Abbild einer ägyptischen Katze besitze, das doch schon einiges wert sei. Es steht auch nicht als Schaustück im Salon, sondern ruht im Safe.

Aber mehr geht es ihm im Gespräch um das wortwörtliche Begreifen einer alten Kultur: Er spricht von einem Ring, »immerhin fast 2000 Jahre alt«, den seine Frau gern tragen würde, davon, dass er eine Beziehung zu den Dingen habe. Auch Karl-Heinz Preuß betont das: »Indem man die Kunstwerke begreifen kann oder fast begreifen kann, begreift man auch diese Kultur. Oder bekommt eine Andeutung zumindest von dieser Kultur. Man fühlt sich ihr stärker verbunden.«

Karl-Heinz Preuß betont immer wieder, dass er und seine Frau die gesammelten Objekte nicht als persönlichen Besitz begreifen würden, sondern »als geliehene Schätze, die der Wissenschaft, der Allgemeinheit und im Zweifel auch den Herkunftsländern gehören«. So hat das Ehepaar zahlreiche Objekte gekauft, um sie direkt Landesdenkmalämtern zur Verfügung zu stellen – beispielsweise förderte es die Ausgrabung und Rekonstruktion der Römervilla Schuld im Ahrtal durch den Ankauf von längst verschollen geglaubten Funden aus den Grabungen der 1960er Jahre, die sich mittlerweile in Privatbesitz befanden, und ermöglichte die wissenschaftliche Aufarbeitung und Publikation der Grabungsbefunde sowie eine Ausstellung über diesen römerzeitlichen Gutshof. Auch kaufte das Ehepaar Preuß 35 Urnen und andere Gefäße aus einem bronze- bis eisenzeitlichen Gräberfeld im Raum Finsterwalde in Brandenburg aus privaten Sammlungen auf und übergab sie dem Brandenburgischen Landesamt für Denkmalpflege und Archäologischen Landesmuseum. Karl-Heinz Preuß ist zurzeit auf der Suche nach weiteren Stücken aus dem ursprünglichen Fundzusammenhang, um sie ebenfalls dem Brandenburgischen Landesamt zu übergeben. »Rein zahlenmäßig stehen in Museen und anderen öffentlichen Einrichtungen mehr Objekte als Schenkungen, Zustiftungen oder als Dauerleihgaben von uns als im eigenen Haus«, sagt er stolz und betont, dass sie schon andere Sammler ebenfalls dazu angeregt hätten, ihre Objekte Museen zu übergeben. »Wir fühlen uns auch nicht als Besitzer«, sagt er. »Wir haben bereits vor Jahren mit dem Ägyptischen Museum in Bonn eine Vereinbarung getroffen, dass sämtliche Objekte, von denen es glaubt, dass sie für es interessant seien, in den Besitz des Museums beziehungsweise der Universität übergehen. Wir behalten die nicht. Einen Großteil haben wir sowieso bereits ursprünglich als Dauerleihgabe und später als Schenkungen abgegeben.« Außerdem stellten sie der Wissenschaft die Objekte auch zur wissenschaftlichen Bearbeitung zur Verfügung, damit so, wie Karl-Heinz Preuß betont, »wenn auch in bescheidenem Umfang, ein Teil des Kontextes wiederhergestellt werden kann, der auf dem Weg in den Antikenhandel verlorengegangen ist«.

Das Ehepaar Preuß entspricht wohl nicht dem Typus Sammler, den Oscar White Muscarella beschreibt. Der amerikanische Archäologe – den Christoph Leon als den »tollsten Mann, den besten Mann« der gesamten Zunft beschreibt – drückt sich oft wenig diplomatisch aus. In einem Interview mit der *Welt am Sonntag* im Januar 2006 bezeichnet er Sammler mit Verweis auf sein im Jahr 2000 erschienenes Buch »The Lie Became Great. The Forgery of Ancient Near Eastern Culture« als »Perverse, die kaufen, um ihre absolute, unbegrenzte Macht und ihren Reichtum Freunden bei einem Cocktail in ihren Wohnzimmern zu zeigen«. Und im Gespräch sagt er mir, dass Sammeln diesen Menschen erlaube, ihren Reichtum, ihre Macht und ihre soziale Stellung hemmungslos auszustellen. »Sammeln ist eine furchtbare Leidenschaft. Ein Händler sagte mir: Ich musste es haben. Und ein anderer: Wenn du mir sagst, ich kann das Objekt, das ich will, nicht kriegen, dann bekomme ich es auf meine Art und Weise. Und alle sagen mir, die Objekte bereichern ihr Leben. Das hat fast eine sexuelle Note.«

Der ehemalige Kunstschmuggler und Immer-noch-Kunstsammler Michel van Rijn bestätigt das zwar nicht direkt, doch spricht man mit ihm über das Sammeln, so bekommt das Gespräch etwas Schwärmerisches, Irrationales. Er vergisst Zigarette und Kaffee, er zeigt auf die Bilder in seinem Apartment, erzählt von einer großen Kunstsammlung, die er besitze, und spricht von der Liebe zum Sammeln, die ihn sein Leben lang begleitet habe. Er spricht auch von Kunst und Kunstinteresse, von Malerei und Schönheit, aber mehr noch vom Jagdfieber, das ihn immer noch überfalle, wenn es um Kunstwerke gehe, davon, dass er sich dann lebendig fühle, auch wenn er mit anderen Sammlern zusammen sei. Gemeinsames Jagdfieber, gemeinsame, verbindende Liebe zu schönen Dingen, auch wenn die Konkurrenz hoch sei. Und nicht zimperlich. Er lacht: »Der Gebrauchtwagenmarkt ist seriös, verglichen mit dem Kunsthandel. Das ist ein Dschungel.«

Zurück nach Hürth. In den Salon von Helmut Thoma. Dort steht auf einer Fensterbank eine griechische Vase mit erotischen Darstellungen – »darum habe ich die gekauft« –, auf einer anderen neben Orchideen eine ägyptische Totenmaske und ein Uschebti. Auf einer Säule aus Plexiglas ruht ein steinernes Halbrelief aus Syrien. Das gute Stück ist etwa 50 Zentimeter hoch, besteht aus gelblich-hellgrauem Sandstein und stammt wahrscheinlich aus dem 2. oder 3. Jahrhundert. Dargestellt ist ein junger Mann mit etwas groß geratenem Kopf, kurzen, eher glatten Haaren, bekleidet mit einem kurzärmeligen Gewand mit reichem Faltenwurf. Sein Gesicht ist flächig mit einer breiten Nase und ausgeprägten, leicht lächelnden, aber geschlossenen Lippen. Der rechte Arm hängt locker schwingend herab, mit der linken Hand rafft er sein Gewand vor dem Bauch zusammen. Er ist *en face* dargestellt, die leicht mandelförmigen Augen blicken den Betrachter starr an. Das Fragment endet unten in Höhe der Oberschenkel, so wurde es aus der Wand gebrochen. Mit der Sandsteinplatte war wahrscheinlich ursprünglich das Grab des dargestellten jungen Mannes verschlossen.

Das Stück fiel auch einer Journalistin der *Welt am Sonntag* auf, die eine Art Homestory-Interview mit Thoma machte (6.11.2010). Ein Auszug daraus:

»*Thoma*: Diesen Grababschluss da (zeigt auf einen Steinblock neben dem Sofa) habe ich vor 30 Jahren mit einem Grabräuber zusammen aus Syrien geholt.

Welt am Sonntag: Sie haben bitte was?

Thoma: Na ja, ich kenne so einen Händler in Damaskus [...]. Er hat mich zu einem Höhlengrab in der antiken Wüstenstadt Palmyra geführt und meinte: ›Jetzt krabbeln wir da rein.‹ Da hatte ich schon ein bisschen Bedenken. Es war Nacht, und da waren Schlangen ...

Welt am Sonntag: Aber Ihr innerer Indiana Jones war stärker?

Thoma: Schon. Nach der engen Öffnung weitete sich der Tunnel, und da waren mehrere Gräber, wunderschön verziert mit Fresken. Die hier im Wohnzimmer hab ich mir dann ausgesucht.

Welt am Sonntag: Und dann haben Sie den Hammer geschwungen?

Thoma: Nein, das hat der Händler gemacht und mir das Ding dann auch nach Deutschland angeliefert (lacht). Das waren noch andere Zeiten: Am Zoll in Frankfurt wurde der gefragt, was er da transportiert. Er hat gesagt: ›Stein‹ und durfte über die Grenze.«

Helmut Thoma hat für sein freimütiges Bekenntnis viel verbale Prügel einstecken müssen. Die Deutsche Gesellschaft für Ur- und Frühgeschichte schrieb, dass aus ihrer Sicht »der Erwerb und Besitz dieses Objekts illegal« sei. »Das öffentliche Bekenntnis zum Gesetzesverstoß lässt jedes Problembewusstsein vermissen und ist angesichts der Bekanntheit der Person besonders verwerflich.« Außerdem sei man »irritiert über die Untätigkeit der deutschen Strafverfolgungsbehörden«. Und Andreas Colinet, der zwischen 1980 und 1984, also zur selben Zeit, als Thoma in das Grab kroch, am Deutschen Archäologischen Institut (DAI) in Damaskus tätig und bis 2010 Professor in Wien war, schrieb in einer Stellungnahme, dass »es sich bei der Beschaffung des ›Grababschlusses‹ durch Herrn Thoma auch nicht um ein Kavaliersdelikt, sondern um den unrechtmäßigen Erwerb fremden Eigentums handele. »Das ist schlicht und einfach: Diebstahl.«

Nachdem mir Helmut Thoma erzählt hat, wie er an das Stück gekommen ist, frage ich ihn, ob er die Kritik der Archäologen verstünde: Ja, das verstünde er schon, sagt er. Aber er wisse ja gar nicht so genau, woher das gute Stück käme. Irgendetwas zu beschädigen, dagegen hätte er sich schon gewehrt. Er habe auch mit einigen Archäologen diskutiert. Die seien natürlich sehr frustriert, er wäre das auch, wenn er das studiert hätte. Doch er sei der falsche Ansprechpartner. »Aber warum soll ich ein schlechtes Gewissen haben? Es ist alles legal abgelaufen.« Ja, das ist es. Thoma scheint aber zu spüren, dass er sich mit seiner Bewertung auf moralisch dünnem Eis bewegt. Wohl auch deshalb fügt er hinzu: »Wenn ich etwas bei einem Händler kaufe – was soll ich denn tun? Ich weiß es ja im Zweifel auch nicht, ob der Betreffende Hehlerware oder was weiß ich verkauft. Ich kann das auch gar nicht überprüfen.« Er verweist auf die Basler und Brüsseler Antikenmessen, die jedes Jahr stattfinden, und auf die Internationale Kunst- und Antiquitätenmesse Tefaf Maastricht: »Da bescheinigt Ihnen der Händler, dass er Ihnen das verkauft. Aus. Der sagt Ihnen auch nicht, wo das genau hergekommen ist.« (Zur Tefaf siehe Kapitel 12.)

Es liegt im Ermessen des Sammlers oder Käufers, ob er dem Händler glaubt. Händlergier und Sammlergier können dabei aber eine unselige Verbindung eingehen. Neil Brodie kennt das Prinzip: »Wenn man zu einem Händler geht und sagt, dass man eine Provenienz für das Objekt, das man kaufen will, haben möchte, dann bekommt man die auch. Man erhält ein Stück Papier, auf dem ein oder zwei Vorbesitzer stehen, vielleicht gibt es auch eine Unterschrift. Das kann man dann akzeptieren oder nicht. Das muss man selbst entscheiden.« Und er macht es noch konkreter: »Wenn Sie beispielsweise jetzt in London ein irakisches Objekt kaufen wollen und da eine Provenienz präsentiert bekommen, die sagt, dass das Artefakt aus einer jordanischen Familiensammlung seit den 1950er Jahren stammt, haben Sie zwei Möglichkeiten. Sie können sich das Dokument ansehen und sagen: Das hört sich nicht gerade wahrscheinlich an. Es ist viel wahrscheinlicher, dass das Objekt aus einer Raubgrabung von letzter Woche kommt. Oder Sie sagen sich: Ja, das ist meine Provenienz. Jordanische Familie seit den 1950er Jahren. Prima. Und wenn Sie es dann weiterverkaufen wollen, dann haben Sie Ihre belegte Herkunftsbezeichnung.« Eine ausgefeilte sogar. Jordanische Familiensammlung, der englische Händler und der dritte Besitzer. Helmut Thoma hat es genauso getan – seinem Händler geglaubt. Er bringt als promovierter Jurist ein wichtiges Stichwort an: den gutgläubigen Erwerb.

Der gutgläubige Erwerb ist in Paragraf 932 des Bürgerlichen Gesetzbuches festgeschrieben. Dort heißt es in Absatz 1: »Durch eine nach § 929 erfolgte Veräußerung wird der Erwerber auch dann Eigentümer, wenn die Sache nicht dem Veräußerer gehört, es sei denn, dass er zu der Zeit, zu der er nach diesen Vorschriften das Eigentum erwerben würde, nicht in gutem Glauben ist. In dem Falle des § 929 Satz 2 gilt dies jedoch nur dann, wenn der Erwerber den Besitz von dem Veräußerer erlangt hatte.« Und Absatz 2 lautet: »Der Erwerber ist nicht in gutem Glauben, wenn ihm bekannt oder infolge grober Fahrlässigkeit unbekannt ist, dass die Sache nicht dem Veräußerer gehört.«

Was sich so kompliziert anhört, erläutert mir der Rechtsanwalt Robert Kugler aus Berlin, der vor allem lateinamerikanische Staaten bei Rückforderungen von Kulturgütern vertritt, so: »Der Paragraf wurde geschaffen, weil man den Rechtsverkehr vereinfachen wollte, indem man sagte: Es gibt gewisse Dinge, die man als Käufer voraussetzen kann. Nämlich, dass in der Regel derjenige, der ein Objekt besitzt, auch der Eigentümer ist. Das heißt aber auch, dass man als Käufer eventuell auch gestohlenes Gut, sprich Hehlerware oder auch illegal exportierte Antiken, behalten darf, wenn der Erwerb gutgläubig erfolgte. Gutgläubigkeit setzt voraus, dass man nicht grob fahrlässig Hinweise auf die Illegalität missachtet; es besteht aber keine allgemeine Nachforschungspflicht.«

Man darf also Provenienzen glauben. Dennoch ist der gutgläubige Erwerb immer eine Gratwanderung: Kauft man abends in der Kneipe ein Handy, so wird es schwierig, sich darauf zu berufen. Tut man das in einem Gebrauchtwarenladen, dann schon eher. Kugler: »Man darf sich aber nicht dumm stellen. Kauft man auf dem Flohmarkt am Berliner Mauerpark ein gebrauchtes Fahrrad, sollte man schon genauer nachfragen, da bekannt ist, dass dort öfter mal gestohlene Fahrräder gehandelt werden.« Beim Fahrradhändler sei das wiederum auch mit Gebrauchträdern anders. Erwirbt nun ein Sammler einen Uschebti bei einem Antikenhändler, dann hat er den ebenso gutgläubig erworben wie einen Ring bei einem

Juwelier. Oder wie ein Stück auf einer Antikenmesse. Und sollte sich dessen Herkunft hinterher als nicht sauber erweisen – es zum Beispiel aus einer Raubgrabung stammen – kann der ägyptische Staat es zwar zurückfordern, wird aber vor einem deutschen Gericht kaum Recht bekommen. Der neue Eigentumstitel zählt mehr. Denn der Käufer, vielleicht auch schon der Händler, kann geltend machen, dass er das Stück in gutem Glauben erworben hat. So kann Helmut Thoma seinen Grababschluss problemlos weiter vorzeigen – rechtlich kann ihm keiner etwas, denn im Zweifel ist auch jegliches rechtliche Fehlverhalten Thomas verjährt. Dem stimmt Silvelie Karfeld vom Bundeskriminalamt zu: »Strafrechtlich oder juristisch ist er aus dem Schneider. Moralisch kann man ihm natürlich sehr viel vorwerfen.«

Grundsätzlich gilt beim gutgläubigen Erwerb: Je höher der Preis des Objektes ist, desto gründlicher sollte die Recherche erfolgen. Was generell aber auch Spielraum lässt. Denn bei Auktionen beispielsweise ist ja nicht klar, wie viel ein Artefakt tatsächlich bringen wird.

Bei Versteigerungen mit öffentlich bestellten und vereidigten Auktionatoren gilt das Prinzip der Gutgläubigkeit übrigens per Gesetz. Paragraf 935 BGB regelt eigentlich, wann der Erwerb von abhandengekommenen Dinge nicht gutgläubig ist, formuliert aber in Absatz 2 eine entscheidende Ausnahme: Wer bei einer öffentlichen Auktion einen Gegenstand ersteht, tut das automatisch gutgläubig und ist dann rechtmäßiger Eigentümer dieser Sache – egal, wo der Gegenstand herkommt. Da gilt für Fahrräder wie für Schmuck, für Bilder wie für Möbel, für Computer wie für Bücher, für Teppiche wie für antike Marmorbüsten – als Käufer auf einer Auktion muss ich mir über den Erwerb keine Gedanken machen.

Kann ich aber. Und sollte ich. Denn eines ist sicher: Es gibt nicht so viele Antiken in alten Sammlungen, wie sie sich auf den Märkten finden. »Gut, mitunter gibt es Stücke, die aus alten Plünderungen im 19. oder frühen 20. Jahrhundert stammen, als die Leute nicht so genau wussten, was sie taten«, sagt Oscar White Muscarella. Doch heute wüssten wir es besser. Und seien verantwortlich für Raubgrabungen und Plündereien. Und seine ägyptische Kollegin Monica Hanna bringt es auf den Punkt: »Alles beginnt mit dem Sammler, der zu einem Händler oder zu einer unsauberen Auktion geht, um ein Objekt zu kaufen. Er ist der erste in der Reihe, der zahlt. Und alle anderen sind seine Komplizen: Derjenige, der es außer Landes schmuggelt, der, der ausgräbt, und derjenige, der Kinder zum Ausgraben anheuert.«

Bonn, Frühsommer 2014: Im Ägyptischen Museum der Universität Bonn bereitet der Ägyptologe Johannes Auenmüller die schon erwähnte Ausstellung »Von der Antike bis zur Moderne. Tierdarstellungen aus vier Jahrtausenden in der Sammlung Preuß« vor. Er betrachtet intensiv die Objekte, darunter das etwa 40 mal 30 Zentimeter große Fragment einer Wandmalerei, das zwei Männer zeigt, die Gaben für das Totenfest bringen. Er vergleicht die Artefakte mit Abbildungen in alten Katalogen und macht eine erstaunliche Entdeckung: Auf einer alten Fotografie von Ausgrabungen in Theben, dem heutigen Luxor, ist eine Wand zu sehen, aus der das Bruchstück der Wandmalerei zu stammen scheint. Genauere Vergleiche belegen die Vermutung. Die 3500 Jahre alte Wandmalerei, sie wurde ca. 1400 v. Chr. während der Regierungszeit des Pharao Thutmosis IV. auf die verputzte Felswand gemalt, stammt wirklich aus dem Grab des Schatzmeisters Sobekhotep und wurde um 1980 bei Plünderungen aus der Wand geschlagen.

In der anschließenden Pressemitteilung der Universität Bonn heißt es: »Auf ungeklärtem Wege gelangte das Stück mit der falschen Herkunftsangabe ›aus altem englischen Besitz‹ in den deutschen Antikenhandel und wurde Ende 1986 vom Ehepaar Preuß in gutem Glauben in einem renommierten Kölner Kunsthaus erworben.« Das renommierte Kunsthaus gehörte dem Kunsthändler Alois Faust, teilt mir Karl-Heinz Preuß auf Nachfrage mit. Alois Fausts Kunsthandlung existiert aber nicht mehr, und Karl-Heinz Preuß ist sich sicher, dass Faust ihm nicht wissentlich eine falsche Provenienz genannt habe.

Preuß ist immer noch sichtlich geschockt über die Herkunft »seiner« thebanischen Wandmalerei, und er weiß, dass er durch den Kauf nicht nur die Verantwortung für die konkrete Zerstörung übernommen hat, sondern auch für weitere – schließlich hat sich das Vorgehen für die Raubgräber gelohnt. Für das Sammlerehepaar war es gar keine Frage: Das Wandbild musste nach Ägypten zurück. Rechtlich gesehen, hätte man es behalten können – es wurde schließlich gutgläubig erworben. »Das weiß ich natürlich. Aber das ist für uns keine rechtliche Frage, sondern eine moralische«, sagt Preuß. »Wir haben auch Bilder von der zerstörten Wand gesehen. Und das ist ein solches Verbrechen, dass es für uns ganz klar ist, dass es nach Ägypten zurück muss.« Nicht eine Sekunde hätten sie gezögert, das Kunstwerk an Ägypten zurückzugeben, obwohl die Trennung davon nicht leicht fiel. Denn, so Preuß: »Kunst zu sammeln hat für uns auch mit Verantwortung zu tun. Da die antike Kunst zum kulturellen Erbe der Menschheit gehört, muss mit ihr besonders verantwortungsbewusst umgegangen werden.«

Im Juli 2014 wurde das Fragment in einer Feierstunde in der Botschaft Ägyptens in Berlin übergeben. »Wir haben auch nicht eine Sekunde über eine mögliche Entschädigung nachgedacht, geschweige denn sie gefordert.« Woher auch? Der Kunsthändler ist verstorben, Ägypten darf aus rechtlichen Gründen keine solche zahlen. Aber es gab Anerkennung aus der Fachwelt. »Das ist eine faszinierende, und ich finde, auch hoch wertzuschätzende Geste dieses Ehepaars«, kommentiert Friederike Fless vom DAI das Handeln der Preuß'. Sie beklagt, dass es im Grunde den meisten Sammlern an der Erkenntnis mangele, dass die antiken Artefakte eigentlich nicht unbedingt legal in Deutschland seien.

Karl-Heinz Preuß ist froh, dass seine Frau und er seit mehr als 20 Jahren nichts mehr für sich kaufen. »Aber wie man das Problem der Raubgräberei, die aufgrund der Nachfrage entsteht und beflügelt wird, wie man das Problem löst, weiß ich auch nicht«, sagt er etwas resignierend. Das weiß keiner so genau. Doch immerhin wissen alle am Geschäft Beteiligten, die Archäologen, die Raubgräber, die Schmuggler, die Händler und auch die Sammler selbst, dass der Sammler den Markt schafft. Und so kann Michael Müller-Karpe richtig bemerken: »In der Marktwirtschaft bestimmt bekanntlich die Nachfrage das Angebot. Deshalb müssen wir hier bei uns, wo solche Dinge nachgefragt werden, wo Antiken gekauft werden, ansetzen. Wir müssen hier den Handel mit archäologischen Objekten zweifelhafter Herkunft wirksam bekämpfen.« Auch Monika Grütters, Bundesbeauftragte für Kultur und Medien, spricht davon, dass es eine ethische Entscheidung sei, ob man beim Handel mitmache oder nicht. »Verkaufen kann man aber nur, wenn es auch Käufer gibt. Am Ende muss sich natürlich der Konsument selber, der Käufer, auch fragen, wie viel Freude er an Kunstwerken entwickelt, deren Herkunft nicht eindeutig geklärt ist.« Ganz unverblümt spricht es wiederum Oscar White Muscarella aus. »Wir wissen heute, dass wir als Sammler für Raubgrabungen verantwortlich sind.« Als Käufer habe man eine moralische Verpflichtung, wie er mit einem brutalen Vergleich klarmacht. »Wenn ich Rauschgift nehme und dafür einen Dealer bezahle, dann zahle ich auf Umwegen auch für die Drogenmorde in Mexiko und für die Versklavung und die Ermordung von Menschen dort.« Seine Schlussfolgerung ist radikal: »Es ist einfach falsch, Antiken zu kaufen und zu sammeln, weil jede Antike, die von einem Händler erworben wird, entweder aus der Plünderung einer archäologischen Stätte stammt oder eine Fälschung ist.«

Der Erwerb von Antiken und Kunst ist freiwillig. Über Konsumentenmacht wird unter Politikern und Wirtschaftsexperten viel diskutiert – ob es sie wirklich gibt und was sie ausrichten kann. Ob sich so faire Preise für Rohstoffe und Konsumgüter durchsetzen lassen, ob man damit die Welt verbessern kann. Bei Gütern, die man nicht unbedingt braucht, die nicht zum täglichen Bedarf gehören, lässt sie sich am leichtesten durchsetzen – hier gibt es eine Macht des Konsumenten. Er kann sich weigern, diese Dinge zu kaufen. Archäologische Funde gehören dazu.

7
Die Gier des Kurators:
Museen und ihre Verantwortung

Man muss Museen dazu zwingen, offenzulegen, woher ihre Samm-
lungen stammen, und sich mit den Ländern, aus denen ihre Ausstel-
lungsstücke kommen, zu arrangieren: Ja, wir geben zu, dass dieses
Stück aus Plünderungen in Ihrem Land stammt.
Oscar White Muscarella, Archäologe

Der Antikenmarkt – das ist für den ehemaligen Kunstschmuggler Michel van Rijn ein Dschungel, ein wild wucherndes Geflecht,
nahezu undurchschaubar und undurchdringlich. Im Jahre 2005
gelang der italienischen Polizei aber ein tiefer Einblick in diesen
Urwald. Nicht plötzlich und durch Zufall, sondern die Beamten
hatten zehn Jahre lang gekämpft, und schließlich war es ihnen ge-
lungen, eine breite Schneise in das scheinbar dichte Unterholz, das
die Händler angepflanzt hatten, zu schlagen.

Der Reihe nach: 1994 fahnden deutsche und italienische Polizisten nach acht antiken Vasen, die aus dem Burgmuseum der
süditalienischen Stadt Melfi gestohlen wurden. Sie finden sie im
Oktober desselben Jahres zufällig in München im Swimmingpool
eines Antikenhändlers namens Antonio Savoca – zufällig, weil die
Polizei eigentlich griechischen Behörden nur Amtshilfe leistet.
Diese vermuten, Savoca handle mit illegal aus Griechenland geschmuggelten Antiken. Die italienischen Behörden sind mit vor
Ort, weil Savoca italienischer Staatsbürger ist. Bei der Durchsuchung des Hauses entdeckt die Polizei weitere illegale Ware, dazu
Hinweise auf einen Kunsthändler namens Giacomo Medici, der in
Genf eine in Panama registrierte Firma besitzt, sowie auf einen
weiteren Händler namens Danilo Zicchi, dessen Wohnung dann
1995 von der italienischen Polizei durchsucht wird.

Zicchi gibt bald zu, dass sein Apartment als Lager für illegal in Italien ausgegrabene Antiken genutzt wird und er diese von dort weltweit verschickt. Zerbrochen normalerweise, um sie in kleineren Paketen versenden zu können und damit sie nicht auffallen, falls mal ein Päckchen aufreiße. Bei einer weiteren Durchsuchung der Wohnung findet die italienische Polizei zahlreiche handschriftliche Notizen, darunter auch Namen von Personen, die in den Handel verquickt waren. Der Name an der Spitze ist Robert E. Hecht, ein amerikanischer Antikenhändler, der durch zwei Lieferketten seine Artefakte bekommt: einmal durch den Kunsthändler Gianfranco Becchina, aus dessen Lager die Polizei im Jahre 2002 mehr als 6000 archäologische Objekte beschlagnahmte und der 2012 in erster Instanz wegen Handels mit raubgegrabenen Antiken in Italien verurteilt wurde (inzwischen schwebt das Verfahren wieder), zum anderen durch Giacomo Medici.

Medici war schon zuvor dem englischen Journalisten Peter Watson aufgefallen, der vermutete, dass dieser in der Schweiz große Lager mit illegal ausgeführten Antiken besäße, die er nach und nach in den Antikenmarkt einspeiste – teils über Galerien, teils über das Londoner Auktionshaus Sotheby's. Die italienische Polizei und Watson tauschen ihre Erkenntnisse aus – es gibt Kritiker Watsons, die behaupten, dieser habe danach nur geschrieben, was die Polizei wünschte. Am frühen Nachmittag des 13. September 1995 beginnen Polizeieinheiten Giacomo Medicis Lager im Genfer Freihafen zu durchsuchen: Sie finden in einem Panzerschrank nicht nur Antiken im Wert von mehreren Millionen Dollar, sondern auch, und das ist fast wichtiger, mehr als 4000 Fotografien sowie zahllose Dokumente. Die Fotos zeigen Vasen und Statuen, Bodenmosaike und Fresken – alles illegal ausgegraben und oft schon verkauft. Quasi ein Katalog der vermittelten Kunstgegenstände. Die Dokumente sind Frachtbriefe, Rechnungen und Lieferscheine, dazu auch Namenslisten von den Raubgräbern, von denen Medici seine Ware bezog, Schecks und Kundenlisten – Namen von Sammlern, die offensichtlich von ihm gekauft hatten. Prominent taucht immer wieder ein Name auf: die J. Paul Getty Foundation in Kalifornien. Erstmals wird somit eindeutig bewiesen, dass ein großes öffentliches Museum systematisch in den illegalen Handel mit Kulturgütern verwickelt ist.

Die Getty-Stiftung ist eine der reichsten Kultur- und Museums-stiftungen der Welt. Als J. Paul Getty 1976 starb, hinterließ der Ölmagnat eine mit 700 Millionen US-Dollar ausgestattete Kultur-stiftung. Diese muss, um ihre Steuervorteile nicht zu verlieren, jährlich mehrere Millionen für den Ankauf von Kunstwerken aus-geben – ein riesiger, verglichen mit anderen Museen konkurrenz-loser Etat. Und zugleich führt dieser Zwang dazu, dass oft unge-prüft für große Summen gekauft und der Markt, der legale wie illegale, angeheizt wird.

Verantwortlich für den Ankauf von Antiken war 1995 Marion True, die 1986 Leiterin der Antikenabteilung geworden war. True, ausgebildet an der New York University und in Harvard, ist ehr-geizig. Sie kauft und kauft und macht das Getty-Museum zu ei-nem Zentrum antiker Kunst. Konfrontiert mit Vorwürfen, dass zahlreiche Objekte wohl aus Raubgrabungen stammen und ohne Lizenzen illegal beispielsweise Italien verlassen hätten, strei-ten True und die Museumleitung lange ab, davon gewusst zu haben. Doch dann veröffentlicht die *Los Angeles Times* Auszüge aus Dokumenten, die klar belegen: True und die Museumsleitung wussten Bescheid. Einige Beispiele: Für 10,2 Millionen Dollar kaufte das Museum drei Artefakte, die, wie Giacomo Medici 1985 der Museumsleitung schrieb, bei Neapel illegal ausgegraben wor-den seien. Vom Schweizer Kunsthändler Robert E. Hecht erwarb es eine antike Urne, nach der die italienische Polizei fahndete, sowie eine Vase, die ebenfalls gesucht wurde. Der Vorstandsvor-sitzende des Getty-Trusts, sozusagen der Eigentümer des Muse-ums, Harold Williams, gab später zu: »Es war jahrzehntelang für angesehene Museen und Sammler gängige Praxis, Artefakte ohne dokumentierte Herkunft zu erwerben – vor allem, wenn die mög-lichen Herkunftsländer nichts taten, um ihre Grabungsstätten zu sichern oder die Gesetze zu verschärfen.« Wobei er hier geschickt die Verantwortung wieder auf die Herkunftsländer abschiebt.

Der Kunsthandel trägt zum größten Teil Schuld daran, dass An-tiken ohne Herkunftsnachweis in die Museen gelangen. Noch zu Beginn des 20. Jahrhunderts (und erst recht im 19. Jahrhundert) erwarben die Museen die Artefakte direkt an der Quelle, am Fund-ort bei der Ausgrabung, oft auch durch Fundteilung. Die großen Berliner Sammlungen entstanden beispielsweise größtenteils so:

Deutsche Archäologen gruben in Ägypten, der Türkei, in Syrien oder dem Irak, und per Vertrag wurde bestimmt, was an Funden nach Deutschland ging und was im Herkunftsland verblieb. Dass diese Verträge nicht unbedingt immer zwischen gleichberechtigten Partnern geschlossen wurden, dass es dabei mitunter zu Betrügereien kam, steht auf einem anderen Blatt. Das änderte sich in der zweiten Hälfte des 20. Jahrhunderts: Nun kauften die Museen zunehmend ihre Ausstellungsstücke bei Kunsthändlern oder bekamen sie von Sammlern gestiftet. Das direkte Wissen über die Herkunft der Stücke ging verloren, ebenso die Ahnung davon, dass archäologische Stätten zerstört wurden.

Marion True musste von ihrem Amt als Chefkuratorin der Antikensammlung des Getty-Museums zurücktreten. Weniger wegen der illegalen Käufe, sondern vor allem, weil herauskam, dass sie sich 1995 ein Ferienhaus auf der griechischen Insel Paros gekauft hatte. Es muss ein größeres Anwesen gewesen sein: Sie hatte dafür einen 400 000-Dollar-Kredit bei dem Londoner Kunsthändler Christos Michailidis aufgenommen. Michailidis hatte dem Getty-Museum seit dem Beginn von Trues Tätigkeit Kunstwerke im Wert von mehr als 30 Millionen Dollar verkauft – Kunstwerke, deren Provenienzen oftmals dubios waren.

In der Folge des Skandals fordern griechische und auch italienische Behörden erfolgreich Kunstwerke zurück. Darunter 52 Objekte, die Marion True aus illegalen Quellen gekauft hatte. Getty zeigt sich zunächst einsichtig, gibt ein Dutzend Meisterwerke zurück, besteht aber bei einzelnen Kunstwerken darauf, sie zu behalten. So die »Venus von Morgantina«, die um 1980 aus einer illegalen Grabung in der antiken Stadt Morgantina in Sizilien stammend in den Kunsthandel eingeschleust worden war und 1988 vom Getty-Museum für 18 Millionen Dollar gekauft wurde. Erst 2010 wurde die 2,20 Meter große Marmorstatue an Italien zurückgegeben. Und Marion True? Die kam mit dem Verlust ihres Arbeitsplatzes davon. Zwar wurde sie sowohl in Italien als auch in Griechenland angeklagt, doch hatte sie Glück: 2007 wurden die Verfahren eingestellt, weil sie nach italienischem und griechischem Recht verjährt waren.

Im Getty-Museum waren illegale Antiken besonders prominent vertreten, doch auch andere US-amerikanische Museen besitzen Antiken aus ungeklärter Herkunft oder aus Raubgrabungen. Im Zuge der Ermittlungen gegen das Getty-Museum kam überdies heraus, dass sich auch andere Museen mit illegal ausgegrabenen Kulturgütern schmücken: Das New Yorker Metropolitan Museum of Art musste 15 Objekte aus Morgantina an Italien zurückgeben. Vom Cleveland Museum of Art forderte die Türkei Artefakte zurück, ebenso die italienische Regierung. Nach langem Zögern gab das Museum diese zurück. Später kaufte es zwei Stücke zweifelhafter Provenienz von der Phoenix Ancient Art Gallery, die einen nicht ganz lupenreinen Ruf besitzt (siehe Kapitel 5). Im St. Louis Art Museum fand sich eine Totenmaske aus Ägypten. Das Metropolitan Museum of Art kaufte ab den 1960er Jahren eine Sammlung Goldmünzen aus der Türkei, die raubgegraben waren, und das Museum of Fine Arts in Boston erwarb 1981 eine Heraklesstatue, die es nach mehr als 20-jähriger gerichtlicher Auseinandersetzung endlich 2011 an die Türkei zurückgab. Das Museum von Toledo schließlich musste 2013 etruskische Artefakte an Italien zurückgeben. Auch das Museum der Ivy-League-Universität Princeton hat seit 2007 mehrfach Objekte an Italien zurückführen müssen.

Doch bevor nun alle Zeigefinger auf Nordamerika gerichtet werden, wo die Ankaufsetats der Museen oft größer sind als in Europa, hier ein paar Fälle aus der Alten Welt: 2014 wurden in der Ägyptischen Abteilung des Budapester Museums für Schöne Künste drei Blöcke aus einer Grabanlage in Sakkara entdeckt – eindeutig aus einer archäologischen Grabung heraus gestohlen (siehe Kapitel 8). Im Januar 2015 übergab Falko Daim, der Generaldirektor des Römisch-Germanischen Zentralmuseums in Mainz, einen 6000 Jahre alten Grabfund an die Republik Italien. »Die sieben Objekte – darunter ein kostbares Jadeit-Beil – wurden von Grabräubern in der Nähe von Laterza in Apulien entdeckt und gelangten 1986 über den Antikenhandel in den Besitz des Römisch-Germanischen Zentralmuseums«, hieß es in der Pressemitteilung des Museums.

Aus Apulien stammen auch 29 Vasen, die im Berliner Antikenmuseum ausgestellt werden. Das Museum kaufte sie zum Teil 1984. Peter Watson behauptete in seinem Buch »Die Medici-Verschwörung«, sie würden aus Raubgrabungen in Apulien stammen, und die italienischen Behörden prüften daraufhin auch ihre Herkunft. In einer Pressemitteilung der Stiftung Preußischer Kulturbesitz, zu der die Antikensammlung zählt, heißt es im November 2005: »Die Antikensammlung der Staatlichen Museen zu Berlin hat seit Kenntnis dieser Verdachtsmomente ohne Vorbehalte mit den deutschen und italienischen Ermittlungsbehörden zusammengearbeitet und hat alle Zugänge ermöglicht. Nach einer ausführlichen Zeugenaussage des damaligen Direktors der Berliner Antikensammlung, Wolf-Dieter Heilmeyer, im September 2003 und Vorlage aller zur Verfügung stehenden Unterlagen zu den Erwerbungsumständen und nach ergänzenden Hinweisen des Museums auf weitere zu diesem Komplex gehörende Objekte und Unterlagen wurde im November 2003 von den deutschen Behörden festgestellt, dass kein Anfangsverdacht vorliege und infolgedessen auch kein Ermittlungsverfahren eingeleitet werde. Von italienischer Seite wurde auch kein offizielles Rückgabeersuchen übermittelt.«

Hermann Parzinger, Präsident der Stiftung Preußischer Kulturbesitz, sprach sich im Dezember 2014 auf der Tagung »Kulturgut in Gefahr: Raubgrabungen und illegaler Handel« dafür aus, alle archäologischen Objekte, die nach 1970 erworben worden sind, untersuchen zu lassen. »Die Qualität einer Sammlung hängt heute auch entscheidend von der Qualität der Provenienzen ab. Transparenz der Erwerbungsumstände ist dafür unabdingbar«, sagte er, und dem *Spiegel* (8.12.2014) gegenüber erklärte er, dass er alle Museen der Stiftung aufgefordert habe, die Provenienz sämtlicher archäologischen Objekte zu überprüfen, die nach 1970 in die Sammlungen gekommen seien. »Bei nachweislich illegaler Herkunft sind wir immer zur Rückgabe bereit.«

Im April 2015 übergab die Stiftung Preußischer Kulturbesitz ein Ziegelfragment aus dem 3. Jahrtausend v. Chr. an den Irak. Das Artefakt war dem Vorderasiatischen Museum im März 2015 mit der Post zugesandt worden. Der Absender hatte vermerkt, ihm sei das Fragment in den 1980er Jahren im Südirak »als Souvenir« geschenkt worden. Die Museumswissenschaftler konnten das Fragment aufgrund einer sumerischen Inschrift genauer verorten: Es stammt höchstwahrscheinlich aus der antiken Stadt Eridu (heute

Tell Abu Schachren) im Südirak. Hermann Parzinger: »Ich lege großen Wert darauf, dass offensichtlich illegal ausgeführte Objekte nicht in unsere Sammlungen gelangen.«

Die Stiftung Preußischer Kulturbesitz in Berlin handelte schnell, in Karlsruhe dauerte das viel länger: Im Juni 2014 gab das dortige Badische Landesmuseum zwei Artefakte von den Kykladen aus der Zeit zwischen 2700 und 2300 v. Chr. an Griechenland zurück. Die Kunst der Kykladen galt lange als primitiv und sehr simpel, heute werden vor allem die Idole mit ihren sehr stilisierten und abstrahierten ausdrucksvollen Gesichtszügen auf dem Kunstmarkt sehr geschätzt und entsprechend hoch taxiert. Das Museum hatte die Objekte, eine knapp einen Meter große reliefartige Statue und eine sogenannte Pfanne – ein pfannenartiges Objekt mit einem Spiralornament, dessen Funktion nicht geklärt ist –, in den 1960er und 1970er Jahren erworben. Offensichtlich nicht aus legalen Quellen, wie der britische Archäologe Lord Colin Renfrew, ein Fachmann für kykladische Kunst, im Deutschlandradio Kultur erklärte: »Es ist heute völlig klar, dass es in den 1960er und 1970er Jahren illegal war, die Objekte ohne genaue Prüfung der Herkunft anzukaufen.«

Als das Museum 1976 eine große Ausstellung »Kunst und Kultur der Kykladeninseln im 3. Jahrtausend vor Christus« veranstaltete, kam es zum Eklat. Griechische Sammlungen stellten keine Exponate zur Verfügung und weigerten sich auch in der Folgezeit, mit dem Badischen Landesmuseum zusammenzuarbeiten. Der Grund: Die Hälfte der ausgestellten Stücke stammte nach Einschätzung von Colin Renfrew aus Plünderungen der vorangegangenen zwei Jahrzehnte.

»Oft haben die Sammelwut und die Gier des Kurators für eine Komplizenschaft mit dem illegalen Handel gesorgt«, zitiert der *Spiegel* am 8. Dezember 2014 Eckart Köhne, den heutigen Direktor des Karlsruher Museums. Der Archäologe, der auch Präsident des Deutschen Museumsbundes ist, benennt damit sehr genau das Problem: »Man erwirbt sich einen guten Ruf in der Museumswelt, wenn man spektakuläre Stücke in seiner Sammlung hat«, sagt einer, der sich gut mit den Verwerfungen des Kunstmarkts auskennt. Oscar White Muscarella, einen der führenden und profiliertesten Kritiker des Antikenhandels weltweit, treffe ich im Sommer 2014 in New York im Nordwesten Manhattans. Sein Apartment, vollgestopft mit Büchern, liegt in einem von vier Häuserblocks, die von einer kleinen selbstverwalteten Genossenschaft irgendwann in den frühen 1970er Jahren errichtet wurden. »Mit der Sammlung wächst das eigene Prestige, und schließlich bekommt man dann vielleicht einen wichtigeren und einflussreicheren Job.« Der in der Fachwelt hochgeschätzte Archäologe Muscarella ist inzwischen pensioniert, war aber lange Zeit Mitarbeiter des Metropolitan Museum of Art, der einzige in der langen Geschichte des Museums, dem mehrfach gekündigt wurde. Gründe dafür waren angebliches Fehlverhalten, in Wirklichkeit ging es dem Museum wohl darum, einen scharfen internen Kritiker loszuwerden. Einen Kritiker der Arbeitsverhältnisse im Haus, aber vor allem der Ankaufspolitik des größten Kunstmuseums der Vereinigten Staaten. Er hat mehrfach nachgewiesen, dass das Museum geraubte und geschmuggelte Artefakte gekauft hatte, und sich dabei mit der Direktion, Sponsoren und den Aufsichtsgremien des Museums angelegt.

»Die Museumswelt in Amerika basiert wesentlich auf sozialen Zusammenhängen, auf Klassenzugehörigkeit, auf Reichtum und Beziehungen. Zu Menschen und Menschen mit Geld. Und dann sammelt man Spenden ein und Schenkungen und stellt sich hin und sagt: Oh, wir haben dieses bekommen und jenes und fragt nicht danach, woher es stammt. Man ignoriert, dass die Quellen dubios sind, dass die Objekte aus Plünderungen archäologischer Stätten stammen.« Für die Direktoren ist es wichtig, sich gut zu vernetzen, Schenkungen zu bekommen, die Sammlungen zu vergrößern – damit steigt der Wert des Museums und ihr eigener Marktwert. »Daher ignorieren sie die oft zweifelhafte Herkunft.« Und für die Sammler seien die Museen wichtig, um den Wert ihrer Sammlung dadurch zu steigern, dass sie ihre Stücke mit den Titeln »zeitweise ausgestellt im«, »zeitweise als Leihgabe im« schmücken könnten. Das steigere den Wert des einzelnen Stückes, zudem wasche es auch dessen Herkunft. Denn schließlich würden Museen Stücke mit unsicheren Provenienzen doch nicht annehmen. Bekäme man also das Stück nach einiger Zeit zurück, sei mehr oder weniger offiziell bestätigt, dass es erstens echt sei, zweitens sauber erworben und drittens vermutlich sehr wertvoll. Das Metropolitan Museum of Art, Oscar White Muscarellas früherer Arbeitgeber, kaufte 1972 eine Vase an, einen sogenannten Kelchkrater, der wie eine zweihenkelige Schüssel aussieht und zum Mischen von Wasser und Wein diente, den um 515 v. Chr. der Maler Euphronios bemalt hatte. Er stammte, wie sich später herausstellte und Muscarella direkt vermutete, aus einer Raubgrabung eines etruskischen Grabes in Italien und wurde vom damaligen Direktor des Metropolitan Museums Thomas Hoving, dem Kurator Dietrich von Bothmer sowie einem Ankaufskomitee erworben. »Der einzige Grund, warum man in dieses Museumsgremium berufen wird, ist Reichtum. Dass man etwas zu spenden hat«, so charakterisiert Muscarella die Kommission. Das Museum zahlte über eine Million Dollar für den Euphronios-Krater an den Verkäufer – erstmalig wurde solch eine Summe für ein antikes Objekt ausgegeben. Der Verkäufer war der schon erwähnte Antikenhändler Robert Hecht, ein US-Amerikaner, der in Rom lebte und angab, er habe den Krater von einem Libanesen namens Dikran Sarrafian gekauft, dessen Familie ihn angeblich seit 1920 besäße. In Wirklichkeit hatte er ihn über Mittelsmänner von einem der Raubgräber erworben, der dafür etwa 8000 Dollar erhalten hatte.

Oscar White Muscarella sprach sich gegen den Kauf des Kraters durch das Museum aus – und erhielt wieder einmal eine Kündigung, die auch diesmal wieder zurückgenommen werden musste. Seiner Meinung nach ist das Ziel des Museums in den Augen der Aufsichtsgremien ausschließlich, das Beste, Größte und Tollste auszustellen. Das Wertvollste, was die Preise explodieren ließe. Man ignoriere auch und vor allem bei Schenkungen die Herkunft der Artefakte. Da könnten sich die Museen leicht herausreden. »Oh, wir kaufen ja nichts, es war eine Stiftung. Aber jedes Mal, wenn eine reicher Mensch einem Museum etwas stiftet, bekommt er dafür Steuererleichterungen.« Und je wertvoller dann die Artefakte sind, desto höher ist die Steuererleichterung. Denn in den USA sind anders als in Deutschland, wo Spenden nur zu einem bestimmten Prozentsatz vom steuerpflichtigen Einkommen abziehbar sind und dieses so mindern, Spenden und Stiftungen an öffentliche Einrichtungen wie Museen direkt von der zu bezahlenden Steuer abziehbar. Sie reduzieren die Steuerlast um genau ihren Wert – was Konsequenzen haben kann: Colin Renfrew erinnert in seinem Aufsatz »Ankäufe durch Museen. Verantwortung für den illegalen Handel mit Antiken« von 2003 an »den peinlichen Fall von Dr. Jiri Frel, der vor einigen Jahren als Kurator am Getty-Museum in Malibu zu großzügigen (und steuerlich absetzbaren) Schenkungen anregte, indem er vorsätzlich den Schätzwert anhob, mit dem er die gerade erhaltenen Stücke auszeichnete. Auf diese Weise erreichen die Stifter manchmal Steuererleichterungen, die höher sind als der Preis, den sie ursprünglich für das verschenkte Objekt gezahlt haben.« Ein für beide Seiten lohnendes Geschäft: Der Schenker spart, das Museum kann sich nun rühmen, ein besonderes Stück an Land gezogen zu haben, und der Kurator kann mit einer neuen, wertvollen Schenkung prunken. »Meiner Einschätzung nach«, schreibt Renfrew in seinem Tagungsbeitrag zur Konferenz »Illegale Archäologie« im Mai 2003 in Berlin, »sind festliche Empfänge und Eröffnungsfeiern solcher Ausstellungen oder die Vorstellungen von Neuerwerbungen Anlässe, die beim Privatsammler das Gefühl des *anything goes* erzeugen. Wie können wir vom Laien erwarten, dass er eine sorgfältiger überlegte und gesicherte Sammlungspolitik an den Tag legt als der professionelle Kurator?«

Muscarella will, dass Museen nichts mehr kaufen – die meisten deutschen Museen kaufen ohnehin keine Antiken mehr an. Sie sollten zugeben, illegal oder zumindest moralisch zweifelhaft erworbene Objekte in ihrem Besitz zu haben. »Man muss Museen dazu zwingen, offenzulegen, woher ihre Sammlungen stammen, und sich mit den Ländern, aus denen ihre Ausstellungsstücke kommen, zu arrangieren: Ja, wir geben zu, dass dieses Stück aus Plünderungen in Ihrem Land stammt. Wir hängen ein Schild dran, dass es aus dem und dem Land geliehen ist.«

Im Februar 2006 wurde der Euphronios-Krater an Italien zurückgegeben. Lange hatten die Geldgeber, Sponsoren und die Aufsichtsgremien des Museums dagegen gekämpft. Sie wollten das Kunstwerk, das – wie es ein Kunstkritiker der *New York Times* schrieb – »jahrzehntelang das Herzstück der Sammlung antiker Vasen des Museums war«, partout nicht restituieren. Und jener Kritiker, Michael Kimmelman, besuchte im Sommer 2009 Italien und sah den Euphronios-Krater dort ausgestellt in einem römischen Museum – offensichtlich, wie er schreibt, unbeachtet von der italienischen Öffentlichkeit. Man spürt, es ärgert ihn, dass der Krater nicht mehr in seiner Heimatstadt ausgestellt ist. Er schreibt: »Ein griechischer Topf, der an einen etruskischen Käufer verkauft wurde, dann aus einer italienischen archäologischen Stätte gestohlen wurde und schließlich in New York landete, wurde zu einem griechischen Topf, der in einem römischen Museum steht, das etruskischer Kunst gewidmet ist.« Und auf die Vorhaltung eines Archäologen, die Raubgräber hätten die Vase aus dem archäologischen Zusammenhang gerissen, schreibt er: »Aber die Plünderer ließen den Krater erstrahlen, den Millionen Menschen sahen, als er Herzstück der Sammlung antiker Vasen des Museums war.«

Kimmelman bringt hier ein Argument, das viele Museumsleute und auch Händler sich lange zu eigen machten. Auch der ehemalige Leiter des Metropolitan Museums of Art Philippe de Montebello nutzte es in seinem schon zitierten Aufsatz mit dem Titel »And What Do You Propose Should Be Done with Those Objects?« »Das Bestehen darauf, die Objekte am Ort der Ausgrabungsstätte zu belassen, widerspricht der Idee, dass Kunstwerke einem breiten Publikum zugänglich gemacht werden sollen, da die archäologischen Stätten – aufgrund historischer Umstände – meist weit abgelegen liegen. Ein entmutigendes Beispiel soll das verdeutlichen: Wie Sie wissen, hat das Metropolitan Museum of Art 1993 eine Gruppe spektakulärer westanatolischer Objekte aus wertvollem Metall an die Türkei zurückgegeben: den sogenannten Lydischen Schatz aus dem 6. vorchristlichen Jahrhundert. Nach langen Recherchen hatte man herausgefunden, dass er in den 1960er Jahren unrechtmäßig von seinem Fundort in oder nahe bei Uşak weggeschafft worden war. Weil Teile des Schatzes laut Berichten aus dem Museum von Uşak gestohlen worden waren, schauten sich die Medien das Museum, seine fachliche Organisation und seine Besucherzahlen an. Am 20. April 2006 wurde in einem Artikel der Leiter des Ministeriums für Kulturelle Angelegenheiten zitiert, der, wie ich nun zitiere, sagte, dass ›in den letzten fünf Jahren 769 Personen das Museum insgesamt besucht haben‹.«

Selbstverständlich besuchen in New York mehr Menschen die Museen. Aber warum spricht sich de Montebello nirgendwo gegen den privaten Besitz von Antiken aus? Gilt im Loft oder Penthouse eines Millionärs, wo das Artefakt der Öffentlichkeit komplett entzogen ist, sein Argument nicht?

Zumindest scheinen vielen Beobachtern die Artefakte in den Museen der westlichen Welt besser geschützt. Markus Hilgert, der Direktor des Vorderasiatischen Museums in Berlin, meint: »Wenn Sie mit älteren Kolleginnen und Kollegen sprechen, dann hören sie genau das sehr häufig. Sie sagen zum einen, dass wir unsere Sammlungen erweitern müssen. Und sie versuchen es auch dadurch zu begründen, dass solche Stücke bei uns besser aufgehoben wären.« Aber wären sie das nicht wirklich? Sind Zerstörungen durch den IS, wie sie im Frühjahr 2015 aus Syrien und dem Irak berichtet werden, nicht gute Argumente? Ist ein schlecht gesichertes Provinzmuseum nicht der falsche Ort für wertvolle Antiken? Sogar das Ägyptische Museum in Kairo wurde bei den Unruhen 2011 geplündert. Und im Januar 2015 wurde bekannt, dass Reinigungskräfte des Museums die berühmte Totenmaske des Tutanchamun fallenließen und dabei der Spitzbart abbrach. Anschließend wurde der Bart mit einem falschen Klebstoff wieder befestigt. Das Ergebnis: Zwischen Bart und Kinn ist nun eine gelbliche Masse zu sehen. Außerdem war auch Kleber auf das Gesicht des Pharaos getropft – beim Versuch, diesen zu beseitigen, wurde die Maske zusätzlich verkratzt. Diese traurige Reinigungsaktion schaffte es in die »Vermischtes«-Meldungen von Zeitungen weltweit – oft garniert mit ein wenig Empörung und Überheblichkeit und mit einem Gestus des Besserwissens und -könnens geschrieben.

Aber so einfach ist das alles nicht. Man darf nicht nur an die fantastische Präsentation der Nofretete im Ägyptischen Museum im Nordflügel des Neuen Museums in Berlin denken. Man sollte sich daran erinnern, dass Kunstunfälle und Diebstähle auch in Mitteleuropa in großer Zahl vorkommen. Am 2. September 2004 brannte die 1691 gegründete Herzogin-Anna-Amalia-Bibliothek in Weimar aus – vermutete Ursache: ein defektes Elektrokabel. 50 000 wertvolle Bücher gingen verloren, dazu 35 Gemälde aus dem 16. bis 18. Jahrhundert. Rund 62 000 Bücher wurden durch Löschwasser und Brand zum Teil stark beschädigt – der materielle Schaden nur am Bücherbestand wurde auf 67 Millionen Euro geschätzt. Im März 2009 stürzte das Kölner Stadtarchiv ein, wobei 90 Prozent des Archivguts des größten deutschen kommunalen Archivs verschüttet wurden. Die Restaurierung der überhaupt restaurierbaren Bestände – manches ist unwiederbringlich verloren – wird etwa 30 Jahre dauern. Erst im April 2015 fielen im Kölner Museum Ludwig auf einer Fläche von rund fünf Quadratmetern Putzteile von der Decke. Glücklicherweise wurden weder Personen noch Kunstwerke verletzt bzw. beschädigt. Dazu kann man sich auch an Reinigungspersonal erinnern, das Kunstwerke »entsorgte« – so geschehen in Dortmund 2011 mit einem Werk von Martin Kippenberger oder 1973 in Leverkusen und 1986 in Düsseldorf mit Werken von Joseph Beuys. Und auch Dieben wird es in europäischen Museen immer wieder sträflich leicht gemacht: Im Februar 1994 stiegen Diebe mit einer Leiter und einem Hammer in die Nationalgalerie Oslo ein. Sie durchtrennten die Drähte, mit denen Munchs »Der Schrei« befestigt war, und verließen unbehelligt das Museum. Der ausgelöste Alarm wurde vom Wachpersonal nicht beachtet. Bilder von Munch wurden auch im Oktober 2012 in Rotterdam gestohlen: Als die alarmierte Polizei eintraf, waren die Kriminellen längst mitsamt der Beute aus dem Munch-Museum unbemerkt verschwunden. Im April 2007 beschädigten Einbrecher im Pariser Orsay-Museum ein Gemälde von Claude Monet. Mancherorts fehlt den Museen das Geld für notwendige Gebäudesanierungen, bei wieder anderen fehlt eine komplette Bestandsliste der Ausstellungsstücke. Und zuletzt sei an die Kriegsverluste in Europa erinnert – nicht nur an die im Zweiten Weltkrieg, sondern auch an die späterer, eigentlich unvorstellbarer, kriegerischer Konflikte: die 1991 erfolgte Zerstörung der Altstadt von Dubrovnik, die immerhin seit 1979 als UNESCO-Weltkulturerbe anerkannt war, oder auch die der Brücke von Mostar in Bosnien-Herzegowina 1993.

Also wirklich die Kunst nach Europa bringen? Von dort, wo sie momentan gefährdet scheint? Markus Hilgert distanziert sich klar davon: »Das ist eben für mich die Fortsetzung einer gewissen kolonialistischen oder kulturimperialistischen Grundhaltung.« Und auch Friederike Fless, die Präsidentin des Deutschen Archäologischen Instituts, spricht von einer »ganz klaren kolonialen Asymmetrie und einer Überheblichkeit, die eben aus dieser Asymmetrie herrührt«.

Der türkische Historiker Edhem Eldem, der unter anderem an der Bosporus-Universität in Istanbul lehrt, hat viel darüber nachgedacht, wie sich die Europäer Teile der Geschichte angeeignet haben. Spätestens seit der Renaissance hätten sie sich zumindest als

Erben der biblischen und griechisch-römischen Geschichte verstanden. Die Begründung dafür klang offen und international, so wie sie Philippe de Montebello mit den Worten von George Comfort, dem Begründer des Metropolitan Museum of Art, beschwört: »Wahre Kunst ist kosmopolitisch. Sie kennt kein Herkunftsland und hat kein Alter. Homer hat nicht nur für die Griechen gedichtet, sondern für alle Nationen und für alle Zeiten. Beethoven ist nicht der Komponist nur für die Deutschen, sondern der aller kultivierten Nationen. Und Raffael hat nicht allein für die Italiener gemalt, sondern für alle, egal woher und welchen Alters, die ihre Herzen dem Schönen in der Kunst geöffnet haben.«

Doch mit der Übernahme des Erbes und der Definitionshoheit darüber, was denn Hochkultur und wahre Kunst seien, hätten, so Eldem, die Europäer (und die US-Amerikaner) alle anderen Völker davon mehr oder weniger ausgeschlossen. Als die Europäer dann ab dem 19. Jahrhundert die archäologischen Stätten ausgruben und die Artefakte von dort in ihre Museen schafften, hätten sie es in dem Bewusstsein getan, dass sie die wahren Erben dieser Zivilisationen seien. »Da leben zwar ein paar Neuankömmlinge in diesem Land, wo wir diese Artefakte finden, aber das Verbindungsglied zwischen den alten Zivilisationen und der heutigen Welt, das bilden wir. Wir sind die heutigen Repräsentanten der Größe Athens, Roms und auch der Zivilisationen im Zweistromland.« Und mit diesem Gefühl würde man die Schätze in westlichen Sammlungen ausstellen. Die Länder des Nahen Ostens würden sozusagen das Rohmaterial für die Geschichte bereitstellen, aber verarbeitet, sprich analysiert, ausgestellt und somit in Besitz genommen würde die Geschichte vom Westen, der das Erbe okkupiert habe. Und für den es deshalb auch in seine Museen gehöre – in Paris, London, Berlin oder New York.

Markus Hilgert sieht allerdings einen langsamen Bewusstseinswandel. Einen sowohl wissenschaftlichen als auch gesellschaftlichen oder kulturpolitischen. Für ihn ist es bedeutsam, auch zu erforschen, unter welchen Voraussetzungen, unter welchen rechtlichen und kulturpolitischen Rahmenbedingungen archäologische Objekte an ihren jetzigen Aufenthaltsort gelangt sind. Denn nicht nur die Artefakte, die jetzt aktuell aus den entsprechenden Herkunftsländern kämen, seien für den Kulturgüterschutz interessant, sondern auch die, die durch deutsche Ausgrabungen Anfang des 20. Jahrhunderts nach Deutschland verbracht wurden. »Die archäologischen Museen müssen sich fragen, wie diese Objekte nach Deutschland gekommen sind. Sind sie tatsächlich in den Teilungsdokumenten erwähnt worden? Oder hat man vielleicht auch in einer gewissen kulturimperialistischen, kolonialen Manier Dinge ausgeführt, um sie zu schützen, ohne dass es da regelrechte Ausfuhrgenehmigungen gibt? Ich glaube, dass die öffentlich finanzierten Museen hier eine immense Aufgabe vor sich haben, das aufzuarbeiten.«

8
Nur saubere Ware? Die Händler

Seien wir doch ganz ehrlich: Die großen Auktionshäuser, in England, in New York, überall, in München, in Italien auch, ich mein, wenn Sie Ihre Großmutter auf den Tresen ..., die verkaufen Ihnen auch Ihre Großmutter. Alles, was Geld bringt, alles, was Geld bringt, das wird gemacht.
Christoph Leon, ehemals Kunsthändler

Im Sommer 2014 schreibe ich mehrere Antikenhändler in Deutschland an, um mit ihnen über den Handel mit Ausgrabungsfunden, den illegalen wie legalen, zu sprechen. In meinem Brief heißt es: »Gegen den Antikenhandel und die Händler werden vor allem von Archäologen immer wieder große Vorwürfe erhoben: Weite Teile des Geschäfts sollen auf dem Verkauf illegaler Grabungsfunde beruhen. Von Hehlerei mit Gütern aus Raubgrabungen ist die Rede, von indirekter Anstiftung zu Raubgrabungen, von verschleierten Provenienzen, Schmuggel oder dem Ausnutzen rechtlicher Grauzonen.« Und weiter: »Das sind Vorwürfe, die ich natürlich auch aufnehmen muss. Allerdings nicht unkommentiert: Selbstverständlich möchte ich aber auch die Händlerseite zu Wort kommen lassen.«

Ich erhalte kaum Reaktionen. Die meisten Händler antworten leider gar nicht, für einen antwortet sein Rechtsanwalt. Auch von den angeschriebenen Auktionshäusern kommt keine Reaktion. Lediglich aus Lörrach erreicht mich eine positive Mail. Ich verabrede mich mit Ursula Kampmann, der Sprecherin der IADAA. Die International Association of Dealers in Ancient Art (kurz: IADAA) existiert seit 1993. Sie ist ein Verband von Antikenhändlern aus Europa und den USA und zugleich eine Lobbyorganisation. Auf der Webseite veröffentlicht die IADAA ihr »Leitbild«, dessen erster

Satz lautet: »Die IADAA setzt sich in erster Linie ein für das Recht des Handels, der Sammler und der Museen, rechtmäßig Antiken aus der antiken Welt, die den Mittelmeerraum, Europa und den Nahen Osten umfasst, zu erwerben, zu besitzen, zu verkaufen und zu schenken.«

Ich fliege nach Basel, die S-Bahn nach Lörrach fährt schweizerisch pünktlich ab. Dass ich wieder die Grenze nach Deutschland überquere, ist nur daran zu spüren, dass die Straßenschilder etwas anders aussehen. Ursula Kampmanns Büro liegt am Stadtrand von Lörrach im Erdgeschoss eines Mehrfamilienhauses. Sie redet mit großer Begeisterung über das Sammeln und darüber, dass Sammler fasziniert von Geschichte seien. »Nirgendwo sonst kann man so direkt und konkret mit der Vergangenheit in Kontakt treten.«

So weit, so schön, aber wo kommen denn nun die Antiken her, die in Auktionskatalogen und von Kunsthändlern angeboten werden? Da müsse man etwas ausholen, meint sie. »Beschäftigt man sich mit der Geschichte des Sammelns, merkt man schnell, dass nicht erst seit heute gesammelt wird. Gesammelt wird seit dem Mittelalter. Da werden wertvolle antike Objekte zunächst zum Schmuck religiöser Kunst verwandt. Und so beginnt man, systematisch nach alten Objekten zu suchen. In der Renaissance wird sehr viel gesammelt.« Sie spricht von kulturellem Austausch der Humanisten, von deren Neugierde auf die Vergangenheit, auch mit ironischem Unterton davon, dass die von uns heute so bewunderten Bauten der Renaissance auf etwas zurückgehen, was die UNESCO heute als kulturellen Diebstahl bezeichnen würde: Während des Konzils von Konstanz 1414 – 1418 hätten engagierte Humanisten aus Italien die umliegenden Klöster besucht und geschaut, ob sie dort antike Schriften fänden. Im St. Gallener Kloster hätte der Gelehrte Poggio Braccio 1416 die Schrift des römischen Architekten gefunden, sie mit nach Italien mitgenommen, publiziert und damit die Bauweise der Renaissance völlig verändert. Dass man diese Handschrift nicht unbedingt hätte mitnehmen müssen, um ihren Inhalt zu publizieren, erwähnt Kampmann nicht.

Jedenfalls seien in der Renaissance die ersten großen Sammlungen antiker Kunst entstanden. »Wir wissen auch aus der Biografie von Cellini [Benvenuto Cellini, 1500 – 1571, Goldschmied und Bildhauer, G.W.], dass er immer am Rande der Stadtmauer von Rom stand, dort die Bauern abpasste, die von ihren Feldern kamen, und ihnen die Objekte, die sie bei der Landwirtschaft auf ihren Feldern gefunden hatten, abkaufte. Sammeln blüht in der Renaissance auf in einem Maße, das wir uns kaum mehr vorstellen können. Die großen Sammler haben Zehntausende von Objekten in ihrer Sammlung.« Und daher stammen die Antiken?

Archäologe Michael Müller-Karpe schüttelt unwillig den Kopf, wenn er solche Sätze hört: »Das ist ein Märchen, das immer wieder wiederholt wird.« Er gibt zu, dass es alte Sammlungen gibt, sogenannte Adelssammlungen, Kuriositätenkabinette seit vielen Jahrhunderten. Aber die Menge an Objekten, die aus solchen Sammlungen stammen, sei zahlenmäßig gemessen an dem Volumen der im Markt befindlichen Objekte verschwindend gering. Außerdem, so Müller-Karpe, wären diese höchstwahrscheinlich, da sie über Jahrhunderte in Sammlungen gewesen seien, irgendwo dokumentiert worden: in Tagebüchern, auf Kupferstichen, später in Zeitungsartikeln oder anderen Publikationen. »Dinge, die man so unbedeutend fand, dass sie nirgendwo aufgelistet wurden, sind oft von den Erben zusammen mit wurmstichigen Möbeln und durchgelegenen Matratzen entsorgt worden.« Der Glasgower Archäologe und Kriminalitätsforscher Neil Brodie ergänzt: »Nur sehr, sehr wenig stammt wirklich aus dem 18. oder 17. Jahrhundert. Und wenn das so ist, bekommt man das auch ausführlich mitgeteilt. Man kriegt seitenlange, ach was, noch längere Auflistungen von Provenienzen, in denen steht, wer das Stück besaß, was die Leute machten, wer es wo beschrieb und analysierte. Die Idee, es gäbe wirklich noch unbekannte Sammlungen aus dem 18. Jahrhundert oder älter, die dann plötzlich auf den Markt kämen, das ist ein Mythos, ja, ein Märchen.«

Das ist für Ursula Kampmann kein wirkliches Argument. Das könne sein, müsse aber nicht. Da träfen Wahrscheinlichkeiten aufeinander. Generell gelte: Das Bewusstsein, dass man Dinge dokumentieren müsse, habe sich erst in den 1980er Jahren entwickelt. »Viele Staaten haben kein Interesse daran gehabt, ihr Kulturgut im Lande zu halten, im Gegenteil, und Händler mussten sich weder Exporte aus dem Land genehmigen lassen noch dokumentieren.« In Ägypten habe es bis 1983 Händler gegeben, die mit Erlaubnis der Regierung antike Objekte verkauft hätten. Sie zeigt mir eine

Rechnung, in der ein von der Regierung lizenzierter Kairoer Händler namens Kamel Abdallah Hammouda, den man im Internet leicht als Quelle und Provenienz zahlreicher ägyptischer Antiken findet, auflistet, was er an die Galerie Ancient Art in Amsterdam verkauft hat.

Die Rechnung, englisch, undatiert, darauf andere Zettel geklebt und mit denen zusammen kopiert – einer arabisch mit vielen Stempeln, ein anderer handschriftlich, auf dem noch ein Sandsteinrelief von 67 Zentimeter Größe erwähnt wird, das wohl direkt an eine andere Galerie im Südwesten Deutschlands geliefert werden soll, ist wirklich sehr unspezifisch. Sie spricht von sechs Kisten mit unter anderem Steinreliefs und Statuetten, Terrakotten und Alabastervasen und einer Granitstatue ohne Kopf. Ursula Kampmann: »Das ist nichts anderes als ein Zettel, ohne Bilder selbstverständlich, und auf dem Zettel steht dann, in wie viel Kisten wie viele Objekte ausgeführt worden sind. Weder einzeln, weder gelistet, die sind alle völlig legal außer Landes gebracht, aber Sie können kein einziges Objekt über diese Liste identifizieren.« Für die Händler gab es offenbar überhaupt keine Notwendigkeit, Exporte aus dem Land genehmigen zu lassen und zu dokumentieren. »Ich kann mich daran erinnern, dass ein mir bekannter Münzhändler noch in den 1970er Jahren regelmäßig nach Syrien und in den Libanon gefahren ist und dort bei Goldschmieden aus dem Fundus, der für den Schmelztiegel vorgesehen war, Münzen herausgekauft hat.« Man habe heute ein anderes Verständnis von Verwaltung, Gesetz und Dokumentation. Damals habe eine völlig andere Mentalität bestanden.

Ein Argument, welches etwas für sich hat, das aber Müller-Karpe nicht gelten lässt. Ebensowenig die Rechtfertigung, dass man eventuell Quittungen verloren oder weggeworfen hätte. Für ihn ist eines entscheidend: »Archäologische Funde sind regelmäßig von Restriktionen betroffen, gesetzlichen Restriktionen bezüglich Eigentumserwerb und Export. Wenn jemand die Ausnahme von dieser Regel für sich in Anspruch nimmt und sagt, ausnahmsweise durfte man dieses Objekt doch exportieren, dann muss und kann er normalerweise diese Ausnahme auch beweisen.« Und auch wenn der Beleg unspezifisch sei, würde man ihn gut aufbewahren.

Auch da steht Aussage gegen Aussage, denn Ursula Kampmann kennt nur »einige wenige Sammler, die sehr sorgfältig waren und Rechnungen aufbewahrt haben. Aber die meisten Leute haben es nicht getan.«

Ursula Kampmann ist freundlich, sehr bestimmt, mein Gespräch mit ihr führt aber an gewissen Punkten nicht weiter. Ich habe das Gefühl, sie hat alle Fragen schon mehrfach beantwortet. Sie verteidigt ihren Standpunkt geschickt: Sammler sind unterschiedlich, die einen sammeln auch Belege, die anderen nicht, obwohl jeder Sammler weiß, dass sich Stücke mit eindeutiger und belegter Provenienz immer besser verkaufen lassen. Denn gerade bei Antiken gilt: Je älter die Provenienz, desto höher der Preis. Alle Beispiele, die ich anführe? Ausnahmen! Die Himmelsscheibe von Nebra, die heute zum UNESCO-Weltdokumentenerbe gehört und im Juli 1999 von Raubgräbern gefunden wurde? Ihre Antwort: »Das ist ein Problem. Das sehe ich so offen. Aber ehrlich gesagt, das ist doch ein absolutes Ausnahmeobjekt.« Der Goldhut in der bronzezeitlichen Sammlung des Neuen Museums in Berlin? Ebenfalls eine Ausnahme. Die Entdeckung des französischen Archäologen Olivier Perdu im Sommer 2014 in Brüssel (siehe Einleitung)? Noch eine Ausnahme.

Und noch ein schon erwähnter Fall. Angeblich schon 1974 hatte ein Kunsthändler drei Objekte in Besitz, die 2014 in der Ägyptischen Abteilung des Budapester Museums für Schöne Künste entdeckt wurden. Jedenfalls kaufte das Museum die drei Blöcke aus dem Eingangsbereich einer Grabanlage in Sakkara unter dieser Prämisse. Später stellte man fest: Die Grabanlage für einen Priester der 6. Dynastie war erst 2001 bei Ausgrabungen durch das Institut Français d'Archéologie Orientale (Französisches Institut der Orientalischen Archäologie, IFAO) gefunden worden, und kurz danach wurden die Blöcke illegal herausgebrochen. Kampmanns Kommentar: »Ich muss ehrlich sagen: Es gibt immer schwarze Schafe, und man hätte ein bisschen nachfragen sollen.«

Viele schwarze Schafe. Ganze Herden. Markus Hilgert berichtet von willentlich zerstörten Kunstwerken, da man mit dem Verkauf der Einzelfragmente eventuell mehr Geld erzielen könne als mit dem Verkauf eines Stückes. »Oder man bietet einem Sammler einen Teil einer Statue an und einige Jahre später das andere

Fragment, das er dann für einen sehr hohen Preis dazuerwerben kann.«

Man muss zugestehen: In keinen der erwähnten Fälle war ein IADAA-Händler involviert. Aber wer fragt wirklich scharf nach? Ihr Verband? »Wir haben bei der IADAA sehr, sehr strikte Bestimmungen, wie mit jemandem umzugehen ist, der uns etwas bringt. Wenn dieser Mann uns anlügt, haben wir ein Problem. Nur wer sind wir, dass wir uns bei jedem, der kommt, erst einmal fragen, ob das ein Lügner ist?« Und so folgt für sie daraus: Der Antikenhandel sei unschuldig. Es werde ein Sündenbock gesucht, um von den wirklichen Problemen abzulenken. »Die Staaten vernachlässigen die Sorge um ihr archäologisches Erbe in einer völlig unverantwortlichen Art und Weise.« Und nun versuche man den einfachsten Weg zu gehen, indem man nicht vor Ort die Grabungen schütze, sondern indem man versuche, andere Staaten dazu zu bringen, dass sie einen Handel beenden, der seit Jahrhunderten gepflegt werde.

Ein Argument, das auch John Boardman, ein britischer Klassischer Archäologe, der lange in Oxford lehrte und zwischenzeitlich auch Kurator am Ashmolean Museum in Oxford war, in seinem Aufsatz »Archaeologists, Collectors, and Museums« anbringt. Er schreibt: »Die Begründung [derjenigen, die behaupten, dass der Handel für die Plünderung verantwortlich sei, G.W.] ist: Weil sich der Raub nicht vor Ort unterbinden lässt, sollte der mögliche neue Aufbewahrungsort der Stücke in öffentlichen oder privaten Sammlungen sehr streng kontrolliert werden. Damit wird aber alles auf den Kopf gestellt: Sicherlich (und das Beispiel ist der internationale Handel mit illegalen Drogen) ist es zweckmäßiger und effektiver, die Quellen krimineller Aktivitäten anzugreifen und insbesondere die Mittelsmänner, die mit dem Zeug handeln, lange bevor es in den Taschen der kleineren Straßendealer landet. Analog dazu würde dies für den Antikenhandel bedeuten, dass die Herkunftsländer ernsthafter handeln und auch ihre eigene Polizei besser kontrollieren müssten und dass man international wesentlich härter versuchen müsste, die Mittelsmänner und alle Unterstützer solcher Aktivitäten der Justiz zu übergeben.«

Auch Michael Müller-Karpe kennt die Argumente der Händlerseite, wie Ursula Kampmann vermutlich seine kennt. Er hält es für unmöglich, von den Herkunftsländern zu verlangen, ihr Erbe zu schützen. »Das ist Wunschdenken. In den meisten dieser Länder herrscht politisches Chaos. Diese Instabilität ist immer ein Nährboden für jede Art von Kriminalität und eben auch von Raubgrabungen und Antikenhehlerei.« Und er erinnert mich an meine Gespräche in Ägypten, daran, dass die Antikenwächter machtlos seien, weil die Diebe oft besser bewaffnet wären und auch besser zahlen würden. »Nein, in der Marktwirtschaft bestimmt bekanntlich die Nachfrage das Angebot, insofern müssen wir hier im Westen, wo solche Dinge nachgefragt werden, ansetzen.«

Und die Nachfrage scheint hoch zu sein – schaut man sich das Angebot an. Es gibt ja nicht nur die Antikenhändler der IADAA, bei der in Deutschland fünf Händler organisiert sind, es gibt darüber hinaus zahlreiche kleine und große Händler sowie unzählige Auktionshäuser, von denen viele immer auch mal wieder Antiken versteigern. Nicht nur die darauf spezialisierten Häuser wie Gorny & Mosch oder Gerhard Hirsch Nachfolger in München, sondern auch Auktionshäuser wie Michael Zeller in Lindau haben immer wieder Altertümer in größerer Zahl im Angebot. Dazu gibt es Internetauktionshäuser wie *auctionata.de*, die regelmäßig Antiken versteigern, und immer auch wieder tauchen welche bei eBay auf. So bot im April 2015 ein Händler aus New York mit durchaus zweifelhaftem Ruf – er bekannte sich 2012 schuldig, ägyptische Antiken über Dubai in die USA geschmuggelt zu haben – ein 34 mal 45,7 Zentimeter großes Kalksteinrelief mit dem widderköpfigen Gott Chnum an: 13 515 US-Dollar soll das gute Stück, das angeblich aus einer Brüsseler Sammlung stammt und natürlich vor 1970 erworben wurde, kosten. Bei eBay Deutschland sind solche Angebote seltener. Hier gab es Absprachen zwischen Archäologen und dem Online-Auktionshaus, solche Artefakte nicht mehr anzubieten.

Die Umsatzzahlen der Auktionshäuser, gerade bei Antiken, sind beträchtlich. »Ich habe das mal ausgerechnet für eine Auktion antiker Objekte im Jahr 2013. Da wurden insgesamt 2,44 Millionen Euro umgesetzt«, sagt Silvelie Karfeld vom Bundeskriminalamt. »Dieses Auktionshaus war nicht einmal eines der ganz Großen. Und es gibt ja mehrere Auktionshäuser mit mehreren Auktionen pro Jahr, nur mit Antiken.«

Versteigerungen sind ein Milliardengeschäft. Der Gesamtumsatz aller Auktionshäuser, aller, nicht nur derer, die mit Antiken handeln, beträgt jährlich 31 Milliarden Euro, von denen fünf Milliarden bei den Auktionshäusern verbleiben, schreibt die *Frankfurter Allgemeine Sonntagszeitung* am 1. März 2015 in ihrem Wirtschaftsteil. Und sie schreibt auch, dass Fachleute wie der Jurist Beat Schönenberger von der Universität Basel es erschreckend fänden, »in welchem Maße der Handel mit Diebesgut in Deutschland Einzug gehalten habe«. Denn bei Auktionen scheint Hehlerware leicht verkäuflich zu sein. Die *Frankfurter Allgemeine Sonntagszeitung* zitiert die Berliner Anwältin Jutta von Falkenhausen: »In Deutschland gilt der Grundsatz, dass man an gestohlenem Gut kein Eigentum erwerben kann.« So weit, so gut, doch dann kommt der Nachsatz: »Bei öffentlichen Auktionen aber macht der Gesetzgeber eine Ausnahme.« Denn bei öffentlichen Versteigerungen, die durch einen öffentlich bestellten und vereidigten Versteigerer durchgeführt werden, so die Rechtskonstruktion, kann sich der Käufer auf die Wirksamkeit des Eigentumserwerbs verlassen. Der Grund dafür: Bei solchen Versteigerungen gilt quasi automatisch der gutgläubige Erwerb, der den Käufer umfassend schützt (siehe dazu auch Kapitel 5). In Deutschland gibt es laut Bundesverband deutscher Auktionatoren 1200 Versteigerer, von denen etwa die Hälfte öffentlich bestellte Versteigerer sind.

Auktionator kann fast jeder werden. Um »öffentlich bestellter und vereidigter Auktionator« zu werden (das erfolgt auf Antrag bei der zuständigen Gemeinde), braucht es dann nur noch mehrjährige einwandfreie Berufserfahrung, Kenntnisse der bestehenden Gesetze und Verordnungen für den Versteigerungsbetrieb sowie Sachkenntnisse in dem Bereich, in dem man arbeiten möchte. Man kann, muss aber nicht bei einem Auktionshaus fest angestellt sein.

Die Versteigerer sind auch verpflichtet, die Herkunft der eingelieferten Objekte zu prüfen. Sie vergleichen diese mit Datenbanken wie dem Art Loss Register (siehe Kapitel 9) oder den Roten Listen des Internationalen Museumsrates ICOM (International Council of Museums), auf denen gefährdete Kulturgüter typologisch aufgelistet werden. Große Auktionshäuser sollten das eigentlich sehr ernst nehmen. Aber dennoch fallen, so Neil Brodie, gerade die ganz Großen der Branche regelmäßig auf – bei nicht ganz legalen Geschäften: »Die großen Auktionshäuser, Sotheby's, Christie's und Bonhams, werden jedes Jahr dabei erwischt, dass sie gestohlene Güter verkaufen. Und erwischt bedeutet, dass es Fotografien gibt, dass man wirklich beweisen kann, dass ein Objekt gestohlen wurde, weil es ein Foto gibt. Entweder in einem Archiv oder in Polizeiunterlagen.«

Zurück nach Lörrach, zu Ursula Kampmann. Die blättert im Auktionskatalog eines auf Antiken spezialisierten Auktionshauses, deutet mal hier, mal dort auf ein Objekt und meint schließlich: »Dutzendware, das ist Dutzendware. Es gibt Objekte, die gibt es zu Zehntausenden, und die haben überhaupt keinen wissenschaftlichen Wert.« Viele dieser Artefakte seien zwar verkauft und versteigert, aber nie dokumentiert worden, weil sie dafür zu wertlos waren. Dass Provenienzen fehlen oder nur sehr knapp gehalten sind, beeindruckt sie wenig. Sie nennt auch sofort Gründe dafür: »Sammler sind angreifbar. Sprich: Sie sind bevorzugte Opfer von Überfällen und Diebstählen, und das Einzige, wodurch sie sich wirklich schützen können, ist eine gewisse Zurückhaltung.« Es dürfe nicht bekannt werden, was sie besitzen. »Das heißt, ein Sammler wird nie gerne über seine Sammlung sprechen.« Dafür lassen sich aber erstaunlich viele Kunstsammler in Fachzeitschriften porträtieren, öffnen ihre Sammlungen für Publikum, stellen sie auf Webseiten im Internet vor, lassen Kataloge mit ihren Objekten drucken und verleihen auch Werke an Museen. Einleuchtender ist da das zweite Argument, das Ursula Kampmann nennt: »Viele Sammler möchten nicht, dass bekannt wird, wenn sie etwas verkaufen. Der Kunstmarkt ist extrem klein, das heißt, die wichtigen Sammler kennen einander. Da will keiner, dass der andere mitbekommt, welche Stücke aus der Sammlung man warum verkauft.« Der gute Ruf ist anscheinend schnell ruiniert – und womöglich vermutet jemand Geldmangel als Verkaufsmotiv. Und eigentlich, so Ursula Kampmann, sei es eine Zumutung, vom Sammler zu erwarten, dass er sich als Verkäufer zu erkennen gebe. »Das Auktionshaus weiß das selbstverständlich.« Aber das ist ebenso selbstverständlich diskret und schweigt.

Für Neil Brodie gibt es drei Gründe, warum in Auktionskatalogen Provenienzen, also Herkunftsgeschichten, nicht ausführlich dargestellt werden. Sie werden zurückgehalten – »fairerweise muss ich zugeben auch, weil es der Besitzer so will, was aber nicht gut ist« –, sie sind unbekannt, was auf illegale Einfuhr hinweist, oder sie sind unsauber, weil die Stücke illegal ausgegraben oder gestohlen seien. Die erwiesenen Verfehlungen der großen Auktionshäuser bezeichnet er als »Spitze des Eisbergs«. Mindestens acht Neuntel seien unsichtbar und bestünden aus Objekten, die aus archäologischen Stätten geraubt wurden oder frisch ausgegraben wurden und von denen es natürlich deshalb keine Fotografien gäbe. Und die würden anstandslos verkauft.

Denn bei Auktionen gibt es eine Überstimmung von Interessen, die eine eigene Dynamik entwickelt. Alle Beteiligten sind an einem reibungslosen Verkauf interessiert. Der Verkäufer will wie das Auktionshaus das Geld. Zudem will der Verkäufer seine vielleicht illegale Antike loswerden. Der Käufer ist froh, dass er sein Objekt mit frischer Provenienz in gutem Glauben erwirbt. Kein Wunder also, dass die Anwältin Jutta von Falkenhausen sagt: »Es gibt Auktionshäuser, die es mit der Herkunftsrecherche nicht immer besonders genau nehmen.« Laut Neil Brodie auch die drei ganz großen; von Falkenhausen verweist aber »auf namhafte Versteigerer, die sich in Berlin, Köln und vor allem München über Jahrzehnte eine sehr wohlhabende kunstliebende Klientel herangezogen haben«. Die *Frankfurter Allgemeine Sonntagszeitung* kommentiert: »Dabei hilft auch noch die branchenübliche Verschwiegenheit als oberstes Gebot, auf das sich die Auktionshäuser stets berufen. Diskretion ist ihr Dogma, woher die Ware kommt und wer sie am Ende erwirbt, bleibt ihr am besten gehütetes Geheimnis. Es heißt dann stets: Privatbesitz.«

Auktionshäuser verdienen an den Zuschlägen. Je höher der Preis für ein Objekt ist, desto höher der Verdienst. Denn das Auktionshaus bekommt in der Regel Provisionen auf prozentualer Basis vom Einlieferer, dem Verkäufer, wie auch dem Käufer. Stimmen die Kunstwerke, kommen zahlungskräftige Kunden, die sich in eventuelle Bietergefechte verwickeln und gegenseitig hochtreiben. Sind die Kunstwerke weniger attraktiv, bleiben die Kunden eventuell aus, die Zuschlagssummen sind auch in jedem Fall niedriger und der Verdienst für das Auktionshaus ebenso. An einem ägyptischen Steinrelief, das für 10 000 Euro zugeschlagen wird, verdient ein Auktionshaus mehr als an einem, das für 500 Euro den Besitzer wechselt. Auktionshäuser mit demselben Profil konkurrieren um die besten Einlieferungen. Sie werben um Verkäufer – bekannte Auktionshäuser haben andere Kunden, denen sie ihre Kataloge zuschicken, als kleine Provinzhäuser, die den Katalog nur gegen Gebühr auf Nachfrage versenden – mit speziellen Angeboten. Das Angebot kann darin bestehen, die Einliefererprovision zu reduzieren (dafür wird die der Käufer vielleicht erhöht), oder in sogenannten Garantiesummen, was bedeutet, das Auktionshaus verpflichtet sich, ein Kunstwerk zu einem bestimmten, vorher vereinbarten Preis zu übernehmen, auch wenn sich kein Bieter in dieser Preishöhe findet. Für den Eigentümer ist das gut, da der Garantiepreis immer recht hoch rangiert. Übertreffen die Gebote aber während der Auktion dieses Limit, gewinnt allein das Auktionshaus dabei. Vor allem zwischen 2000 und 2008, als der Kunstmarkt kurz in einer Krise war, waren Garantiesummen stark verbreitet.

Inzwischen garantieren oft nicht mehr die Auktionshäuser den Preis, sondern ein ungenannter dritter Mitspieler, ein »Unsichtbarer Dritter«. Der verpflichtet sich, das Werk zu einem Garantiepreis zu kaufen. Will nun während der Auktion ein Interessent, der somit als Vierter ins Spiel kommt, das Werk ersteigern, ist das für das Auktionshaus und den »Unsichtbaren Dritten« günstig: Dieser erhält nämlich einen Teil der Differenzsumme zwischen erzieltem Betrag und dem Garantiebetrag – »man kann davon ausgehen, dass er mindestens 30 Prozent dieser Differenz erhält«, schreibt die Branchenkennerin Annegret Erhard, die lange Zeit Chefredakteurin des Branchenblattes *Kunst und Auktionen* war, am 29. März 2015 in der *Welt am Sonntag*. Bekommt er den Zuschlag also nicht, so bekommt der »Unsichtbare Dritte« das finanziell versüßt, erhält er ihn für einen höheren Betrag als die vereinbarte Garantiesumme, wird der Endbetrag um den vereinbarten Prozentsatz gekürzt.

Neben dem Kunsthandel und den Auktionen gibt es noch einen weiteren Markt. In den Anzeigenteilen oft größerer überregionaler Zeitungen finden sich im Segment Kunstmarkt immer wieder Anzeigen wie die folgende aus der *Frankfurter Allgemeinen Zeitung* vom 7. März 2015: »Aus einer privaten Erbschaft verkaufe ich eine alte umfangreiche Sammlung. Sie umfasst ca. 200 wertvolle Objekte aus den Sammelgebieten Ägypten, Asien, Südamerika, Afrika und Islamische Kunst. Die Sammlung wurde in den 1950er und 1960er Jahren zusammengetragen. Eine Besichtigung ist nach Voranmeldung möglich.« Es folgte die Chiffre-Nummer. Ende März 2015 schreibe ich die Chiffre an. Ich stelle mich als historisch interessierter Laie mit einem Faible vor allem für ägyptische und präkolumbische südamerikanische Kunst vor und bitte darum, mir einzelne Fotos sowie genauere Informationen über einzelne Stücke zuzumailen.

Wenige Tage später erhalte ich eine Antwort: »Vielen Dank für Ihr Interesse an meiner Sammlung. Ihr Brief hat mich heute erreicht. Es gab eine starke Nachfrage auf mein Inserat in der FAZ.« Man schreibt mir, dass es mehrere ernsthafte Anfragen gäbe, die Gebote für die gesamte Sammlung abgegeben hätten, aber noch nichts verkauft sei. Am liebsten würde man aber alles komplett verkaufen. Beigefügt sei auch eine Auswahl von Fotos. Es sind insgesamt 35 Bilder. Sie zeigen Antiken aus aller Welt.

Ich schreibe zurück und erkundige mich nach der genauen Herkunft der Sammlung. Ob es Belege gäbe, auch solche, die die Sammlungshistorie dokumentierten. Ich wolle nichts unterstellen, aber ich müsse mich vergewissern, da man ja viel über illegalen Antikenhandel lese. Die Antwort kommt umgehend: Es gäbe keine Kaufbelege für die einzelnen Objekte, zur Sammlung selbst gäbe es Briefe und Darstellungen, unter anderem aus dem Jahr 1982 (was bedeutet, dass sämtliche Verjährungsfristen abgelaufen sind). Sie sei in den 1950er und 1960er Jahren zusammengetragen worden, man könne die Herkunft der Sammlung nachweisen, aber nicht jedes Objekt zurückverfolgen. Zusätzlich schickt man mir weitere Fotos: Darauf sind Karteikarten abgebildet, ein Katalog der Sammlung. Die Vorderseite jeder Karteikarte zeigt ein Objekt, schwarz-weiß fotografiert, die Rückseite ziert eine kurze handschriftliche, wohl mit Tinte verfasste Beschreibung des Stücks. Ich muss sagen: Alles hat die Anmutung der 1960er Jahre. Doch was bleibt: Direkte Belege gibt es nicht. Ein klassischer Fall. Glauben oder zweifeln – mehr bleibt einem da nicht. Was wohl Ursula Kampmann und die IADAA in einem solchen Fall täten?

Nur eine S-Bahn-Station trennt Ursula Kampmann in Lörrach von Christoph Leon in Riehen, einem Ortsteil von Basel. Leon ist Archäologe und war lange Kunsthändler. Eigentlich könnte er Ursula Kampmann in vielem zustimmen. Doch er hat sich desillusioniert aus dem Geschäft zurückgezogen. Sein Fazit: »Seien wir doch ganz ehrlich: Die großen Auktionshäuser, in England, in New York, überall, in München, in Italien auch, ich mein, wenn Sie Ihre Großmutter auf den Tresen ..., die verkaufen Ihnen auch Ihre Großmutter. Alles, was Geld bringt, alles, was Geld bringt, das wird gemacht.«

9
Antiken in der Waschanlage:
Wie illegale Kulturgüter legal werden

Der Erwerb von Objekten unbekannter Herkunft durch Sammler gilt eher als Kavaliersdelikt und nicht als strafbares Handeln. Eine Sensibilität dafür, in welche kausale Kette von Zerstörungen und Kriminalität ein Sammler geraten kann, fehlt in der Regel.
Friederike Fless, Archäologin, Präsidentin des Deutschen Archäologischen Instituts

Das Wort Provenienz stammt vom lateinischen Verb *provenire* – herauskommen, hervorgehen, entstehen – und wird im kunstgeschichtlichen Bereich definiert als die Historie der Herkunft und des Besitzwechsels eines Artefaktes. Die Provenienzforschung versucht die folgenden Fragen zu beantworten: Wo stammt das Objekt her? Seit wann befindet es sich in welchen Sammlungen? Wann wurde es erstmals erworben?

Warum ist diese Herkunftsbestimmung wichtig? Im Antikenhandel entscheidet sich an ihr, ob ein Kunstwerk legal in einem Land verkauft werden darf.

Im November 1970 verabschiedete die UNESCO ein Abkommen zum Schutz von Kulturgütern, das sogenannte »Übereinkommen über Maßnahmen zum Verbot und zur Verhütung der unzulässigen Einfuhr, Ausfuhr und Übereignung von Kulturgut«, das die Ausfuhr und den Verkauf von Kulturgütern erschweren sollte. Die Konvention formulierte Grundprinzipien zum internationalen Schutz von Kulturgütern, darunter Vorschriften für Maßnahmen gegen den illegalen Handel, zum Schutz eigenen Kulturgutes, zur Verhinderung seiner rechtswidrigen Ausfuhr, zum Schutz rechtswidrig eingeführten Kulturgutes anderer Vertragsstaaten sowie zur Herausgabe auf Ersuchen des Herkunftslandes. Die UNESCO-Konvention betrifft allerdings nur die zwischenstaatliche Ebene, nicht die privatrechtliche, schließt also Rückgabeforderungen von Einzelpersonen aus. Deshalb wurde 1995 noch die UNIDROIT-Konvention über gestohlene oder rechtswidrig exportierte Kulturgüter verabschiedet, mit der der illegale Handel trotz der verschiedenen nationalen Regelungen über den Eigentumserwerb unterbunden werden sollte. (UNIDROIT steht für: Institut international pour l'unification du droit privé oder: International Institute for the Unification of Private Law und ist eine unabhängige internationale Organisation mit Sitz in Rom, die sich der Vereinheitlichung, Modernisierung und Koordination der unterschiedlichen staatlichen Zivilrechte verschrieben hat.)

Die UNESCO-Konvention setzte mit dem 1. Januar 1970 einen Stichtag für den Rückübertragungsanspruch der Herkunftsländer, der nach Auffassung mancher Händler wie Christoph Leon bedeutet, dass »Stücke oder Objekte oder Sammlungen, die vor 1970 angelegt wurden, legal verkaufbar« seien. Dieser Haltung würden viele Kenner der Materie so nicht zustimmen. Denn wie die UNESCO-Konvention umgesetzt wird, ist von Staat zu Staat verschieden (zu Österreich und der Schweiz siehe Kapitel 12). Beispielsweise gilt die Einfuhr von Kulturgut nach Kanada als rechtswidrig, wenn das Objekt illegal aus einem Vertragsstaat ausgeführt wurde – egal ob vor oder nach 1970. Nach Kanada hätten die Vasen also ohne Exportgenehmigung nicht gebracht werden dürfen. In Deutschland ist entscheidend, wie lange der möglicherweise illegale Erwerb zurückliegt, gilt doch hierzulande diesbezüglich eine Verjährungsfrist von 30 Jahren. Entsprechend häufig findet sich aktuell in vielen Provenienzen auch eine Datierung auf die frühen 1980er Jahre.

Blickt man in Auktionskataloge, so bekommt man eine Ahnung von der branchenüblichen, oft nicht sehr genauen Darstellung der Provenienzen. So im Katalog von Cahn Auktionen zur Auktion am 19. November 2014 in Basel: eine Lampe in Stiergestalt, achämenidisch (altpersisch), aus dem 5.–4. vorchristlichen Jahrhundert: ehemalige europäische Privatsammlung 1950er–1960er Jahre, danach in einer namentlich genannten Sammlung in Belgien, erworben 1980–1982. Ein ägyptisches Amulett in Gestalt eines Pavians, »vor 1970 erworben«; ebenso der ägyptische Kopf eines Beamten aus dem 13. vorchristlichen Jahrhundert. Ein bronzener Horusfalke, ägyptisch, circa 664–343 v. Chr.: Privatsammlung Israel, erworben vor 1970. Das Münchner Auktionshaus Gorny & Mosch bot in seiner Kunst-der-Antike-Auktion im Juni 2014 ein Sarkophag-Fragment aus der Ptolemäerzeit an: aus US-amerikanischer Privatsammlung, erworben vor 1983, dem Jahr, in dem der Antikenhandel in Ägypten illegal wurde. Zweifel an der Legalität der angebotenen Stücke lassen sich aber auf diese Formulierungen allein nicht gründen.

Als ich Helmut Thoma frage, ob er über seine Sammelleidenschaft und auch den Fall des Halbreliefs aus dem Grab in Palmyra mit mir sprechen möchte, willigt er sofort ein. Er ist ein freundlicher und zugewandter Mensch, offen und meinungsfreudig, wie er schon oft unter Beweis gestellt hat. Ihn scheint auch wenig zu stören, was andere von ihm denken. Das oben zitierte *Welt-am-Sonntag*-Interview (siehe Kapitel 6) versteckt er nicht, es ist auf seiner Homepage zu finden. Er bestreitet auch nicht, das es im Großen und Ganzen so stattgefunden hat: »Die Geschichte an sich stimmt vollkommen.« Nur einige nicht unwesentliche Details seien anders. Er sei mit dem ihm bekannten syrischen Händler, der große Geschäfte mit der Schweiz gemacht habe und auch gut mit dem syrischen Nationalmuseum verbunden gewesen sei – das übrigens auch aus seinen Beständen Dinge angeboten habe (»außerhalb meiner Reichweite«) –, tatsächlich in Palmyra mit der Taschenlampe in ein noch nicht geöffnetes Grab, »praktisch ein Erdloch, gekrochen, und drinnen war so eine Wand mit diesen Grababschlüssen, wo immer der Verblichene als Halbrelief dargestellt ist.« Und da habe der Händler ihn, Thoma, gefragt, ob er so etwas haben wolle. »Ich habe geantwortet, ja, wenn Sie so etwas beschaffen können, und wenn man das ausführen kann.« Nach etwa einem Jahr sei der Händler dann nach Deutschland gekommen und habe ein Halbrelief in Packpapier gehüllt dabei gehabt. »Da habe ich mir gesagt: Na, der Schutz ist auch nicht besonders doll. Aber mein Gott: Bevor das also irgendwo mehr oder minder verramscht wird, stellen wir es in die Wohnung.« Er habe es dann von einem Kenner auf Echtheit überprüfen lassen und danach dem Händler abgekauft. »Das war die ganze Geschichte.«

Noch nicht ganz. Denn Thoma erzählt beiläufig mehr über die

Geschäftsgebaren dieses syrischen Antikenhändlers. Darüber, dass viele Antiken aus Syrien über den Libanon exportiert wurden – die Grenzen waren offen, und syrische Truppen waren in dem Nachbarland stationiert. Auch ein komplettes Grab mit griechischen Fresken habe der Händler ihm angeboten. Für eine Million Dollar. »Abgesehen davon, dass das mir zu teuer war, habe ich ihn gefragt, wie er das denn aus dem Land herausbekäme. Das stünde doch bestimmt unter Schutz? Ja, hat er geantwortet. Aber das mache nichts. Das verkaufe ich in die Schweiz, und dort findet sich ein anerkannter Händler, der dann bescheinigt, dass er das schon vor Inkrafttreten der UNESCO-Übereinkunft von 1970 in seinem Besitz hatte. Und dann, dann verkaufe ich das nach Amerika.« Ganz einfach.

Noch viel leichter ist natürlich ein Verkauf, wenn zu der Behauptung, das Stück sei schon lange im Besitz des Händlers, auch eine passende Legende vorhanden ist. Eine Geschichte, die erzählt werden kann und glaubhaft ist, Zeugen, die sie bestätigen, eventuell sogar Papiere. Denn schließlich wirkt, so zitiert die *Süddeutsche Zeitung* am 23. April 2014 Ursula Kampmann, die IAADA-Sprecherin, »eine gute Provenienz auch extrem wertsteigernd. Denn sie sichere den Besitz dauerhaft ab, garantiere, dass auch die Erben noch einen guten Preis auf jeder Auktion erzielen können«.

Wie kommt man zu so einer Provenienz für Antiken? »Da gibt es unterschiedliche Möglichkeiten«, sagt Michel von Rijn lächelnd. Alle Fachleute und Archäologen, mit denen ich spreche, lächeln bei der Frage, wie man eine gute Provenienz für Antiken bekommt. Und alle kennen mehrere Möglichkeiten. Im Wesentlichen sind es drei Methoden, die miteinander auch gemischt werden können. Methode eins – alter Adel oder Kolonialbeamter:

»In den guten alten Zeiten«, sagt die Archäologin Salima Ikram, das »die guten alten« mit englischem Upperclass-Akzent ironisch betonend, »fand man leicht einen verarmten Adligen in Europa, der öffentlich bestätigte: ›Oh, ja, das war schon in der Sammlung meines Ururgroßvaters, es ist seit 1817 aus dem Herkunftsland [raus]. Natürlich gehörte das uns, wir haben schließlich auch die ganzen alten Familienfotos von damals, als wir da waren.‹ Und dann gibt es keinen Weg, solch eine Aussage zu beweisen oder als Lüge zu entlarven.« Viele Adelshäuser hätten so gehandelt.

Mitunter, weil sie dafür bezahlt wurden, manchmal auch, weil sie jemandem einen Freundschaftsdienst tun wollten. »Man gibt jemand 5000 Euro, und der sagt: Das habe ich von meinem Vater geerbt«, sagt Christoph Leon. Es hätte auch Fälle gegeben, bei denen man solch eine Herkunft erfunden hätte, wenn ein Adelsgeschlecht ausgestorben wäre. »Dann kann man einfach sagen: Aus der Sammlung von dem und dem, gekauft von der und der und ursprünglich von da und dorther stammend. Oder man macht es so: Man nimmt das Stück und geht irgendwohin und sagt«, Salima Ikram verzieht grinsend das Gesicht und flötet: »Oh, meine Erbtante hatte das auf dem Speicher stehen, und wir fragen uns nun, ob das etwas wert ist.«

Die Speichervariante ist inzwischen dank eBay und der vielen angeblichen Keller- oder Dachbodenfunde dort etwas aus der Mode gekommen, sagt Neil Brodie, der Archäologe und Kriminalitätsforscher aus Glasgow. Dennoch sei England immer noch ein Traumland für schön konstruierte Provenienzen. Nicht nur in Verbindung mit dem Adel. Das liege an der kolonialen Vergangenheit des Landes: »Wegen des britischen Empires sind solche Herkunftsbezeichnungen sehr beliebt: vom Vater des Besitzers erworben, während er Militärdienst in Ägypten tat. Oder: erworben vom Vater des Besitzers, während er als Ingenieur im Jemen arbeitete. Oder: erworben vom Vater des Besitzers, als er im Eisenbahnbau im Irak tätig war.« Neil Brodie lächelt. »Und all das ist glaubhaft, weil es ja überall Briten in solchen Positionen gab. Es ist natürlich komplett erfunden. Aber glaubhaft.«

Im Frühjahr 2015 stoße ich zufällig auf solche Herkunftsgeschichten: Ein kleines Auktionshaus in Berlin bietet in seinem Katalog unter Hunderten Positionen, die von einem Hartholzbogen von den Salomonen bis zu einem Teppich aus dem Kazak, einem Knüpfgebiet im Kaukasus, reichen, auch sieben Ausgrabungsfunde aus Nordafrika beziehungsweise dem Nahen Osten an. Fünf Positionen kommen ursprünglich aus Ägypten (alle laut Angabe etwa 3000 Jahre alt), eine aus Afghanistan, eine aus dem Iran (beide etwa 2000 Jahre alt). Alle Objekte stammen, so der Katalog, »aus dem Besitz eines englischen Kolonialoffiziers«. Als ich im Auktionshaus nachfrage, versichert man mir, dass die Objekte schon sehr lange in Familienbesitz seien. Von einem Engländer eingeliefert, dessen Großvater überall auf der Welt unterwegs gewesen sei und von überall etwas mitgebracht habe. Papiere zeigt man mir aber nicht. Die Stücke erzielen bei der Auktion teilweise – zwei Objekte bleiben unverkauft – erstaunlich hohe Preise über dem Schätzwert. Und besitzen nun für den neuen Eigentümer, sollte der sie irgendwann wieder veräußern wollen, eine weiterreichende Provenienz: englische Privatsammlung vor 1970, (gutgläubig) erworben auf Versteigerung 2015. Im Prinzip ist es dem Ehepaar Preuß mit »seiner« Wandmalerei aus Theben genau so ergangen: Die sollte aus einer alten englischen Privatsammlung stammen, nur dass der Verkauf über einen Händler, nicht über ein Auktionshaus erfolgte.

Methode zwei – der Ringverkauf:

»Das ist ganz einfach«, sagt Christoph Leon. Er lächelt. »Und überhaupt nicht aufwendig. Man braucht nur ein wenig Geduld.« Er erklärt, wie man sich recht schnell eine einigermaßen einleuchtende und auch halbwegs nachprüfbare Provenienz besorgen kann: Man behält das frisch erworbene Stück eine gewisse Zeit und bietet es dann mit einer durch das Auktionshaus kaum zu prüfenden und daher ungeprüften Provenienz wie »Privatsammlung um 1970« auf dem Markt an. Dann ersteigert man es anonym oder über Strohmänner selbst und besitzt nun eine Antike mit eindeutiger Rechnung: erworben im Auktionshaus bei der und der Auktion. Plus einer Echtheitsprüfung, denn viele Auktionshäuser garantieren die Echtheit ihrer verkauften Stücke. Danach liefert man die Antike mit diesem scheinbar legalen Hintergrund in eine der größeren Auktionen im In- oder Ausland ein. Die Kosten für ein solches Verfahren sind relativ gering. Man zahlt de facto nur die Provision des Auktionshauses, als Einlieferer und als Käufer. Das funktioniert auch so gut, weil wie gesehen Auktionshäuser die Identitäten sowohl der Einlieferer wie auch der Käufer stets vertraulich behandeln.

Ringverkäufe kann man natürlich mehrfach und mit Strohmännern inszenieren. Frühere Untersuchungen haben bereits gezeigt, dass Auktionen im Antikenmarkt auch dazu dienen, die Preise für bestimmte Antiken hochzuhalten. Der Antikenhändler Giacomo Medici kaufte bei Auktionen von Sotheby's in den 1990er Jahren selbst eingelieferte Antiken wieder auf – so wusch er sie und hielt gleichzeitig die Preise hoch: Denn wenn schon diese unwichtigeren Objekte einen bestimmten Wert haben, wie wertvoll mussten dann erst die sein, die man direkt Museen und Sammlungen weltweit anbot.

Auch eine an sich gute Einrichtung wie das sogenannte Art Loss Register (ALR) kann zur Unterfütterung einer falschen Provenienz dienen. Das ALR ist laut Eigenauskunft die weltweit größte private Datenbank von verschollenen und gestohlenen Kunstwerken und Altertümern. Es kann von Sammlern, dem Kunsthandel und den Strafverfolgungsbehörden zur Nachforschung genutzt werden. Das Register wurde 1991 in Zusammenarbeit zwischen Auktionshäusern, internationalen Verbänden des Kunsthandels, Vertretern der Versicherungswirtschaft und der Stiftung International Foundation for Art Research aufgebaut, und es speichert heute etwa 300 000 vermisste Kunstwerke. Stellt ein Kunsthändler beim ALR eine Anfrage, so muss er, sollte das Kunstwerk gestohlen sein, die Polizei einschalten. Sollte die Überprüfung ergeben, dass das Kunstwerk in der Datenbank des ALR nicht als gestohlen gemeldet ist, erhält der Händler ein Zertifikat – für eine aus einer Raubgrabung stammende Antike, die natürlich in keiner Datenbank auftauchen kann, da sie vollständig unbekannt war, ist das ein erstes Unbedenklichkeitsdokument. »So kann ein Händler risikolos nachweisen, dass er nachgeschaut hat«, sagt Michel van Rijn, »dass er seiner Sorgfaltspflicht Genüge getan hat, und bekommt dafür ein schönes Papier.«

Silvelie Karfeld, die sich beim Bundeskriminalamt mit illegalen Antiken beschäftigt, hat noch einen weiteren »Tipp«: »Man kann solche Stücke auch mit nur geringem Risiko einem Museum anbieten, damit es vorübergehend als Leihgabe in eine Ausstellung aufgenommen wird. Dann wird es im Ausstellungskatalog veröffentlicht und erhält dadurch einen scheinbar legalen Hintergrund.«

Methode drei – die Fälschung von Papieren:

Michel van Rijn lächelt: »Man kann als Auktionshaus eigentlich nicht hundertprozentig sauber arbeiten.« Er spricht von all den unterschiedlichen Einlieferern, die von überall antike Kunstwerke anbieten, Werke, die schon lange in Familienbesitz seien. In England, in Frankreich, im Libanon. »Ich habe erlebt, wie Papiere gefälscht wurden. Gerade im Nahen Osten. Wundervolle Provenienzen. Und man findet dort immer für wenig Geld einen Notar, der diese bestätigt.«

Genauso hätte es sein syrischer Händler gemacht, berichtet Thoma. »Bei dem großen Grab sagte er mir, dass er das über den Libanon in die Schweiz bringen würde. Dort würde es auch Papiere bekommen. Denn die Einzigen, die wirklich viel Geld dafür ausgeben, seien US-amerikanische Museen. Und die wollten Herkunftsbezeichnungen sehen, und die bekämen sie dann auch: Der hat das vor 40 Jahren oder 50 Jahren oder vor 70 Jahren gekauft, bis heute in seinem Besitz gehabt, und jetzt verkauft er das.« Und damit seien die Amerikaner hochzufrieden.

Die Frage, die bleibt: Wollen denn die Händler und Auktionshäuser hundertprozentig sauber arbeiten? Michel van Rijn lächelt erneut – und schweigt. Auch Christoph Leon weiß, wie man Provenienzen fälscht: »Das ist recht einfach: Man versucht mit alten Schreibmaschinen, altem Papier irgendeinen Brief zu schreiben, der die Herkunft irgendwie belegt.« »Aber man muss dabei aufpassen«, sagt Oscar White Muscarella. »Sehr aufpassen«, sagt er lächelnd und berichtet vom sogenannten Getty-Kouros.

Kouros nennt man die Statue eines jungen Mannes in der griechischen archaischen Kunst. Es sind unbekleidete, symmetrische, dem Betrachter zugewandte Jünglingsporträts, breitschultrig mit schmaler Taille, aufrecht stehend und ein Bein vorangestellt, meist aus Marmor, mitunter auch aus anderen Materialien. Der Getty-Kouros ist eine überlebensgroße Marmorstatue, die 1985 für 9 Millionen Dollar vom J. Paul Getty Museum im kalifornischen Malibu erworben wurde. »Manch Wissenschaftler glaubt, dass sie echt ist, manch einer, dass es eine moderne Fälschung ist«, sagt Muscarella, und das Museum hat dem Wissenschaftsstreit inzwischen Rechnung getragen. Seit einigen Jahren steht auf dem Schild neben der Statue: »Griechisch, etwa 530 v. Chr., oder moderne Fälschung«.

Wichtiger ist aber, woher das Museum die Statue hatte. Sie war erstmals 1983 auf dem Kunstmarkt aufgetaucht, als der Basler Kunsthändler Gianfranco Becchina sie anbot. Angeblich stammte die Statue aus der Sammlung eines Genfer Arztes namens Jean Lauffenberger, so berichtete es jedenfalls Jiri Frel, der zuständige Kurator des Getty-Museums, dem Aufsichtsrat. Der habe sie um 1930 in Griechenland erworben. »Allerdings gab es keinerlei Aufzeichnungen, wo der Kouros wann gefunden wurde. Und so wurden alle Archäologen, die sich mit dem Fall beschäftigten, ein wenig misstrauisch. Die, die ihn für eine Fälschung hielten, waren es sowieso, die andern vermuteten, dass er aus nicht sauberen Quellen stamme. Zumal bekannt wurde, dass weder Freunde von Lauffenberger noch dessen beide Exfrauen die Statue in den über 50 Jahren, die sie angeblich in seinem Besitz war, je gesehen hatten«, erzählt Oscar White Muscarella.

»Egal, ob Fälschung oder nicht, die griechische Regierung verlangte nun das Stück zurück, da es, wie sie sagte, nicht legal ausgeführt worden war. Doch als die Zweifel größer wurden, tauchten glücklicherweise für Frel wie aus dem Nichts ein paar Briefe auf, die die Lauffenberger-Provenienz bestätigten.« Einer, geschrieben am 15. März 1952 von Ernst Langlotz, einem deutschen Archäologen, in dem dieser sich zum Stil des Kouros äußerte, ein anderer aus dem Jahre 1955 von einem Basler Kunsthandwerker namens A. E. Bigenwald, den von Lauffenberger wegen Restaurierungsarbeiten am Kouros befragt hatte. »Damit schien alles bewiesen«, Oscar White Muscarella grinst und freut sich über die nun kommende Pointe: »Aber die Fälscher hatten nicht aufgepasst. Zum einen gab es die Postleitzahl, die im Brief von Langlotz auftaucht, 1952 noch gar nicht – sie wurde erst 20 Jahre später eingeführt, zum anderen existierte die Bankverbindung, die Bigenwald angegeben hatte, 1955 noch nicht – das Konto wurde erst 1963 eröffnet. Das Getty-Museum wurde eiskalt erwischt.«

Einige Wissenschaftler vermuten, der Kouros stamme aus einer römischen Fälscherwerkstatt und sei zunächst an einen Händler in Kalabrien verkauft worden, der ihn dann weiter an Becchina veräußerte. Ob der eine Fälschung vermutete, ist unbekannt.

Alle drei vorgestellten Methoden sind natürlich miteinander beliebig kombinierbar. So wie es der Kunstfälscher Wolfgang Beltracchi machte: Er gab seinen Bildern eine falsche Provenienz mit (eine bis dato unbekannte Privatsammlung), er fälschte Rechnungen und klebte auf die Bilder noch gefälschte Galeriezettel. Und er staffierte seine Frau in der Mode früherer Zeiten aus, machte mit alten Kameras Fotos von Interieurs mit seinen Werken an den

Wänden, zog sie auf altem Fotopapier ab und gab sie als alte Familienfotos der Sammlerfamilie aus – wenn die kriminelle Energie groß genug ist, dann gibt es genug Möglichkeiten, Provenienzen vorzutäuschen.

Und wenn die Käufer willig mitspielen.

10
»Wo ein Markt ist, gibt es auch immer Fälschungen.«

Erfahrungsgemäß ist es so, dass der Anteil der Fälschungen relativ hoch ist, erstaunlich hoch ist. Auch bei arrivierten Händlern.
Markus Hilgert, Altorientalist, Direktor des Vorderasiatischen Museums, Berlin

Zuerst hörte ich das Wort nur so nebenher. Immer wieder tauchte es in Gesprächen auf. Alle Archäologen reden davon, auch alle Kunstsammler: Fälschungen. Silvelie Karfeld vom Bundeskriminalamt berichtete über die Durchsicht von Auktionskatalogen mit Experten und einem besonderen Aha-Erlebnis: »Das Interessante ist, dass wir dadurch auch erstmalig erfahren haben, wie hoch der Prozentsatz an Fälschungen ist, die auf dem Markt sind.«

Was für mich, die Kommissarin oder auch den Rechtsanwalt Robert Kugler so erstaunlich war, ist für die meisten Archäologen und Kunsthändler Alltag. Obwohl die Letzteren nur ungern darüber reden und die meisten versichern würden, alles, was sie verkauften, sei echt. Die meisten Auktionshäuser gewährleisten zumindest, dass sie im Falle einer erwiesenen Fälschung das Objekt zurücknehmen und den Kaufpreis zurückerstatten.

Ich sitze bei Christoph Leon in dessen Büro in Riehen, einem Vorort von Basel, in dem auch die Foundation Beyeler, die berühmte Sammlung von Kunst der Klassischen Moderne und der Gegenwart, ihren Sitz hat. Leon ist einer der wenigen aus der Händlerszene, die über die unangenehmen Wahrheiten sprechen. Leons Büro befindet sich im Souterrain eines Mehrfamilienhauses, ein großer Raum voller Bücherregale, in denen akkurat Bücher zur Kunstgeschichte und Ästhetik sowie Bildbände stehen. Weniger akkurat liegen Auktionskataloge und Broschüren auf dem Arbeitstisch; man merkt, auch wenn Christoph Leon sich selbst als im Ruhestand befindlicher Kunsthändler beschreibt, gearbeitet wird hier immer noch. Er schiebt einen Katalog beiseite, wischt mit dem Handrücken über den Tisch, wie um seinen Worten Nachdruck zu verleihen: »Es tut mir leid: Wenn ich noch vor Jahren sagte, dass fünf Prozent aller angebotenen Objekte bei Auktionen falsch sind, dann muss ich jetzt eigentlich sagen: Das geht in die Größenordnung von 30, 40 oder 50 Prozent.« Er habe letztens den Online-Katalog eines deutschen Auktionshauses durchgesehen, und da seien 60 Prozent der Antiken falsch gewesen.

Er greift zu einem Auktionskatalog, schlägt ihn auf und wischt über eine Seite. »All diese Sachen sind außerordentlich zweifelhaft.« Er runzelt die Stirn und zeigt auf einige Stücke. »Das ist nicht gut, das ist zweifelhaft, das ist ganz sicher falsch. So schlecht haben sie in der Antike nicht gearbeitet.« Seine Urteile sind harsch und bestimmt, aber wahrscheinlich richtig. Denn Markus Hilgert vom Vorderasiatischen Museum in Berlin bestätigt: »Wo ein Markt ist, gibt es auch immer Fälschungen. Und ich sehe im Moment zumindest mehr Fälschungen als Originale, gerade aus Syrien beispielsweise. Der Anteil der Fälschungen ist auch bei arrivierten Händlern erstaunlich hoch.« 60 Prozent sei vielleicht ein wenig hoch gegriffen, es hänge wohl auch davon ab, von welcher Objektgruppe oder von welcher Region man spreche, aber es seien in jedem Fall zweistellige Prozentbereiche. »Ja, es gibt sehr schlecht gemachte Fälschungen, die man auf den ersten Blick erkennt, aber es gibt auch sehr professionelle Fälschungen, die offensichtlich von Personen produziert werden, die tatsächlich mit dem Original arbeiten können. Die sind so gut gemacht, dass Sie sie nur mit naturwissenschaftlichen Methoden entdecken können.«

Aus allen Epochen der archäologischen Erforschung des Vorderen Orients gibt es Kopien oder Nachahmungen. Am Ende des 19. und im frühen 20. Jahrhundert kopierte man systematisch Keilschrifttafeln, indem man originale Tontafeln in Formen drückte und so eine Abdruckform schuf, die man wieder mit Ton füllte. So konnte man Tontafeln reproduzieren. »Diese Fälschungen sind so gut, dass sie selbst ein Spezialist nicht immer erkennt.« Stefan Weber, Direktor des Museums für Islamische Kunst in Berlin, sagt in einem Gespräch mit der *Zeit*, abgedruckt am 11. September 2014, dass der Markt für Fälschungen schon immer floriere und auch sein Museum in der über 100-jährigen Geschichte zahlreiche Fälschungen angekauft habe. Der streitbare New Yorker Archäologe Oscar White Muscarella weiß beispielsweise zu berichten, dass »in den 1920er und 1930er Jahren lokale Hilfskräfte an den archäologischen Ausgrabungsstätten im Irak Fälschungen produzierten. Sie buken Terrakotten in ihren Dorfbäckereien und gaben vor, diese ausgegraben zu haben, weil damals die Grabungsarbeiter zusätzlich ein Bakschisch für jedes Ausgrabungsstück erhielten.«

Es gibt sogar Fälle, in denen sich eigentlich gar nicht mehr zwischen echt und gefälscht unterscheiden lässt. Beispielsweise bei den Figuren von den Kykladen. Es gibt sehr wenige Figuren mit absolut sicherer Herkunft, bei denen Ort und Zeitpunkt des Fundes genau bekannt sind. Die meisten, die irgendwie auf dem Markt auftauchten – je populärer und gesuchter sie waren, desto mehr von ihnen wurden angeboten –, stammen aus mehr oder weniger unbekannten Quellen. Das kann, muss aber nicht bedeuten, dass ganze Gruppen von Kykladenfiguren gefälscht sind: So gibt es keine männliche Figur mit gesicherter Herkunft, trotzdem werden solche Figuren von Museen ausgestellt, wenn auch selten, und auf dem Markt angeboten. Die Naturwissenschaft bringt keine Klärung: Stein ist einfach ein altes Material, und solche Skulpturen lassen sich nicht mit naturwissenschaftlichen Methoden datieren.

Die öffentlichen Einrichtungen wie das Deutsche Archäologische Institut (DAI) lehnen es ab, dem privaten Kunsthandel ihre Expertise zur Verfügung zu stellen. Was manche Kunsthändler wie Christoph Leon bedauern, da dort eben sehr gut ausgebildete Archäologen arbeiteten, bessere als oft bei Auktionshäusern. Friederike Fless, die Präsidentin des DAI, sagt aber ganz klar, dass es, abgesehen vom Mehraufwand, überhaupt nicht Aufgabe einer öffentlichen Einrichtung sei, für die Privatwirtschaft als Gutachter aufzutreten: »Die Sorgfaltspflicht liegt eindeutig beim Kunsthandel selbst.« Im Gegenteil: Das DAI gehöre als Bundesanstalt zum Geschäftsbereich des deutschen Auswärtigen Amtes. Im Ausland werde Deutschland als eine Drehscheibe des illegalen Antikenhandels angesehen: »Schon deshalb müssen wir jede Zusammenarbeit mit dem Kunsthandel, der es mit Fragen der Herkunft nicht so genau nimmt, ablehnen.«

Fälschungen entstehen also, weil es einen Markt für Antiken gibt. Ist etwas begehrt, wird es geliefert, zur Not auch falsch. Oscar White Muscarella: »So lässt sich der Gewinn multiplizieren. Wie die Grabräuber haben auch die Fälscher einen sicheren Arbeitsplatz.« Einige Händler würden Fälscher direkt beschäftigen, andere Kopisten hätten unabhängige Werkstätten, sie suchten sich unschuldige (oder nicht so unschuldige) Händler oder verkauften direkt an Schmuggler. Bei Raubgrabungen gingen die gefundenen Artefakte zum Teil direkt in Fälscherwerkstätten, um dort sofort verdoppelt zu werden. Danach würden sie entweder mit den Raubgrabungsfunden in den Markt eingespeist oder direkt Sammlern angeboten. Auch Christoph Leon weiß, wo die Fälscher zu finden sind: »Natürlich in den Souks, den großen Märkten, den Basaren. Dort arbeiten ganz geschickte Handwerker, deren Familien seit Generationen Bronze, Messing und Kupfer bearbeiten.« Er blättert immer noch im Katalog: »Das ist alles Quatsch. Wissen Sie, man kann auch sehr gut antikes Provinzielles von modernem Schlechten unterscheiden.« Er zeigt zwei Stücke, die einander ähnlich sind: »Und die Fälscher entwickeln ja auch einen gewissen eigenen Stil, den man dann bei Häufung erkennt.«

Das Problem ist – so Leon und Muscarella übereinstimmend –, dass nur wenige Archäologen Fälschungen erkennen, zumal die Methoden der Werkstätten immer komplexer werden. Beispielsweise wird die Thermolumineszenz-Datierung angewandt, um nachzuweisen, wann Keramik gebrannt wurde. Fälscher mischen nun antike Terrakotten unter neue, teilweise auch Bruchstücke von antiken in neue Kreationen, um dann an diesen Stellen die Tests durchführen zu lassen. Außerdem seien die Experten in Auktionshäusern und im Kunsthandel, so Muscarella, oft keine echten Experten – wie sollten sie das auch sein? Denn wieviel Expertenwissen ist nötig, die unterschiedlichen vorderasiatischen Kulturen voneinander zu unterscheiden und richtig zu datieren, geschweige denn die griechisch-römischen oder die ägyptischen?

Stefan Lehmann hat das Expertenwissen für antike Bronzestandbilder. Er beschäftigt sich schon seit Jahren mit den Produkten einer Fälscherwerkstatt, die unter dem Namen »Der Spanische Meister« bekannt ist. »Ich halte das für eine Werkstatt mehrerer

Personen, die seit etwa 30 Jahren aktiv ist. In den 1980er Jahren sind die ersten Falsifikate aufgetaucht.« Ob die Werkstatt in Spanien oder Italien steht, weiß man nicht; sie wird jedenfalls in Südeuropa vermutet.

Lehmann leitet das Archäologische Universitätsmuseum in Halle an der Saale, das zwar nur eine kleine Sammlung – vorwiegend Nachgüsse aus Gips – besitzt, diese aber sehr stimmungsvoll präsentiert: ein klassizistisches Gebäude, eine schwere Holztür, die sich nur mit viel Schwung öffnen lässt, ein breites Treppenhaus, ausgeschmückt mit gipsernen Reliefs, auf denen kämpfende Krieger und Zentauren dargestellt sind. Klassisch hohe Arbeitsräume, gesäumt von hölzernen Regalen, alte Tische und Bibliothekskataloge in hölzernen Karteikästen (der Bestand ist natürlich auch über Computer erschlossen) – hier scheint die Zeit auf sympathische Weise ein wenig stehengeblieben zu sein, irgendwo im 19. Jahrhundert, als das Museum mit wissenschaftlichem Bildungsauftrag gegründet wurde.

Stefan Lehmann ist Professor für Archäologie und kann wie Leon oder andere Archäologen ziemlich genau benennen, wann er Fälschungen vermutet. »Es beginnt mit einem Gespür«, sagt er, »mit dem Gefühl, dass bei einer Büste etwas nicht stimmt.« Ihn störte beispielsweise bei der angeblich antiken Bronzebüste »Artemis mit Hirsch«, die im Juni 2007 bei Sotheby's versteigert wurde, das »ausdruckslose Gesicht und die scheinbar perfekte Erhaltung«, die ihn an ein »klassizistisches Werk aus der Zeit um 1800« erinnerte, wie ihn der *Spiegel* am 14. Januar 2008 zitierte. Mit der Stilanalyse ist ein Anfangsverdacht gegeben, im Falle der Artemis einer, dem er nicht nachgehen konnte.

Beispielhaft ist für Lehmann der Alexanderkopf, der im Jahr 2000 in Stendal auftauchte. »Aus dem Nicht heraus«, erinnert sich Lehmann, »und genauso wie er auftauchte, verschwand er später auch wieder.« Von Mitte Juli bis Anfang September 2000 präsentierte das Winckelmann-Museum in Stendal eine echte Sensation: eine bronzene Büste Alexanders des Großen, vom Kopf bis zur Mitte der Brust, mit Teilen der Oberarme. Angeblich gehörte die Bronze einem privaten Sammler, und es gab wohl auch eine Analyse eines Oxforder Labors, die ihr eine antike Herkunft bescheinigte.

Das Winckelmann-Museum untersteht der Winckelmann-Gesellschaft. Deren seit 1990 amtierender Präsident, der Archäologe Max Kunze, der von 1982 bis 1992 Direktor der Antikensammlung an den Staatlichen Museen zu Berlin war, also eine Koryphäe seines Faches, verfasste auch einen Text zur Ausstellung: Eine schmale deutsch-englische Broschüre, in der er die Büste als eine singuläre römische Bronzekopie des 3. Jahrhunderts bezeichnete, entstanden nach einem griechischen Originalwerk aus der Lebenszeit Alexanders, sprich der zweiten Hälfte des 4. vorchristlichen Jahrhunderts. Der ehemalige Kunsthändler Christoph Leon gerät ins Schwärmen: »Alexander? Alexander der Große? Was Tolleres gibt es fast gar nicht auf dem Antikenmarkt.« Er schätzt den Wert eines solchen Exponats auf etwa zehn Millionen Euro. Oder auch mehr. Wenn es denn echt ist. »Leider war der Kopf nicht antik.«

Auch Stefan Lehmann sah das so. Auf 42 Seiten analysierte er später zunächst stilistisch den Kopf, verglich ihn mit anderen Alexanderporträts und auch mit anderen Bronzebüsten – aus der angeblichen Herkunftszeit, dem 3. Jahrhundert, sind nicht viele Bronzekopien nach Porträts hellenistischer Herrscher wie Alexander erhalten. Sein Schluss: Nichts spricht für eine antike Herkunft. Auch erschien die Bronze für eine antike Herkunft an manchen Stellen zu dünn. So betrug ihre Stärke am rechten Schulterblatt nur 0,5 Millimeter, normal bei römischen Großbronzen ist eine Stärke von 2 bis 4 Millimetern, und gerade an einer solchen Stelle hätte die Korrosion eine solch dünne Bronzeschicht schnell zerstört. Zudem fehlten bei der wissenschaftlichen Materialanalyse, die auf den ersten Blick umfassend erschien, wichtige Details. Deren Nachlieferung wurde zwar versprochen, dieses Versprechen aber nie eingelöst. Und nicht zuletzt der Eigentümer der Büste: Es war nicht wirklich ein Sammler, sondern ein berüchtigter Kunsthändler: Robin Symes, über den der *Spiegel* am 21. November 2011 schrieb: »Einst war der ein Strippenzieher des Gewerbes. Zu seinen Kunden zählten saudische Scheichs und russische Oligarchen. Symes fuhr mit Chauffeur im Bentley, er besaß eine Dependance in New York, dazu eine Villa auf einer griechischen Insel. Im Winter weilte er in Gstaad. Zum Faltenglätten besuchte er Schönheitskliniken in Montreux.« Doch verkrachte er sich nach dem Tod seines Lebensgefährten mit dessen reicher Familie. Der Rechtsstreit mit ihr brachte ihm den Konkurs, und er musste 2005 wegen Betrugs für sieben Monate ins Gefängnis. Als man ihn verhaftete, verfügte er über 33 Depots gefüllt mit Kunst und Antiken. Symes gilt auch als einer der Drahtzieher bei den Geschäften, die das Getty-Museum in Kalifornien mit Giacomo Medici machte (siehe Kapitel 7). Als »higly disturbing«, »absolut verstörend«, bezeichnete die Doyenne der Archäologie in den USA und langjährige Herausgeberin des *American Journal of Archaeology,* Brunilde Ridgway, die Zusammenarbeit von Max Kunze mit Robin Symes in einer zustimmenden Rezension von Lehmanns Schrift; eine Zusammenarbeit, die nicht zum ersten Mal erfolgte: Schon 1999 hatte Kunze die Texte zu vier angeblich altgriechischen Bronzeporträts verfasst, die Symes in New York verkaufen wollte. Angeblich, so Kunze am 14. Januar 2008 im *Spiegel*, ohne Honorar erhalten zu haben.

Stefan Lehmann und Christoph Leon halten die vier Köpfe ebenso wie den Alexander aus Stendal für Werke des »Spanischen Meisters«. Inzwischen spricht Lehmann von deutlich über 20 großen Bronzebildnissen, die seiner Meinung nach aus dieser Fälscherwerkstatt stammen. Das klingt zunächst nicht viel, hört sich aber schnell anders an, wenn man weiß, dass nur maximal 300 antike Bronzebildnisse solcher Größe erhalten sind. Zehn Prozent Falsifikate verzerren da die Lehre der antiken Formensprache doch enorm. Doch kennt Lehmann die des »Spanischen Meisters« inzwischen auch sehr gut: Seine Objekte sind fast ausschließlich Büsten und Köpfe, die Torsi wirken immer wie gewaltsam von einer größeren Skulptur abgetrennt, auf den Bronzen finden sich keine Lötstellen, weil sich das nicht nachahmen lässt. Und einer der wichtigsten Punkte: »Die Fälscher benutzen antikes Material«, sagt Stefan Lehmann: »Sie schmelzen antiken Bronzeschrott wie Teile von Statuen oder antike Kleinbronzen ein, um originales Material der Zeit zu verarbeiten und somit bei materialwissenschaftlichen Tests nicht aufzufallen.« Acht Kilogramm brauche man etwa für eine solche Büste. Die reinen Produktionskosten für eine solche Alexanderbüste schätzt Christoph Leon auf 10 000 – 15 000 Euro. Maximal.

Das Material und dessen Analyse sind am Ende die Schlüssel zum Beweis einer Fälschung: »Verhandelt man vor Gericht, so spielen Formensprache, der Stil einer Skulptur und deren Analyse eine sehr untergeordnete Rolle«, sagt Stefan Lehmann. Da steht dann Gutachten gegen Gutachten, das eine beauftragt vom Auktionshaus, das natürlich keine Fälschung zugeben möchte, das andere von dem jeweiligen Wissenschaftler, der eine Fälschung vermutet. »Dann verlassen sich die Gerichte natürlich gern auf die Materialtechnik und deren Weisheit, auf die vermeintlich neutrale Naturwissenschaft. Und wenn das Material dann echt alt ist, dann ist auch das analysierte Stück für die Gerichte vielleicht zwar auch nicht echt, aber nicht bewiesen eine Fälschung.« Deshalb will Christoph Leon auch keine Namen von Auktionshäusern nennen, wenn er von Fälschungen im Online-Katalog spricht. Denn gerichtsfest beweisbar ist das nur schwer.

Vielleicht wird es demnächst etwas einfacher. Denn Stefan Lehmann hat einen neuen Trumpf. Ein Sammler aus der Schweiz suchte vor Jahren seinen Kontakt und übergab Lehmann einen Bronzekopf von Kaiser Augustus – ein Stück, das den meisten Fachleuten wie schon der Alexanderkopf unbekannt war. Hans Humbel hatte den Augustus, der angeblich aus dem 1. Jahrhundert stammte, 1992 für 375 000 US-Dollar in New York gekauft. Ihm waren aber im Laufe der Jahre Zweifel an der Echtheit erwachsen. Denn zum einen hatte sich eine ähnliche Büste als Fälschung entpuppt, zum andern hatte der Verkäufer keine sehr gute Reputation: Er hatte bereits früher unsaubere Geschäfte mit geschmuggelten Antiken gemacht. Nachdem Humbel von der Auseinandersetzung um den Alexander in Stendal erfahren hatte, kontaktierte er 2013 Lehmann. Dessen stilanalytisches Urteil stand bald fest: Fälschung, denn, sehr kurz gefasst, ihm erschien die Darstellung des Kaisers mit den eng zusammenstehenden Augen und den nach unten gebogenen Mundwinkeln zu realistisch. Es folgte eine Analyse des Materialwissenschaftlers Harald Müller im Wiesbadener Institute for Material Science and Authenticity Testing. Der bestätigte Lehmanns Befund. Zwar sei die Bronzelegierung antik, sie stamme vermutlich aus dem 2. Jahrhundert. Auffälliger sei aber die Patina, sprich die Korrosion des Kunstwerks: Sie sei nicht in tieferen Schichten verankert, sondern hafte nur oberflächlich und fließe, was eigentlich bei natürlicher Alterung unmöglich sei, über Strukturgrenzen, also über Kerben und Vertiefungen in der Büste hinweg. Unterhalb der Korrosionsschicht fänden sich auch Spuren moderner Werkzeuge. Außerdem sei manche kleine Kante für ein angenommenes Alter von fast 2000 Jahren viel zu gut erhalten.

Stefan Lehmann spricht davon, dass er überlegt habe, ob das Gutachten wirklich veröffentlicht werden sollte. Die Fälscher könnten schließlich auch lesen, und es seien erwiesenermaßen Fachleute – so bestünde die Gefahr, dass sie es bei den nächsten Fälschungen besser machten. Aber eines sei natürlich immer auffällig: Die marktfrischen Stücke kämen immer aus ungesicherter Provenienz. Bei keinem der Artefakte sei ein Fundort notiert.

Keine gesicherte Herkunft haben auch zwei bronzene Frauenbüsten im Antikenmuseum in Basel. Die »Römische Göttin«, angeblich aus dem 2. Jahrhundert, gilt als eines der Prunkstücke der Sammlung; Stefan Lehmann hält sie schon länger für gefälscht. Das Basler Museum ließ die Bronze analysieren und war hinterher beruhigt: typisch antike Bronze mit den klassischen Verunreinigungen. Also echt. Oder echt gefälscht. Denn der Wiesbadener Materialwissenschaftler Harald Müller wies nach: Die Legierung der Bronze der »Römischen Göttin« gleicht inklusive der Isotopensignatur der des Augustus so sehr, dass es kein Zufall sein kann: »Die beiden Skulpturen wurden zur gleichen Zeit aus dem gleichen Schmelztiegel gegossen«, sagt Lehmann. Wie kann das aber sein, wenn angeblich 100 Jahre zwischen ihrer Entstehung liegen?

Die meisten Fälschungen gelangen durch Antikenhändler oder -auktionen auf den Markt. »Die große Ironie besteht nun darin«, sagt Oscar White Muscarella, »dass alle Stücke der Händler gute Provenienzen besitzen, so dass Fälschungen mit gefälschten Provenienzen den Markt überschwemmen.« Und dieser Markt ist gierig. Stefan Lehmann: »Vor allem in den USA wird von Kuratoren erwartet, dass sie spektakuläre Stücke in die Sammlungen holen. Außerdem ist dort oft sehr viel Kapital für den Ankauf vorhanden.«

Muscarella schreibt in einem Aufsatz über vorderasiatische Fälschungen: »In Wirklichkeit besitzen die meisten öffentlichen, privaten und Universitätsmuseen in Europa, Japan und den USA Antikenfälschungen (als antike Kunst in den Sammlungen bezeichnet); in manchen (ich kenne einige in den USA) sind alle oder die Mehrheit der ausgestellten Antiken gefälscht.« Im selben Aufsatz spricht er von der eigentümlichen Dynamik, die in den

US-Museen herrsche und die dazu führe, dass gefälschte Stücke nicht unbedingt aus den Ausstellungen zurückgezogen würden: »Aus professionellen und sozialen Gründen und nicht zuletzt, um Gelder einzuwerben, arbeiten Kuratoren, Archäologen (oft heimlich) mit mächtigen Sammlern und Händlern zusammen.« Denn schließlich sei eine erfolgreiche Sammlungs- und Ausstellungspolitik das Wichtigste für die Museumskuratoren und -direktoren. Entlarvt man nun Fälschungen im eigenen Museum, könnten die den Ruf der Institution und somit den eigenen schmälern. Muscarella nennt ein Beispiel: »Nach Beratungen mit einem Kollegen nahm ein Kurator im Cleveland Museum of Art eine Fälschung aus der Vitrine, als der Museumsdirektor zufällig vorbeikam. Der fragte, was der Kurator da tue, und als dieser ihm das erklärte, wurde der Direktor wütend und ordnete an, die Fälschung sofort wieder zurückzustellen und das Etikett wieder zurückzulegen.« Muscarella weiter: »Er, der Direktor, der Besitzer, verwandelte so im Handstreich eine Fälschung zum echten Kunstwerk, das weiter ausgestellt wurde.«

Das ärgert den Wissenschaftler, ihn ärgert aber auch, dass Sammler, die ihre Sammlungen, Originale und Fälschungen, an Museen weitergeben, eine Steuerreduzierung erhalten und somit die Steuerzahler letztlich für die Fälschungen berappen. Und nicht zuletzt ärgert es ihn, wenn Händler Leihgaben an Museen geben und sie dann durch eine Ausstellung oder gar durch eine Beschreibung eines prominenten Archäologen oder Kunsthistorikers adeln lassen, wie es in Stendal mit der Alexanderbüste passieren sollte. Christoph Leon nennt es Missbrauch einer alten Institution und verachtenswert, Oscar White Muscarella nennt es Antikenwäsche oder Fälschungswäsche. Denn was in Europa in einer ehrwürdigen Institution ausgestellt wurde, findet in Nordamerika rasch einen Käufer.

Schlimmer scheinen nur noch die Fälschungen durch Archäologen. Die Suche nach Ruhm macht erfinderisch. Der britische Prähistoriker James Mellaart (1925 – 2012) veröffentlichte 1959 einen Grabungsbericht mit 18 Zeichnungen, aber ohne Fotografien. Darin waren große Funde zu sehen: Figurinen, Waffen, Schmuck, Reste eines gewebten Teppichs, auch eine ägyptische Inschrift. Er behauptete, die Grabungsfunde stammten aus Dorak im Nordwesten der Türkei. Der »Schatz aus Dorak« wurde anhand der Zeichnungen studiert, aber bis heute nie gesehen. Ob Mellaart aktiver Fundfälscher war oder nur einem Ring von Antikenschmugglern auf den Leim ging, der versuchte, über ihn Antiken aus der Türkei mit einer Geschichte durch einen bekannten Experten zu versehen, ist umstritten. Auch der deutsche Urgeschichtler Alfred Dieck (1906 – 1989) fabrizierte sich seinen Forschungsgegenstand selbst und kam damit zu Ruhm und Ehren. Erst Jahre nach seinem Tod fand man heraus, dass seine Publikationen über Moorleichen in Europa mehr seiner Fantasie als wirklich nachprüfbaren Quellen entstammten. So konnte man von seinen 655 in Niedersachsen angeblich überlieferten Moorleichenfunden nur 70 verifizieren. Der Japaner Shin'ichi Fujimura schließlich baute seine archäologische Karriere auf Fälschungen steinzeitlicher Artefakte auf, die er selbst vergrub, um sie dann spektakulär aufzufinden. Immer auch unter großer Anteilnahme der Medien in Japan, was schließlich zu einer Umdatierung des japanischen Paläolithikums führte. Im Jahr 2000 wurde Fujimura beim Vergraben von Steinartefakten fotografiert, die er wenige Tage später stolz als Funde präsentierte.

Ach so, der Alexanderkopf von Stendal. Der ist übrigens seit dem Ende der dortigen Ausstellung verschwunden. Jedenfalls weiß niemand, wo er wohl ist. Vielleicht weiß es Robin Symes. Vielleicht wurde der Kopf aber auch, so vermutet Stefan Lehmann, eingeschmolzen. Vielleicht wird er recyclet. Zu einer echten antiken Büste, die irgendwo auftauchen wird.

11
Ein grauer Markt: Die Dimensionen des Handels mit illegalen Kulturgütern

Internationale Organisationen wie Interpol, UNESCO oder UNODC gehen von einem Volumen von 6 – 8 Milliarden Euro pro Jahr aus.
Silvelie Karfeld, Kriminalhauptkommissarin beim Bundeskriminalamt

Betritt man an einem hellen Sommertag das Archäologische Zentrum in der Berliner Mitte, so benötigt man im Foyer eine Sonnenbrille. Strahlend reflektieren die Wände das Sonnenlicht, auch die Treppe und die Empore. Zwei Treppen hoch gelangt man in den Verwaltungstrakt des Vorderasiatischen Museums. Im Vorraum hängt die Kopie eines schreitenden Löwen von der Prozessionsstraße in Babylon aus der Zeit König Nebukadnezars II. (604 – 562 v. Chr.) an der weißen Wand, dann öffnet sich die weiße Tür, dahinter erneut ein weißer Gang. Auch im Büro des Museumsdirektors Markus Hilgert ist Weiß die vorherrschende Farbe – doch dreht sich unser Gespräch um Dunkelfeldforschung.

Dunkelfeldforschung definiert das Bundeskriminalamt auf seiner Webseite so: »Das Ziel von Dunkelfelduntersuchungen ist es, Erkenntnisse über das Gesamtaufkommen bestimmter Straftaten einschließlich des sog. (relativen) Dunkelfeldes, also den bei der Polizei nicht bekannten Straftaten, zu gewinnen. Denn während sich amtliche Kriminalstatistik lediglich auf das ›Hellfeld‹ amtlich registrierter Vorgänge – und somit nur auf einen kleinen Ausschnitt von Kriminalität – bezieht, versuchen Dunkelfelduntersuchungen ein etwas umfassenderes Bild von Umfang und Struktur von Kriminalität zu liefern.«

Seit März 2015 läuft ein zunächst auf drei Jahre befristetes Forschungsprojekt mit dem sperrigen Titel »Verfahren zur Erhellung des Dunkelfeldes als Grundlage für Kriminalitätsbekämpfung und -prävention am Beispiel antiker Kulturgüter (ILLICID)«, das den illegalen Handel mit Kulturgut in Deutschland genau untersuchen soll. Kooperationspartner sind die Stiftung Preußischer Kulturbesitz (SPK), das Fraunhofer-Institut für Sichere Informationstechnologie (SIT), Darmstadt, und GESIS – Leibniz-Institut für Sozialwissenschaften, Mannheim, dazu kommen als assoziierte Partner das Auswärtige Amt, die Bundesbeauftragte für Kultur und Medien, das deutsche und das österreichische Bundeskriminalamt, das Deutsche Archäologische Institut, der Deutsche Museumsbund, das Heidelberg Zentrum Kulturelles Erbe an der Universität Heidelberg, das Hessische Landeskriminalamt, die Hochschule Harz, der Verband Unabhängiger Kunstsachverständiger in Stuttgart, das Zollkriminalamt Köln, die UNESCO, die Deutsche UNESCO-Kommission, der Internationale Museumsrat ICOM sowie das Zentrum für Europäische und Internationale Strafrechtsstudien der Universität Osnabrück. Koordinator des Ganzen ist Markus Hilgert vom Vorderasiatischen Museum in Berlin. »Das Bundeskriminalamt hat ja das Problem, dass der illegale Handel mit Kulturgut zunimmt«, sagt Markus Hilgert, »und gerade der illegale Handel mit antikem Kulturgut.« Zwar sind Gewinne aus illegalem Handel mit Kulturgütern nach Einschätzung internationaler Organisationen ein wichtiges Standbein organisierter Kriminalität, und Deutschland ist dabei gegenwärtig ein bedeutender Markt- und Transitstaat, doch kennt man weder die Akteure genauer, noch weiß man, wie sie handeln, noch welche Netzwerke und Vertriebswege sie genau nutzen.

Auch anderswo stochert man im Nebel. In Glasgow am Scottish Centre for Crime and Justice Research forscht Neil Brodie gemeinsam mit Kollegen seit einigen Jahren an ähnlichen Zusammenhängen. Sein Fazit nach einigen Jahren der Marktbeobachtung: »Es ist nun sicher, dass man beim Antikenmarkt nicht genau von einem legalen und einem illegalen Teil sprechen kann; er wird besser wie von Kriminalisten als ›grauer Markt‹ beschrieben. Legale Händler und Handlungen ermöglichen den An- und Verkauf von illegal erworbenen Artefakten in einer Art, die allgemein als Wäsche bezeichnet wird. Der legale und der illegale Markt können nicht getrennt voneinander existieren.«

Der Berliner Rechtsanwalt Robert Kugler, der in Kulturgüterschutzklagen oft lateinamerikanische Staaten vertritt, vergleicht – wissend, dass alle Vergleiche hinken – den illegalen Antikenmarkt mit dem für Drogen: »Die Parallele zum Drogenhandel besteht darin, dass sich mit relativ wenig Einsatz der Wert des Handelsobjektes vervielfacht, sobald man dieses aus dem Ursprungsland ins Handelsland gebracht hat. Dieser Grenzsprung führt auch zu einem Sprung des Verkehrswertes oder des erzielbaren Gewinns.« Und übereinstimmend mit Brodie stellt er fest: Im Unterschied zum Drogenhandel sei der mit illegalen Antiken sogar noch gefahrlos – denn Drogen seien weder legal noch außerhalb einer bestimmten Szene toleriert –, die Grabungen und der Schmuggel der Antiken seien zwar untersagt, der Handel und das Sammeln aber meist legal, fast immer toleriert und oft sogar hochangesehen.

Vorsichtig ist Neil Brodie, wenn es um den Umfang des illegalen Antikenhandels weltweit geht: »Ich kann nicht sagen, wieviel Geld da umgesetzt wird. Niemand weiß es genau. Das sind grobe Schätzungen und werden immer Schätzungen bleiben.« Auch Markus Hilgert verweist auf fehlende oder unsichere Erhebungen. Sicher ist für Brodie nur: »Die Leute, die das Geld verdienen, sind diejenigen, die am Ende der Handelskette sitzen, in Europa, Amerika oder auch in Asien. Die am Anfang der Kette erhalten in der Regel weniger als ein Prozent des endgültigen Verkaufspreises.«

Auf der einen Seite beziffern Experten wie Silvelie Karfeld vom Bundeskriminalamt und auch zahlreiche Archäologen die Jahresumsätze mit illegalen Antiken bei sechs bis acht Milliarden US-Dollar – gestützt auf die UNESCO und das UN-Büro für Drogen- und Verbrechensbekämpfung (United Nations Office on Drugs and Crime, UNODC), auf der anderen Seite zweifeln Handelsvertreter diese Zahlen an: Laut der Webseite der International Association of Dealers in Ancient Art (IAADA) beträgt der »jährliche Umsatz aller europäischen und US-amerikanischen Auktionshäuser und Antikenhändler zusammengenommen im Jahr 2013 höchstens zwischen 150 und 200 Millionen Euro«. Und weiter: »Wir zweifeln deshalb die von offizieller Seite geschätzten 6 – 8 Milliarden US $ an. Wir gehen davon aus, dass diese völlig überhöhte Zahl willkürlich geschätzt wurde, um Politiker und Journalisten zu beeindrucken.«

Ein Widerspruch, der sich nicht auflösen lässt. Im Oktober 2001 veröffentlichte das Kölner Max-Planck-Institut für Gesellschaftsforschung eine Studie von Frank Wehinger »Illegale Märkte. Stand der sozialwissenschaftlichen Forschung«, aus der hier eine Passage zum Literaturüberblick zitiert wird (die genannten Titel finden sich alle vollständig zitiert im Quellenverzeichnis dieses Buches). Wehinger schreibt: »Als Gesamtgröße des illegalen Marktes werden regelmäßig 6 bis 8 Milliarden US-Dollar (Umsatz/Jahr) angegeben, was ihn nach weitverbreiteten Aussagen zum drittgrößten illegalen Markt nach denen für Drogen und Waffen macht (so Schätzungen von UNESCO und FBI nach Anton 2010a: 2). Nach Conklin (1994: 119) werden jährlich Kunstgegenstände im Wert von einer Milliarde US-Dollar illegal gehandelt, wovon 10 Prozent Diebesgut und davon der Großteil illegale Antiken sind. Den Umsatz mit Antiken aus illegalen Quellen schätzen europäische Archäologen auf 4,5 Milliarden US-Dollar und spezialisierte britische und US-amerikanische Polizeieinheiten auf 300 Millionen bis 6 Milliarden US-Dollar (Gill/Chippindale 2002: 51).«

Auch wenn keine gesicherten Zahlen über den Umsatz des illegalen Antikenhandels vorliegen, gibt es valide Untersuchungen darüber, woher Kunstwerke stammen und in welchem Umfang ihre Herkunft unbelegt ist. Beispielhaft ist hier eine Studie der beiden britischen Archäologen David Gill und Christopher Chippindale von 1993, deren Inhalt Peter Watson in seinem Buch »Die Medici-Verschwörung« wiederum so zusammenfasst: »Ihre Studie zeigt, dass der gesamte Antiquitätenhandel eine einzige böse Geschichte ist – ein auf Raubgut gegründetes Geschäft, voller Eitelkeit, Habgier und Betrug.« Die beiden Archäologen untersuchten die Herkunft von Figuren und Idolen von den Kykladen, jener wundervollen und von Sammlern sehr geschätzten abstrakten Marmorfiguren aus der frühen Bronzezeit. Sie stöberten in Katalogen und fanden, dass von den dort etwa 1600 genannten Skulpturen nur etwa zehn Prozent eine gesicherte Herkunftsbezeichnung hatten – es also Aufzeichnungen darüber gab, wann sie wo gefunden wurden. Die restlichen 90 Prozent tauchten einfach so aus dem Nirgendwo auf, meist in privaten Sammlungen, mitunter versehen mit einer »vermutlich von dort oder dort« stammenden Herkunftsbezeichnung. Die meisten erschienen zudem seit den

1960er Jahren erstmals auf dem Antikenmarkt – für die 1950er und 1960er Jahre sind Raubgrabungen auf den Kykladen zahlreich dokumentiert. Weitere Untersuchungen bestätigten Gills und Chippindales Urteil. Besonders interessant ist, was die beiden Autoren an veränderten Herkunftsbezeichnungen bei denselben Objekten fanden. So tauchten Figuren von den Kykladen beispielsweise in der schon erwähnten Karlsruher Ausstellung (siehe Kapitel 7) mit dem Vermerk »Herkunftsort unbekannt« auf, dieselben Figuren wurden später in anderen Ausstellungen erneut gezeigt, dort aber mit klaren Ortsbezeichnungen. Für wissenschaftliche Redlichkeit spricht das nicht eher für den Versuch von Provenienzfälschung.

Schließlich untersuchten Chippindale und Gill im Jahr 2000 die Kataloge von sieben großen internationalen Antikenausstellungen auf die Zuverlässigkeit der Provenienzen – drei Ausstellungen mit Werken aus den Sammlungen jeweils eines einzelnen Sammlers, drei Ausstellungen mit Werken aus den Kollektionen verschiedener Sammler und eine Museumssammlung. Ihr Befund war wesentlich übler als erwartet und begründete das sogenannte Chippindale'sche Gesetz, das sarkastisch formulierte: »Wie schlimm auch immer du die Dinge eingeschätzt hast – in Wirklichkeit sind sie noch schlimmer.« Ihre Untersuchung ergab: Von 1396 Objekten besaßen nur 29 (= 2 Prozent) einen dokumentierten archäologischen Kontext. 1039 Objekte (= 74 Prozent) waren vor 1973 überhaupt nicht bekannt, und 529 Antiken (= 38 Prozent) wurden in diesen Ausstellungen überhaupt zum ersten Mal gezeigt. Es gab für sie keinerlei Objektgeschichte, was ein ziemlich sicherer Hinweis auf Raubgrabung ist.

So lässt sich zumindest begründet vermuten, dass der Anteil des illegalen Handels sehr groß ist. Zumal, wenn man auch die Länder betrachtet, deren Antiken normalerweise nicht so ausgeprägt wie die Italiens, Griechenlands oder Ägyptens im Fokus stehen. Altertümer waren lange das wichtigste Schmuggelgut aus China, und präkolumbische Kunst aus Lateinamerika wird im europäischen Markt immer populärer. Gibt es Verkaufsverbote aus bestimmten Regionen, so ändern sich die Herkunftsbezeichnungen schnell: Nachdem im April 1991 die US-Regierung beispielsweise Handelsbeschränkungen für Maya-Objekte aus der

Petén-Region in Guatemala erlassen hatte, wurden von 1992 bis 1999 nur noch zwei Objekte mit dieser Herkunftsbezeichnung bei Sotheby's angeboten, zuvor waren es Hunderte gewesen. Gleichzeitig stieg aber die Anzahl der Angebote, die das viel vagere guatemaltekische »Tiefland« als Herkunftsbezeichnung trugen, exorbitant.

Ähnliches konnte man nach dem Irakkrieg 2003 beobachten (und man wird es wohl auch in Zukunft bei Antiken sehen, die aus Syrien stammen): Nach der US-amerikanisch geführten Invasion in den Irak 2003 setzte ein massiver Handel mit Antiken ein. Allein aus dem Irakischen Nationalmuseum in Bagdad wurden damals 15 000 Artefakte entwendet, wovon sich etwa 7000 wiederfanden. Die restlichen werden wohl auf irgendwelchen Auktionen oder sonst wo im Kunsthandel irgendwann auftauchen. Nicht mit der Herkunftsbezeichnung Irak, denn seit Juli 2003 ist der Handel von irakischen Antiken innerhalb der Europäischen Union verboten. Dann hilft dem Händler, ebenso wie bei syrischen Antiken, vielleicht die Bezeichnung »Zweistromland«, denn die ist nicht eindeutig staatlich zuordenbar. Was das für die Wissenschaft bedeutet, steht auf einem anderen Blatt.

Die Dunkelfeldforschung tut not. Denn der Markt ist grau, wie der Exschmuggler, Marktbeobachter und selbst lange im Dunkelfeld agierende Michel van Rijn sagt: »Ich glaube, ein seriöser Händler handelt mit etwa 60 Prozent legalen Antiken. Beim Rest ist er schwach geworden und hat eine Geschichte übernommen, von der er wusste, dass sie nicht ganz sauber ist.« Für den ehemaligen Kunsthändler Christoph Leon aus Basel ist alles handelbar gewesen, was vor 1970, der Verabschiedung des UNESCO-Abkommens, aus den Herkunftsländern kam – egal wie deren eigene Gesetze das sahen. Der *Spiegel* resümiert am 8. Dezember 2014 in einer Geschichte über den Antikenhandel: »Objekte im Handel, die eindeutig ›weiß‹ sind, bei denen also Fundort wie auch Eigentümerhistorie feststehen, gibt es wenige. Manche Antiken dagegen sind ›schwarz‹, weil sie aus Sammlungen oder Museen gestohlen wurden. Der überwiegende Teil der Objekte aber ist ›grau‹, weil die Herkunft nicht gesichert ist. ›Die Kunsthändler sagen, grau ist weiß, weil es ja eindeutig nicht schwarz ist‹, erklärt der Archäologe Luca Giuliani, Rektor des Berliner Wissenschaftskollegs, ›und wir Archäologen sagen, grau ist schwarz, weil es ja nicht eindeutig weiß ist.‹«

Für Michael Müller-Karpe vom Römisch-Germanischen Zentralmuseum in Mainz gibt es ebenso wie für Oscar White Muscarella keine weißen, sauberen Antiken. Auch keine grauen. »Jede Antike im Handel«, sagt der streitbare New Yorker, und der Kollege aus Mainz würde zustimmen, »jede Antike im Handel stammt entweder aus einer Plünderung – oder sie ist eine Fälschung.«

Markus Hilgert ist froh darüber, dass sein Forschungsprojekt jetzt anläuft. Er wünscht sich, dass am Ende neben wissenschaftlichen Erkenntnissen praktische Handlungsempfehlungen herauskommen, auch für Nichtwissenschaftler oder Nichtmuseumsleute. »Für Zollbeamte zum Beispiel, für Personen in Ministerien, also zum Beispiel bei der Bundesbeauftragten für Kultur und Medien oder auch im Auswärtigen Amt. Auch für die Ermittlungsbehörden wie die Landeskriminalämter oder das Bundeskriminalamt.« Durchaus optimistisch hofft er: »Dass man auch weiß, welche Maßnahmen man gegen den illegalen Handel mit Kulturgut ergreifen kann.«

Andere sind da weniger hoffnungsfroh, sondern halten sich eher an das Chippindale'sche Gesetz. So Christoph Leon. »Der Kunsthandel ist wie fließendes Wasser«, sagt er mir: »Er findet immer seine Wege. Das ist so.«

12
Schutzgesetze? Rechtliche und politische Bemühungen sowie Versäumnisse beim Kulturguthandel

Es war einfach. Manchmal muss man einfach das Schlupfloch finden.
Michel van Rijn, ehemals Kunstschmuggler

Im Herbst 2014 treffe ich mich mit Robert Kugler, einem Rechtsanwalt in Berlin. Er ist Anwalt in einer größeren Kanzlei und spezialisiert auf Kulturgüterschutz. Er vertritt häufig lateinamerikanische Länder bei Rückgabeforderungen und soll mir die komplizierten Verstrickungen solcher Verfahren erläutern.

Grundlage des Kulturgüterschutzes, so erklärt er mir, ist das UNESCO-Abkommen von 1970, das einen Mindeststandard setzte: Nach langen Verhandlungen in den 1960er Jahren wurde das Abkommen geschlossen. Es gab Vorläufer: Schon nach dem Ersten Weltkrieg wurde im Völkerbund darüber debattiert, wie man Altertümer und Antiquitäten schützen könne; der Vertrag von Sèvres wurde allerdings nie ratifiziert. In den 1930er Jahren legte das Office International de Musées einen Konventionsentwurf zum Schutz von Kulturgut vor; er scheiterte am Widerstand einiger Länder – vor allem denen mit einem starken Kunsthandel – und am Ausbruch des Zweiten Weltkrieges. 1954 wurde die Haager Konvention zum Schutz von Kulturgut in Kriegszeiten verabschiedet, später folgten Empfehlungen zum Schutz archäologischer Stätten – vor allem die Staaten, die reich an solchen sind, drängten darauf. Schließlich legte die UNESCO 1970 den Entwurf eines »Übereinkommen[s] über Maßnahmen zum Verbot und zur Verhütung der unzulässigen Einfuhr, Ausfuhr und Überbringung von Kulturgut« vor, der am 16. November 1970 von der UNESCO-Versammlung angenommen wurde.

Ziel des Übereinkommens ist es, international Kulturgut anderer Länder zu schützen – sprich Objekte und Artefakte, die ein

Land für sich als besonders wertvoll bezeichnete und meist in Museen, Bibliotheken oder Sammlungen aufbewahrte, zurückzugeben, sollten sie in einem anderen Land beispielsweise nach einem Diebstahl wieder auftauchen. Dieses UNESCO-Abkommen wurde nach und nach von vielen Ländern in nationale Rechtsprechung überführt – die USA schafften das immerhin schon in den 1980er Jahren, die deutschsprachigen Länder brauchten erheblich länger: Die Schweiz verabschiedete ihr Bundesgesetz über den internationalen Kulturgütertransfer zwar schon 2003, es trat aber erst im Juni 2005 in Kraft. In Deutschland dauerte es gar bis Mai 2007, bis das Kulturgüterrückgabegesetz (mit dem bizarren Originaltitel »Gesetz zur Ausführung des UNESCO-Übereinkommens vom 14. November 1970 über Maßnahmen zum Verbot und zur Verhütung der rechtswidrigen Einfuhr, Ausfuhr und Übereignung von Kulturgut und zur Umsetzung der Richtlinie 93/7/EWG des Rates vom 15. März 1993 über die Rückgabe von unrechtmäßig aus dem Hoheitsgebiet eines Mitgliedstaats verbrachten Kulturgütern«) verabschiedet wurde. Es trat am 29. Februar 2008 in Kraft, 38 Jahre nach dem Abkommen. Doch damit sei Deutschland noch nicht Klassenletzter, sagt Kugler: »Österreich hat die UNESCO-Konvention zwar unterzeichnet, aber immer noch nicht in nationale Gesetzgebung umgesetzt, ähnlich wie beispielsweise Belgien.«

Monika Grütters ist Beauftragte der Bundesregierung für Kultur und Medien, etwas ungenau formuliert: Kulturstaatsministerin. Sie weiß, warum das Gesetz erst so spät verabschiedet wurde. »Dreißig Jahre lang sind wir der UNESCO-Konvention nicht beigetreten, weil wir dem deutschen Kunsthandel keine unnötigen Lasten aufbürden wollten. Aber wir haben anlässlich des Irakkrieges gemerkt, dass das eine falsche Prioritätensetzung ist. Ganz deutlich. Dann haben wir aber ein Gesetz verabschiedet, bei dem wir sehr viel Rücksicht auf den deutschen Kunstmarkt genommen haben, weil wir ihm nicht mehr bürokratische Pflichten auferlegen wollten als nötig.«

Manch einer hingegen sagt, das Gesetz sei auch so spät und dann in dieser Form verabschiedet worden, weil Kunst- und Antikenhändler sehr erfolgreich interveniert hätten. Die Kunsthandels- und Sammlerlobby ist stark und in der Regel gut vernetzt.

Antiken findet man normalerweise nicht – so Silvelie Karfeld trocken – in Haushalten von Hartz-IV-Empfängern. Im Gegenteil, die Sammler sind oft – so Markus Hilgert – »Akademiker, die über entsprechende Finanzmittel verfügen: Das können Professoren sein, das können Rechtsanwälte sein, Ärzte, vielleicht auch Richter«. Karfeld, die Kommissarin vom BKA, sagt über den Gesetzgebungsprozess von 2007: »Ich hab das Gesetz erlebt, im Anfangsstadium, als es entwickelt wurde, da war es hervorragend, und dann ging es den Weg durch die Gesetzgebungsprozesse und wurde immer weiter verwässert, und wer sich mit Gesetzgebungsprozessen auskennt, weiß, in welcher Form man gegebenenfalls Einfluss nehmen kann.«

Kernpunkt des Gesetzes von 2007 war das Listenprinzip. Das heißt, dass ein Kunstwerk nicht nach Deutschland darf, wenn es auf einer Liste des Herkunftsstaates steht. Damit wird ein Prinzip gespiegelt, das in Deutschland und in der EU schon länger existiert: »Wir haben tatsächlich bundesweite, aber länderbezogene Listen von Kulturgütern, die Deutschland nicht verlassen dürfen«, so Grütters. Daneben existiert eine EU-Regelung über die Ausfuhr von Kulturgütern, die sagt, dass alle Kunstwerke, die älter als 50 Jahre sind, eine Ausfuhrgenehmigung brauchen, wenn sie die EU verlassen sollen. Auf diesen Listen stehen Kunstwerke aus Museen und öffentlichen Sammlungen, so sie denn korrekt geführt sind. Robert Kugler bezeichnet diese Listen als »eine Art Mindestkatalog, einen Kanon an Objekten, den jedes Land für sich als besonders wertvoll definiert. Das sind in der Regel Objekte, die in Museen oder Sammlungen aufbewahrt werden.« Für die brauche man das UNESCO-Abkommen aber eigentlich gar nicht, denn diese Objekte hätten beispielsweise Registrierungs- oder Katalognummern. Wenn die auf den Markt kämen, wäre es eigentlich einfach nachzuweisen, dass sie gestohlen seien. »Die bekommt man dann auch auf anderen Wegen als über das UNESCO-Übereinkommen zurück. Das lässt sich zivilrechtlich verhandeln.«

Auf der sachsen-anhaltinischen Liste des Kulturgutes ist seit Januar 2012 auch die Himmelsscheibe von Nebra verzeichnet, denn diese Listen werden immer wieder aktualisiert, erneuert und ergänzt. Obwohl es im Falle der Himmelsscheibe immerhin knapp zehn Jahre dauerte, bis sie nachgetragen wurde. Doch, und das ist genau die Krux am Listenprinzip, bis Juli 1999, als die Himmelsscheibe von Raubgräbern gefunden wurde, konnte sie nicht auf einer Liste stehen – sie steckte schließlich noch tief im Boden, und niemand wusste von ihr. Das gilt natürlich auch für viele Antiken und Artefakte aus Ägypten, dem Irak, dem Iran oder Syrien: Illegal ausgegrabene Antiken können überhaupt nicht auf solchen Listen auftauchen. Zudem haben Staaten, in denen Krieg geführt wird, keine ausgefeilten Kulturgüterschutzlisten. Und es gibt sehr viele Staaten, die gar kein Listenprinzip kennen, sondern nur allgemeine Kulturgüterschutzgesetze für ihre nationalen Kulturgüter verabschiedet haben.

»Das Problem ist«, sagt Robert Kugler, »dass es da, vereinfacht gesagt, verschiedene Sprachen innerhalb des Rechts gibt. Und die sind momentan schwer übersetzbar oder nicht miteinander kompatibel. Die Herkunftsländer oder viele Herkunftsländer bezeichnen archäologische Funde, ob bekannt oder nicht bekannt, ob im Boden oder wo auch immer, *per se* als Staatseigentum.« Daran knüpfen sie Ausfuhrverbote und Besitzverbote, wenn Funde gemacht werden, oder auch Anzeigepflichten, wenn man zufällig etwas findet. »So versuchen sie ihr kulturelles Erbe zu schützen. Das sind insbesondere die Länder mit reichem archäologischen Erbe.« Gegensätzlich dazu würden die sogenannten Marktländer agieren, sprich Staaten wie Deutschland, die Schweiz, Belgien, Großbritannien oder auch die USA. Dort würde man dieses globale Konzept eines umfassenden Schutzes nicht kennen. »Kulturgüter sind hier in der Regel Objekte wie jeder andere Gegenstand auch und werden so behandelt.«

Das führt in der Folge zu merkwürdigen Verfahren. Denn wenn die Artefakte nicht auf Listen stehen, greift das Gesetz nicht. Die »Anwendungsvoraussetzungen des UNESCO-Übereinkommens oder des entsprechenden Ausführungsgesetzes sind nicht einschlägig, und dann hat man keine hoheitliche Zugriffsmöglichkeit«, sagt Kugler. Dann bleibt dem Staat, der das Objekt zurückhaben möchte, nur noch eines. »Er kann sich an die Zivilgerichte wenden und sagen: Ich bin Eigentümer, die Person X ist nicht Eigentümer. Dann wird rechtlich geklärt, wer wie wann wo Eigentümer geworden ist und wer möglicherweise sein Eigentumsrecht nicht mehr durchsetzen kann.« Dabei muss derjenige, der behauptet, ursprünglich Eigentümer zu sein und ein gültiges Eigentumsrecht zu besitzen, erst einmal alle Tatsachen vortragen. Der sich Verteidigende kann sich zunächst einmal lässig zurücklehnen. Er kann den Beweis dafür verlangen, dass das Objekt unrechtmäßig außer Landes geschafft wurde und er es unrechtmäßig erworben hat.

Doch auch dann ist das Eigentumsrecht in Deutschland noch lange nicht durchgesetzt, falls irgendwo in der Kaufs- und Verkaufskette ein oder mehrere »gutgläubige Erwerbe« stattfanden. Denn damit hat der neue Eigentümer dann, so Kugler, »einen gültigen Eigentumstitel erlangt, den er dem ursprünglichen Eigentümer gegenüber halten kann. Die Folge ist, dass der ursprüngliche Eigentümer sein Eigentumsrecht nicht mehr durchsetzen kann. Das hat er zwar noch theoretisch, aber es ist nicht mehr durchsetzbar. Er kann nicht mehr die Herausgabe verlangen.«

Hinzu kommt für die neuen Eigentümer zumindest in Deutschland ein weiteres Faktum, das Michael Müller-Karpe benennt. Wenn ein Objekt nur lange genug in stillem Besitz war, dann kann es irgendwann gefahrlos verkauft werden. »Nach 30 Jahren verjährt das Herausgaberecht des Eigentümers, also der Eigentümer einer Sache bleibt zwar noch Eigentümer, aber sein Recht, die Herausgabe vom Besitzer zu fordern, erlischt nach 30 Jahren.« Eine alte Quittung, die belegt, dass man etwas vor 1985 gekauft hat, ein 30 Jahre altes Familienfoto, auf dem das Objekt im Hintergrund zu sehen ist, reichen dann, um einen unumstößlichen Eigentumsanspruch zu begründen.

Ich berichte Robert Kugler vom Fall des ägyptischen Wandbildes in der Sammlung Preuß, dem gutgläubigen Erwerb des Wandbildfragments wohl schon durch den Händler und später durch das Ehepaar. Obwohl das Objekt aus einer dokumentierten Ausgrabungsstätte stamme, die über Jahre hin auch bekannt war, nicht nur der Wissenschaft, sondern auch allgemein, »greift der neue Eigentumstitel«. Verkürzt gesagt, das Problem ist: In Deutschland gilt deutsches Recht. Zwar hat Michael Müller-Karpe irgendwie recht damit, wenn er sagt, dass archäologische Funde in der Regel Restriktionen unterworfen seien, »Restriktionen bezüglich Eigentumserwerb und Export. Und wenn jemand die Ausnahme von dieser Regel für sich in Anspruch nimmt und sagt, ausnahmsweise durfte man dieses Objekt doch exportieren, dann muss er diese Ausnahme beweisen. Und wenn er das nicht kann, greift der gesetzliche Regeltatbestand, und der besagt, dass griechische Objekte, griechische Antiken beispielsweise, im öffentlichen Eigentum von Griechenland sind. Und zwar seit 1834, also nicht erst seit gestern, sondern seit vielen Generationen.« Für Müller-Karpe und viele seiner Archäologenkollegen ist entscheidend, ob ein Objekt entweder mit einer Ausfuhrgenehmigung (sprich mit beweisbaren Papieren) oder vor einem allgemeinen Ausfuhrverbot des Herkunftslandes dasselbe verlassen hat.

Ich schreibe Müller-Karpe eine Mail, nachdem ich in dem Internet-Auktionshaus *www.e-tiquities.com* das Angebot eines 3,5 Zentimeter großen Stierkopfs aus Mesopotamien für 17 500 US-Dollar sehe. Die Provenienz lautet: »Ex-Collection J. P. Barbier, Catalogue Bronzes Antiques de la Perse, Paris Hotel Drouot, 27 Mai 1970, no 174«. Ich frage ihn, ob das Stück aus einer illegalen Grabung stamme. Denn käme es aus einer offiziellen, hätte es das Land doch wohl nie verlassen dürfen, es sei denn, die Grabung hätte vor Verabschiedung des irakischen Antikengesetzes, also irgendwann im frühen 19. Jahrhundert, stattgefunden, oder es lägen gültige Dokumente aus dem Irak (Grabungslizenz, amtliche Fundmeldung, Exportlizenz) vor. »Sehe ich das so richtig?« Müller-Karpes Antwort: »Sie sehen das völlig richtig. Wenn es Nachweise für eine legale Herkunft gäbe, hätte dies der Händler natürlich angegeben, denn damit könnte er einen deutlich höheren Preis erzielen als mit offensichtlicher Hehlerware aus Raubgrabungen. Solch legale Dinge sind aber am Markt so gut wie nicht verfügbar. Wo sollen sie auch herkommen? Die Ausfuhr z. B. von irakischen Antiken ist seit 1869 verboten. Seit 1889 befinden sie sich grundsätzlich im öffentlichen Eigentum, und seit 1906 ist der Handel damit verboten. Aus diesem Grund werden Sie im Handel auch kaum eine irakische Antike mit Exportdokumenten des Landes der Fundstelle finden können. Solche wurden schlichtweg nicht ausgestellt.« Und weiter: »Die Angabe, dass der Stierkopf 1970 versteigert wurde, besagt nur, dass es keine Nachweise für eine legale Herkunft gibt. Für den Händler und den potentiellen Käufer ist das Datum aber insofern wichtig, als der Herausgabeanspruch des Eigentümers (die Republik Irak) in manchen Staaten (z. B. in Deutschland) nach 30 Jahren verjährt.«

In Griechenland gilt das Exportverbot seit 1834, im Osmanischen Reich gab es seit 1869 einen staatlichen Genehmigungsvorbehalt für den Export. Ohne Exportdokumente war seit 1869 im Osmanischen Reich und allen Nachfolgestaaten die Ausfuhr von archäologischen Objekten verboten. In Ägypten wurde bereits 1835 mit einem ersten Gesetz die unerlaubte Ausfuhr von Antiquitäten verboten, sprich schon damals brauchte man eine Genehmigung. Seit 1880 durften Antiquitäten nur noch mit staatlicher Lizenz verkauft werden, ab 1951 nur noch Stücke, bei denen der Staat bereits eines von der gleichen Art besaß, ausgeführt werden. Seit 1983 sind alle Altertümer staatliches Eigentum und dürfen nicht mehr gehandelt werden.

Doch zwischen Müller-Karpes Auffassung, mit der er »irgendwie« recht hat, und dem Recht gibt es eine Kluft. Das Landgericht Frankfurt am Main hat am 18. August 2011 entschieden (schriftlich niedergelegt am 19.11.2011, Aktenzeichen: 2-13 O 212/10), dass »hinsichtlich der Frage des Eigentumserwerbs bei grenzüberschreitendem Bezug der Grundsatz des *lex rei sitae* [gilt, G.W.]. Danach entscheidet über Erwerb, Inhalt und Verlust des Eigentums die Rechtsordnung des Staates, in dem sich die Sache befindet. Das gilt auch für Kulturgüter.« Das heißt im Klartext: Über das Eigentumsrecht an Antiken wird nach den Gesetzen entschieden, die in dem Land gelten, in dem sich das Stück zum Zeitpunkt des Verfahrens befindet. Wenn in Deutschland, dann nach deutschem Recht. Und im selben Urteil wurde auch noch entschieden, dass selbst ein eventueller Verstoß gegen die Exportverbote des Landes, aus dem das Objekt stammte, den Eigentumserwerb in Deutschland nicht verhindert. Das Urteil wurde am 4. Februar 2013 vom Oberlandesgericht Frankfurt bestätigt und kann daher als Folie für weitere Urteile gelten (Aktenzeichen: 16 U 161/11 2-13 O 212/10).

Ohne das Urteil und das Gericht schelten zu wollen, kann man darin vielleicht eine gewisse Überheblichkeit konstatieren, vor allem bei dem Punkt, dass es dem Gericht so offensichtlich egal war, ob die Antike das Herkunftsland legal oder illegal verlassen hat. Michael Müller-Karpe kämpft für seine Rechtsauffassung, dass man auch in Deutschland das Recht der Herkunftsländer anerkennt, die Anwälte der Sammler und Händler für die durch das Oberlandesgericht Frankfurt festgeschriebene. Beide tun dies mit harten Bandagen. Nach Müller-Karpes Verständnis kann man kein Eigentum an Dingen erwerben, die illegal aus den Herkunftsländern verbracht wurden, deshalb spricht er immer wieder von »Hehlerei«, wenn er den Antikenhandel meint. Deshalb weigerte er sich in einigen Fällen auch, trotz gerichtlicher Aufforderungen, Artefakte, die von der Polizei beschlagnahmt und dem Museum zur Begutachtung überlassen wurden, wieder an die Händler herauszugeben. Er findet das Verfahren perfide: »Ich begutachte als Sachverständiger diese Dinge, stelle zuerst fest, dass sie echt sind und dass sie beispielsweise aufgrund ihrer Seltenheit einen sehr hohen materiellen Wert besitzen. Dann gehen sie zurück an den Antikenhehler, der das Gutachten eines anerkannten Sachverständigen dazu nutzen kann, noch mehr Geld herauszuschlagen.«

Die Gegenseite ist auch nicht zimperlich. Der Kunsthändlerverband IADAA spricht 2010 in einer Pressemitteilung von »irrationalen, von Ressentiments geleiteten Kampagnen des Mainzer Archäologen gegen den Kunsthandel und gegen den Besitz von antiken Kunstwerken«. Ein Händler erhebt Klage wegen Verleumdung und Geschäftsschädigung gegen Müller-Karpe, weil der in einer Fernsehdokumentation gesagt hat: »Wer Antiken ungeklärter Herkunft kauft, fördert nicht nur Kulturzerstörung, weil er damit Raubgrabungen sponsert. Er sollte sich auch klarmachen, dass an vielen Antiken, die im Handel angeboten werden, Blut klebt.« Das Freiburger Landgericht erlaubte allerdings am 13. Februar 2010 diese Meinungsäußerung.

Oder: Im Jahr 2011 veranstaltet das Römisch-Germanische Zentralmuseum in Mainz eine Ausstellung zum Thema Kriminalarchäologie und veröffentlicht dazu eine Broschüre. In dieser sind als Beispiel dafür, »wie Funde aus Raubgrabungen im Antikenhandel beworben werden«, Bildtafeln aus einem Auktionskatalog von September 2005 des Auktionshauses Gerhard Hirsch Nachfolger in München abgedruckt. Die Mainzer Ausstellungsmacher vertraten die Ansicht, der Nachdruck sei durch das Zitatrecht gedeckt. Das Auktionshaus und in der Nachfolge das Landgericht Frankenthal sahen das anders: Das Auktionshaus klagte, und das Landgericht untersagte dem Museum, diese Abbildungen zu verbreiten – unter Androhung eines Ordnungsgeldes von 250 000 Euro, wahlweise sechs Monate Ordnungshaft, für jeden Einzelfall der Zuwiderhandlung.

Auf einer der Abbildungen war ein dreieinhalb Zentimeter großes Goldgefäß zu sehen, das nach Angaben von Müller-Karpe aus
dem Irak stammte (das Auktionshaus behauptet eine andere Herkunft). Der Handel mit irakischem Kulturgut ist seit 2003 innerhalb der Europäischen Union verboten. Der Zoll beschlagnahmte
das Gefäß, sandte es nach Mainz, Müller-Karpe, der über Metall-
gefäße im Irak promoviert hatte, analysierte es und kam zu dem
Schluss, dass es ein antikes irakisches Original sei. Ein geplantes
Zweitgutachten kam nicht zustande. Nach langen Briefwechseln
mit Zoll und Staatsanwaltschaften, nach einem offiziellen Rechts-
hilfeersuchen der irakischen Botschaft und scharfen juristischen
Auseinandersetzungen mit dem Auktionshaus wurde das Goldgefäß schließlich im Juli 2011 vom damaligen Außenminister Guido
Westerwelle an den irakischen Botschafter übergeben.

Michael Müller-Karpes Rechtsauffassung hat auch unter Juristen
durchaus zahlreiche Fürsprecher. Kein Wunder ist es aber, dass
manche Länder das Vertrauen in das deutsche Rechtssystem verlieren, wenn ein deutsches Gericht feststellt, selbst ein Verstoß
gegen die Gesetze des Landes, aus dem das Objekt stamme, ver-
hindere den Eigentumserwerb in Deutschland nicht. Deshalb versuchte das spanische Kulturministerium, das sich, wie man sagen
muss, im Vorfeld auch nicht mit Ruhm bekleckert hatte, im April
2008 bei einer Auktion in München zwei in Spanien raubgegrabene keltiberische Helme, die auf verschlungenen Wegen nach
Deutschland gekommen waren, zu ersteigern. Der Hammer fiel
einmal bei 25 000 Euro, einmal bei 19 000 Euro – das spanische
Kulturministerium wurde überboten. Es hatte mitgeboten, so Müller-Karpe, »angesichts der wenig ermutigenden Erfahrungen mit
den deutschen Ermittlungsbehörden«.

Gibt es denn überhaupt nichts Positives? Ein oder zwei Fälle,
zum Beispiel dieser: Die kleine Abteilung beim Bundeskriminalamt, in der Kunstfahnderin Silvelie Karfeld arbeitet, macht mitunter Ausflüge. Nicht zum Vergnügen, sie besucht Kunstmessen
und Auktionen, um zu sehen, was wo verkauft wird. Im März
2005 fährt sie nach Maastricht, zur Tefaf, der bekannten Messe für
Kunst und Antiquitäten. Millionenwerte werden hier gehandelt.
Sie bemerkt eine kleine ankerförmige Bronzeaxt mit Keilschrift –

aber ohne Herkunftsangabe. Die Kriminalbeamten machen Fotos und schicken diese zur ersten Begutachtung an das Römisch-Germanische Zentralmuseum in Mainz. Michael Müller-Karpe staunt: »Eine Ankeraxt! Davon gibt es maximal 50 Stück, keines ist verlässlich datiert.« Anhand der Bilder und der Keilschrift kann er feststellen: Die Streitaxt ist über 4000 Jahre alt und stammt aus dem persönlichen Besitz des Königs Schulgi, der von 2094–2047 v. Chr. in der antiken Stadt Ur (Südirak), der Geburtsstadt Abrahams, regierte. Silvelie Karfeld: »Diese Axt ist von unbezifferbarem Wert, sie ist für den Irak so bedeutsam, wie es für England die Königskrone ist.« Sie wird sichergestellt. »Der deutsche Händler gab seine Eigentumsansprüche auf«, berichtet Silvelie Karfeld. »Über seine Beweggründe dafür kann man spekulieren.« So konnte die Axt 2009 an den Irak zurückgegeben werden – ob ein deutsches Gericht eine Rückgabe verfügt hätte, ist hingegen fraglich. Nach Deutschland kam die Axt über einen Zwischenhändler in Dubai – für 27 255 US-Dollar verschickt von der Firma Silsila General Trading. Das Verfahren gegen den Händler wurde eingestellt.

»Tatsächlich ist es so, dass es relativ laxe Einfuhrregeln nach Deutschland gibt, was Antiken oder fremde Kunstwerke angeht«, sagt Kulturstaatsministerin Monika Grütters dazu. Sie fügt hinzu, »dass deshalb hier der Handelsplatz möglicherweise auch für den illegalen Handel interessant sein könnte«. Zum Konjunktiv besteht kein Grund: Deutschland ist für den illegalen Antikenhandel sehr interessant.

Im Juni 2013 legte die Bundesregierung ihren Bericht über die Wirkung des heute noch gültigen Kulturgüterschutzgesetzes von 2007 vor. In diesem Bericht heißt es: »Der Beitritt Deutschlands zum UNESCO-Übereinkommen und die Novellierung des Kulturgutschutzrechts 2007 waren politisch richtig und notwendig.« Das ist aber so weit auch der einzige positive Punkt, der in der Evaluierung genannt wird. Insgesamt ist die Bilanz verheerend. So heißt es dort: »Außenpolitisch führt die geltende Umsetzung [...] zu einer nennenswerten Belastung der bi- und multilateralen Beziehungen der Bundesrepublik.« Und weiter präzisiert der Bericht: »In den letzten Jahren wurden zahlreiche unrechtmäßig ausgeführte Kulturgüter insbesondere aus den zentralamerikanischen Staaten, aber auch Ägypten, Irak, Iran, der Türkei, Russland, China und anderen Staaten nach Deutschland verbracht. In *keinem einzigen* [Hervorhebung G.W.] Fall konnte eine Rückgabe dieser zum Teil bedeutenden Kulturgüter an den Herkunftsstaat auf der Grundlage des Kulturgüterrückgabegesetzes erreicht werden. Das Unverständnis der betroffenen Staaten ist regelmäßig Gegenstand von Gesprächen auf hoher politischer Ebene. Es rührt aus dem Umstand, dass Kulturerbe als wesentlicher Bestandteil und Ausdruck der nationalen bzw. ethnischen Identität und als wirtschaftlich bedeutsamer Tourismusfaktor in der nationalen und internationalen Wahrnehmung zunehmende Bedeutung gewinnt.« Zudem würde deutschen Forderungen nach besserer gemeinsamer Bekämpfung internationaler Kriminalität oft entgegengehalten, dass sich Deutschland bei der Bekämpfung des illegalen Handels mit Kultur ja auch nicht völkerrechtskonform verhalte. Michael Müller-Karpe nennt noch ein zusätzliches Argument: »Für den Wiederaufbau des Irak werden dort von der Regierung international hochdotierte Aufträge vergeben. Sie wird genau hinsehen, wer sie bei der Eindämmung das Handels mit Kulturgütern unterstützt.« Monika Grütters ist dazu fest entschlossen: »Künftig soll nach Deutschland nur dann ein Kunstwerk aus einem anderen Staat eingeführt werden können, wenn es eine Ausfuhrgenehmigung des Herkunftsstaates bei sich trägt.«

Das Kulturgüterschutzgesetz wird zurzeit novelliert. Im September 2015 legte die zuständige Staatsministerin Monika Grütters ihren Referentenentwurf vor, er wurde vom Bundeskabinett angenommen und dann zur weiteren Behandlung an die Bundesländer weitergegeben. Es folgen dann die Bundestagslesungen, bevor das Gesetz 2016 gültig werden soll.

Der Entwurf ist bei Archäologen auf Zustimmung und Widerspruch gestoßen. Markus Hilgert begrüßt den Entwurf, besonders die Sorgfaltspflichten, die darin den Händlern auferlegt werden. »Das neue Gesetz legt erstmals die Gesetzgebung des Ursprungslandes zugrunde und sagt, dass Artefakte, die das Ursprungsland illegal verlassen haben nicht legal nach Deutschland gelangen können«, erklärt er am 26. November in der *Zeit*. Damit habe man, auch im internationalen Vergleich, einen großen Schritt nach vorn getan. Harsche Kritik kam hingegen von der Deutschen Gesellschaft für Ur- und Frühgeschichte, die in ihrer Stellungnahme schreibt, dass »guter politischer Wille noch kein gutes Gesetz« mache und der Entwurf »an wichtigen Stellen ungenau und nicht zielführend« sei. Denn er bezweifelt wie auch die Rechtsprofessorin Sophie Lenski aus Konstanz, dass reine Importkontrollen durch den Zoll ausreichen? »Auf dem Papier sieht der Gesetzentwurf zunächst toll aus. Doch wenn man genauer hinschaut, ist man furchtbar enttäuscht«, wird sie im oben genannten *Zeit*-Artikel zitiert. Reine Einfuhrbeschränkungen würden sich im offenen europäischen Markt kaum durchsetzen lassen. Sie wünscht sich daher »flankierende, spezifische Maßnahmen«, die den Grauen Markt auf der Grenze zwischen Legalität und Illegalität wirksam bekämpfen. »Eine deutsche Behörde, besetzt mit Fachleuten, die Einfuhrbescheinigungen ausstellt, ohne die diese Antiken dann beispielsweise nicht gehandelt werden dürfen.«

Händlerverbände lehnen den neuen Gesetzesentwurf in Gänze ab. Die International Association of Dealers in Ancient Art (IADAA) veröffentlicht auf ihrer Webseite eine in ihrem, des Verbandes des Hessischen Antiquitäten- und Kunsthandels e. V. und des Verbandes Kunst- und Antiquitätenhändler Niedersachsen e. V. Namen verfasste Stellungnahme der Rechtsanwältin Astrid Müller-Katzenburg. In dieser wird schon die Voraussetzung des Gesetzes angezweifelt – der Milliarden-Handel »mit illegalem Kulturgut«. Der gehöre »ebenso in das Reich der Mythen wie die in diesem Zusammenhang leider auch oft verbreitete, obwohl bis heute durch nichts belegte, vielmehr falsche Behauptung, ausländische Terrororganisationen würden sich durch den Verkauf geplünderter Antiken an Kunsthändler unter anderem in Europa finanzieren«. Daher bleibt am Ende als Forderung der IADAA bestehen: die »Beibehaltung des Listensystems«, obwohl dieses sich als absolut unpraktikabel in Bezug auf Raubgrabungen erwiesen hat. Viele Händlervertreter und passionierte Käufer scheinen kein Interesse am Schutz des antiken Kulturgutes zu haben. Egal wie dicht die Beweislage inzwischen ist (siehe Kapitel 2), sie leugnen die Verbindung zum Terrorismus oder spielen sie herunter. Oder gerieren sich gar als Kulturschützer. Auf einer Lesung in Köln, regte jemand an, man solle dem IS doch die Kulturschätze abkaufen, dann würde er sie nicht zerstören. Abgesehen von der moralischen Frage, ob man mit Terroristen Geschäfte machen sollte: Die Doppelstrategie des IS lautet: Zerstören und Verkaufen. Die Zerstörungen werden durch Ankauf nicht geringer, die Raubgrabungen dagegen aber abnehmen, wenn man keinen Markt bietet.

Auf den Webseiten der IADAA, von Münz- und Antikenhändlern sowie in Foren von Numismatikern und Käufern von Antiken wird seit Juli 2015, als ein erster Entwurf für ein neues Kulturgüterschutzgesetz veröffentlicht wurde, Stimmung gegen die Novellierung gemacht. Seit dem 22. Juli 2015 läuft eine von Ursula Kampmann, Sprecherin der IADAA und Herausgeberin der *MünzenWoche,* initiierte Unterschriftensammlung »Für den Erhalt des privaten Sammelns« auf der Webseite *www.openpetition. de.* Ursprünglich sollte sie etwa sechs Wochen laufen, Ziel waren 120 000 Unterschriften in Deutschland. Sie wurde dann mehrfach verlängert, zunächst bis zum 21. Oktober 2015, danach mit offenem Ende. Erreichte Unterschriften am 24. November 2015 um 9.41 Uhr: 34 383, davon 24 926 aus Deutschland (wobei zu Deutschland auch offensichtlich alle Unterschreibenden mitzählen, die kein Land auf dem Unterschriftsformular angegeben haben und zum Beispiel in Newcastle on Tyne oder New York, Edmonton oder Lago in Texas leben).

Vielen Archäologen und Kulturpolitiker sind sich einig, dass das novellierte Gesetz eines beinhalten sollte, was die Händler fürchten: die sogenannte Beweislastumkehr. Das forderte die Juristin Solveig Rietschel schon 2009 in ihrem Werk »Internationale Vorgaben zum Kulturgüterschutz und ihre Umsetzung in Deutschland«. Dort heißt es: Mit der Beweislastumkehr werde »das Problem des illegalen Handels mit archäologischem Kulturgut quasi im Keim erstickt.« Das klingt etwas arg optimistisch, doch der Berliner Rechtsanwalt Robert Kugler bringt ein Beispiel, wo die Beweislastumkehr wirklich recht erfolgreich war: den Artenschutz. Kugler: »Das Washingtoner Artenschutzabkommen. Es soll verhindern, dass Objekte, die eben aus Wildtieren gemacht werden, die unter Schutz stehen bzw. vom Aussterben bedroht sind, gehandelt werden.« Laut ihm dürfen nur solche Objekte auf den Markt gebracht werden, die eine Bescheinigung, eine Art staatlichen Handelspass, besitzen. Und dieser wird nur dann ausgestellt, wenn mit Dokumenten nachgewiesen werden kann, dass das Objekt vor Einführung des Artenschutzabkommens herge-stellt wurde. »Wenn Sie das also nachweisen können, dann dür-fen Sie das Objekt auch handeln, und wenn nicht, dann eben nicht. Dann wird Ihnen zwar niemand das Eigentum streitig machen, sprich, Sie dürfen es natürlich behalten. Den berühmten Dachbo-denfund vom Großvater, aber Sie dürfen ihn nicht verkaufen. Und dann darf auch kein Händler, der ein legales Geschäft betreibt oder sich dessen rühmt, solche Objekte entgegennehmen.«

Rechtsanwalt Kugler weiß, dass dieses System natürlich Men-schen benachteiligen würde, deren Artefakt tatsächlich schon lange in Familienbesitz ist, die aber keine entsprechenden Doku-mente beibringen können. Sein Argument: »Wenn man sagt, dass es im öffentlichen Interesse ist, Kulturgut oder das kulturelle Erbe insgesamt zu schützen, dann kann man damit diesen Eigentums-eingriff rechtfertigen.« Und er bringt ein recht alltägliches Beispiel für einen solchen Eigentumseingriff: den Denkmalschutz. »Wenn Ihr Haus zum Denkmal erklärt wird, dann ist die Allgemeinheit darüber übereingekommen, dass Sie unter dem Aspekt der Be-wahrung des kulturellen Erbes nicht alles damit machen dürfen. Das kann unter Umständen zu finanziellen Einbußen oder einem erheblichen Mehraufwand führen, was faktisch ebenfalls einen Eingriff in das Eigentumsrecht bedeutet.«

Archäologen begrüßen solche Regeln natürlich. »Sicher, die ganzen Papiere können gefälscht werden«, sagt Neil Brodie aus Glasgow, »aber mit jeder neuen Regel wird es schwieriger. Anstelle von einem Dokument müsste man dann zwei fälschen. Und wenn jedes Land strengere Regeln einführte, wären es dann sogar drei oder vier Papiere. Und mit jedem Schritt, der dazukommt, wird es wahrscheinlicher, dass der Fälscher einen Fehler macht.«

Zudem will Brodie, dass man genauer auf die eigene Zunft schaut. Denn die ist oft indirekt beteiligt an der Zerstörung des archäologischen Erbes, sei es als Einkäufer für Museen, als Bera-ter für Auktionshäuser oder als Experte für Altertumssammler. Wenn es eindeutigere Gesetze gäbe, die konsequenter durch-gesetzt würden, dann würden diese sich bald aus dem Geschäft zurückziehen. »Denn das sind«, sagt Brodie, »alles keine geübten Kriminellen. Die bekommen im Gegenteil schnell Angst, wenn die Polizei genauer hinschaut. Es ist eine Frage des Gesetzes: Bricht man es oder nicht. Und macht man damit weiter und weiter und weiter? Achten wir mehr auf die, holen wir sie aus dem Handel heraus, dann wird es für diesen wesentlich schwieriger, profitabel zu bleiben.«

Doch was als Gesetzentwurf so vernünftig erscheint, ist umstritten, die Interessengruppen zerren daran. Die politischen Parteien scheinen sich – so Kulturstaatsministerin Grütters – im Moment weitgehend einig zu sein, aber das kann sich während der Anhörungen noch ändern. Die Interessenverbände positionieren sich. Es wird sicherlich auch noch Versuche des Kunsthandels in Deutschland geben, Verschärfungen zu vermeiden. Denn Ausfuhrpapiere wären eine enorm hohe Hürde. Bernd Gackstätter, Antikenhändler im IADAA und Inhaber des Antiken-Kabinetts in Frankfurt am Main, schrieb im September 2010 in einem offenen Brief, der »an Wissenschaftler, Sammler, Händler und Kunstinteressierte« gerichtet war und 2011 in der Zeitschrift *Kunst und Recht,* erschien: »In meiner bisher 24jährigen Laufbahn als Händler ist es mir nur bei zwei völlig unbedeutenden Fragmenten aus Zypern begegnet, auch eine Ausfuhrgenehmigung zu erhalten.«

Manch einer, der das Antikengeschäft kennt, glaubt nicht an die Durchschlagskraft von Gesetzen. So der ehemalige Antikenhändler Christoph Leon: »Mittlerweile ist so viel Geld im Spiel, dass es sich einfach lohnt, alle Gesetze zu missachten.«

Schluss
»Kaufen Sie das Zeug nicht!«

»Don't buy that stuff!« Im Dezember 2014, auf der Tagung »Kulturgut in Gefahr. Raubgrabungen und illegaler Handel«, die von der Stiftung Preußischer Kulturbesitz, dem Deutschen Archäologischen Institut und dem Deutschen Verband für Archäologie gemeinsam mit der Beauftragten der Bundesregierung für Kultur und Medien und dem Auswärtigen Amt veranstaltet wurde, beendete France Desmarais, eine der Direktorinnen des Internationalen Museumsbundes ICOM, ihren Redebeitrag mit diesem einfachen und zündenden Appell: »Kaufen Sie das Zeug nicht!« Im Saal war man sich darüber weitgehend einig. Bis auf die wenigen Vertreter des Kunsthandels applaudierten alle. Und bis auf die waren sich auch alle einig darüber, dass man etwas tun müsse. Rote Listen herausgeben, die Gesetze verschärfen.

Die Roten Listen werden vom Internationalen Museumsrat ICOM (International Council of Museums) herausgegeben Diese Vereinigung mit weltweit (nach Bekunden der Homepage von ICOM Deutschland) etwa 32 000 Experten und 20 000 Museen in 137 Ländern veröffentlicht Rote Listen des Kulturerbes – zu Ländern und Regionen, in denen das kulturelle Erbe durch Raubgrabungen, Schmuggel und Verkauf bedroht ist. Solche Listen gibt es inzwischen für Ägypten, Afghanistan, China, die Dominikanische Republik, Haiti, Irak, Kambodscha, Kolumbien, Peru, Syrien, Zentralamerika und Mexiko, das restliche Lateinamerika und schließlich Afrika. Zuletzt präsentierte ICOM Mitte Dezember 2015 erstmalig eine Rote Liste zu Kunstschätzen aus Libyen. Sie liegt bislang nur auf Englisch vor. Die Roten Listen des ICOM enthalten Beschreibungen und Abbildungen typischer kultureller Objekte dieser Länder und Regionen. Sie dienen in erster Linie der Polizei und den Zollbehörden zur schnellen Identifikation von Objekten.

Diese Listen sind durchaus erfolgreich: Immerhin wurden zum Beispiel rund 7000 der circa 15 000 Objekte, die aus dem Irakischen Nationalmuseum gestohlen worden waren, in verschiedenen Ländern beschlagnahmt. Dies sei unter anderem der Roten Liste der gefährdeten Kulturgüter des Iraks zu verdanken. Auf den Roten Listen werden keine konkreten Kunstwerke aufgeführt, sondern Typologien anhand von Beispielen erläutert. Das war wohl nicht nur bei irakischem Kulturgut wirksam: »Einer unserer größten Erfolge war die Liste zu Afghanistan«, berichtet France Desmarais bei der Präsentation der deutschsprachigen Roten Liste zu Syrien im Juni 2014 in Berlin. »Weil Scotland Yard um 2008 die strikte Order ausgab, am Flughafen Heathrow alles, was aus Afghanistan, Pakistan und aus der gesamten Region kam, mit der Roten Liste zu Afghanistan abzugleichen. Man machte das knapp zwei Jahre an einem Flughafen der Welt mit einer Liste zu einem Land und konnte später 1500 Artefakte nach Afghanistan mit einem Gesamtgewicht von 3,4 Tonnen zurückgeben.« Sie weiß, dass das Ergebnis einerseits ein Erfolg war, andererseits komplett erschütternd – denn wenn man an einem Flughafen schon so viel findet, wie groß muss dann die Menge an Objekten sein, die nicht gefunden wird? »Ich fliege viel, und mein Gepäck wird nie durchsucht«, sagt der Glasgower Archäologe Neil Brodie. »Nie, und ich war in Jordanien, in Katar und im Libanon. Ich kam aus all diesen Ländern zurück, und nie hat sich jemand mein Gepäck angeguckt. Ich habe das Gefühl, ich kann von dort alles mitbringen.« Aber auch er will natürlich eigentlich keine stärkeren Kontrollen an Flughäfen.

Trotzdem wirken die Roten Listen, die mit großem Aufwand produziert werden, auch ein wenig naiv. Bilderreich werden Kunstwerke präsentiert, am Ende folgt der Satz: »Sollten Sie den Verdacht haben, dass ein aus [hier wird das Land oder die Region genannt, G.W.] stammendes Kulturgut gestohlen, geplündert oder illegal exportiert sein könnte, kontaktieren Sie bitte:« Auf der ägyptischen Liste folgen drei Telefonnummern in Kairo – nämlich die des Antikenministeriums, die der Abteilung für Repatriierung von Antiquitäten sowie die des dortigen Ägyptischen Museums. Auf der syrischen Liste sind die Telefonnummern des Directorate General of Antiquities and Museums in Damaskus und die von ICOM in Paris verzeichnet. Keine geringe Hürde: Ohne nachgefragt zu haben – ich bin mir recht sicher, dass bei allen genannten Nummern bislang nur wenige Anrufe eingegangen sind.

Das deutsche Auswärtige Amt hat ebenfalls ein Faltblatt herausgegeben. Der zündende Titel: »Illegaler Kulturguthandel bedroht das Kulturerbe der Menschheit«, ein paar Fakten, ein paar Fotos – auf einem ist die Ankeraxt des Königs Schulgi abgebildet. Ein bisschen Aufklärung, die darin mündet: Beachten Sie die nationalen Ausfuhrbestimmungen für Kulturgüter. Aber weder die Roten Listen noch das Faltblatt liegen regelmäßig an Flughäfen aus, sie werden auch nicht, was ja sinnvoll und recht leicht zu bewerkstelligen wäre, an Flugreisende, die in bestimmte Zielgebiete fliegen, verteilt. Denn einfacher als hinterher zu kontrollieren wäre es ja, die Reisenden vorher zu sensibilisieren.

»Man braucht eine öffentlichkeitswirksame Kampagne, die es uncool macht, Antiken zu besitzen«, meint Markus Hilgert, der Direktor des Berliner Vorderasiatischen Museums. »Solange es schick ist, eine grabungsfrische, noch mit Erde versehene antike Statue im Wohnzimmer zu haben und sagen zu können: Guck mal, ich hab für 150 000 Dollar dieses Stück gerade erworben, das riecht noch förmlich nach Erde, solange das schick ist und in bestimmten Kreisen sanktioniert und akzeptiert, geht das auch weiter. Das muss letztlich so unsexy werden wie der Handel mit Pelzen.« Und er betont noch einmal, dass auch seine syrischen und irakischen Fachkollegen Regelungen und Ideen, die den Handel eindämmen, wünschten.

Was kann man sonst noch tun? In New York treffe ich im Sommer 2014 in dem alternativen Buchladencafé »Housing Works« in Manhattan – die Bücher sind alles Spenden, mit den Erlösen werden HIV-positive Obdachlose unterstützt – Cindy Ho. Sie ist die Gründerin von SAFE, was ein Akronym für Saving Antiquities for Everyone ist, einer kleinen Organisation, die über Raubgräbertum, illegalen Antikenhandel und die Zerstörung archäologischer Stätten informiert. »Angefangen hat das 2003, als ich von der Plünderung des Irakischen Nationalmuseums hörte«, berichtet sie. »Das hat mich nahezu körperlich getroffen. Ich wusste nicht viel über den Irak und über Mesopotamien, das Zweistromland, ich weiß auch heute noch nicht viel darüber, ich weiß auch wenig über Archäologie. Aber irgendwie war das sehr bedeutsam für mich – schließlich hat jeder einmal etwas über die Wiege unserer Zivilisation gehört. Und wenn etwas so Altes, so Bedeutsames in Gefahr ist, dann muss man irgendetwas tun.«

Sie berichtet, wie sie versuchte, öffentliche Aufmerksamkeit dafür zu schaffen, wie die Verbindung zur Vergangenheit durch Raubgrabungen und Plünderungen zerstört wird. »Ich komme aus der Werbebranche, und ich wollte eine globale Aufklärungskampagne starten.« Damals arbeitete sie noch Vollzeit in ihrem Job, doch bald wuchs das Team. Freiwillige kamen dazu, Ende 2003 startete die erste Webseite, dann plante man größere Events, und 2004 begannen die ersten Touren durch das Metropolitan Museum of Art, geführt auch von Oscar White Muscarella, die vor Ort über Raubgrabungen und illegalen Antikenhandel informierten. Ende 2004 kündigte Cindy Ho ihren Arbeitsplatz und wurde zur Leiterin der inzwischen als gemeinnützig anerkannten Organisation, die sich weitgehend über Spendengelder finanziert und heute ausdauernde Kampagnen zur Verhinderung von Raubgrabungen weltweit durchführt.

»Ein guter Vergleich ist die Großwildjagd«, sagt sie lächelnd. Im 19. Jahrhundert und früher, aber auch noch in der Mitte des 20. Jahrhunderts gingen viele Leute nach Afrika und schossen dort Elefanten und andere Tiere. »Sie sammelten Trophäen wie Stoßzähne und Nashornschädel und wurden dafür bewundert. Heute ächtet man solche Menschen.« Für sie ist es ganz einfach: Man handele nicht mit dem Erbe der Menschheit. Mit seiner Erinnerung. Die sei kein Privateigentum, sie gehöre allen. Seit 2004 vergibt Safe auch einen jährlichen Preis an Menschen, die sich für die Bewahrung des kulturellen Erbes besonders eingesetzt haben. Im Jahre 2014 ging er an die ägyptische Archäologin Monica Hanna. Der Aufklärung über diese Kulturgutverluste haben sich auch noch andere Organisationen verschrieben. Der internationale Museumsbund ICOM unterhält das ICOM International Observatory on Illicit Traffic in Cultural Goods (*www.obs-traffic.museum*) und bietet auf seiner Webseite eine Fülle von Informationen zu Raubgrabungen, Kulturgutschmuggel und Kulturgutdiebstahl. Im Anhang finden sich zahlreiche Initiativen, staatliche und nichtstaatliche, die Aufklärung bieten, so die Webseite *www.anonymousswisscoll-*

ector.com der schottischen Archäologin Donna Yates mit einem wöchentlichen Newsletter zur Kulturgutkriminalität.

Das eine ist die Gesetzgebung, das zweite die Aufklärung und das Bewusstsein, das dritte sind vielleicht die Alternativen, die man finden kann und muss. Es ist schon ein wenig seltsam: Ausgerechnet jene Menschen, die sich für die Vergangenheit und die materiellen Hinterlassenschaften der Geschichte so sehr interessieren, dass sie viel Geld für Antiken bezahlen – immer vorausgesetzt, dass sie nicht nur aus Spekulationsgründen kaufen –, zerstören durch ihre Leidenschaft das, was sie eigentlich lieben. »Ich denke, da gibt es Möglichkeiten«, sagt ausgerechnet der härteste Gegner der Kunsthändler, Auktionshäuser und Sammler in Deutschland, Michael Müller-Karpe. »Die Magazine der Museen sind voll. Sie kaufen in der Regel nichts mehr. Den Museen ist inzwischen auch klar, dass ein Archäologe nicht durch Hehlerei am wissenschaftlichen Ast sägen darf, auf dem er selber sitzt.« Museen hätten das auch nicht nötig, sie könnten durch Kooperationen an archäologische Funde herankommen. »Wir können die Kollegen im Irak bitten, dass sie uns Objekte ausleihen. Für ein Jahr, für zwei Jahre, für 20 Jahre, meinetwegen für 99 Jahre.« Müller-Karpe lächelt. »All das kann ich mir vorstellen. Ich kann mir sogar vorstellen, dass so etwas mit Privatpersonen möglich ist. Ich hätte als Museumsmann keine prinzipiellen Bedenken, dass man auch archäologische Funde an zuverlässige Privatpersonen verleiht oder an Banken, die dann solche Dinge in ihrer Schalterhalle gut gesichert ausstellen. Auch für länger.«

Bleibt die Exekutive. Hier scheint es schwierig zu sein. Beim Bundeskriminalamt gibt es knapp drei Stellen im Bereich der Kunst- und Kulturgüterkriminalität, Menschen, die sich nicht allein um illegalen Antikenhandel kümmern können, sondern sich auch mit »ganz normalen Kunstdiebstählen« herumschlagen müssen. Nicht einmal bei allen Landeskriminalämtern gibt es überhaupt Stellen dafür, den Kunsthandel zu beobachten, bei Interpol in Lyon sind es zwei Polizisten, die internationale Aktivitäten koordinieren. Beim Zoll können die Beamten zwar gefälschte Markenjeans von echten unterscheiden oder auch Handtaschen verschiedener Hersteller auseinanderhalten. Sie finden Drogen mal in großer, mal in geringer Menge, sie finden auch illegal importierte Tiere, Elfenbeinschnitzereien und Panzer von Schildkröten oder fischen mitunter auch den einen oder anderen aus der Menge, der eine teure Uhr am Zoll vorbei ins Land schmuggeln möchte. Aber Antiken? Wie wenig Bewusstsein dafür beim Zoll beispielsweise vorherrscht, zeigt ein Vorfall vom Dezember 2014: Da versteigerte man auf der Webseite *www.zoll-auktion.de,* einer Webseite des Bundesfinanzministeriums, auf der »gepfändete, sichergestellte oder beschlagnahmte Sachen, ausgesonderte Gegenstände des Verwaltungsgebrauchs und Fundsachen von Behörden und Institutionen von Bund, Ländern und Gemeinden sowie sonstigen öffentlich-rechtlichen Körperschaften, Anstalten und Stiftungen« angeboten werden, 69 römische und griechische Münzen. Dass diese Münzen ohne Herkunftsnachweis wahrscheinlich aus Raubgrabungen stammen – Fachleute wissen, dass der Markt für antike Münzen seit dem Aufkommen von Metalldetektoren in den 1970er Jahren explodiert ist –, ist dem Zoll beziehungsweise dem Bundesfinanzministerium vielleicht nicht bekannt?

Für den Exschmuggler Michel van Rijn ist das ein Zeichen dafür, dass jenseits von Verlautbarungen nichts passiert: »Regierungen nehmen das immer noch nicht ernst«, sagt er und zündet sich die nächste Zigarette an. Er stößt eine dicke Rauchwolke aus: »Sie denken immer noch: Oh, das ist ein Spiel unter Reichen. Der eine versucht den anderen zu betrügen. Das betrifft uns nicht.« Es betrifft uns aber. Nicht nur, weil vielleicht Terror durch Antikenhandel finanziert wird. Auch, weil Menschen ihre eigene Kultur und Identität zerstören.

In Kairo schließt Monica Hanna das Fotoalbum auf ihrem iPad, auf dem sie mir Bilder von illegalen Ausgrabungsstätten gezeigt hat. Langsam wird es dämmerig, und ein sanfter Wind weht vom Nil heran. Er raschelt in den Bäumen, die nachmittägliche Hitze weicht langsam, nur der Autoverkehr tost immer noch. Der Portier sprengt vor dem Haus den Bürgersteig mit Wasser, um den Staub zu binden. Monica sagt noch einmal, sie hoffe, dass sich in Ägypten selbst ein Bewusstseinswandel vollziehe, man sich der eigenen Kultur vergewissere. Daraus könne man Kraft schöpfen, gerade heute. »Viele unserer Traditionen, unsere Rituale als Christen und Moslems lassen sich direkt aus dem Alten Ägypten ableiten. Frauen baden heute noch vielerorts ihre neugeborenen Kinder im Nil, im alten Glauben, dass der ihre Kinder schützen wird. Unsere Beziehung zu den archäologischen Stätten und zum antiken Erbe ist sehr stark. Raubgräberei und Antikenschmuggel zerstören auch das.« Sie sagt noch einmal: »Es ist ein Verbrechen, bei dem Kinder sterben. Da klebt Blut dran.«

Und es endet nicht. Im Gegenteil. Diebstähle und Schmuggel gehen weiter. Die Zeitschrift *National Geographic* vermeldete im August 2015, dass aufgrund der ökonomischen Krise Raubgrabungen in Griechenland wieder zunähmen. Auch einfache Leute grüben wieder nach Antiken, um sie für schnelles Geld zu verkaufen – ein besonderes Indiz sei, so die zuständigen Behörden, dass der Verkauf von Metallsonden boome. Bestätigung findet das in einigen Artikeln beispielsweise der *Chania Post*, einem Internetmagazin aus Kreta, in der am 6. November 2015 berichtet wird, dass ein Mann verhaftet wurde, der unter anderem mehr als zwei Dutzend metallene Objekte sowie einige Kykaden-Idole verkaufen wollte. Bereits Mitte Juni schrieben ägyptische Online-Medien, dass das Antikenministerium den Verkauf einer Elfenbein-Statuette aus der Spätzeit des pharaonischen Ägypten (664 – 332 v. Chr.) durch einen deutschen Antikenhändler verhindert habe. Nachlesen kann man den Fall auch im deutschsprachigen Blog *Archaeologik*. Die circa fünf Zentimeter große Figur eines Mannes mit einer Gazelle auf den Schultern wurde 2013 mit anderen Artefakten aus einem Magazin auf der Nil-Insel Elephantine gestohlen, wo Funde aus einer Grabung von Schweizer Archäologen aus dem Jahr 2008 gelagert wurden. Glücklicherweise gab es ein Verzeichnis der Objekte. Angeboten wurde das Stück von einem Oberhausener Händler in Deutschland mit einer ausgefeilten Provenienz: deutsche Privatsammlung aus den 1960er und 1970er Jahren, davor New Yorker Sammlung der 1930er Jahre, vermutlich um 1900 in Ägypten ausgegraben. Und auf der Webseite des Händlers wird auch eine Garantie gegeben: »Alle durch uns verkauften antiken Ausgrabungsobjekte (Kunst der ägyptischen Antike) werden mit einer Expertise versendet. Diese beinhaltet alle relevanten Informationen und bestätigt das Alter des Kunstgegenstands. Es wird bestätigt, dass dieses Artefakt aus legalen Quellen stammt (Privat-sammlungen, Kunstmarkt, Auktionen).«

Auch wenn der Händler bedauernd die Achseln zuckt, das Stück zurückgibt und sich damit sicher fühlt, bleiben Fragen, die ihm auch *Archaeologik* stellt und die er eigentlich beantworten müsste: Wie kam er an die Figur? Warum glaubte er der Prove-nienz? Woher stammte sie? Legte man ihm schriftliche Dokumente vor? Wie kann er solch ausgefeilte Garantien geben? Ägyptische Behörden entdeckten Anfang November 2015 einen Container im Hafen von Damietta, bestimmt zur Verschiffung Richtung Asien. In ihm waren Holzkisten, in denen sich angeblich Toilettenpapier befinden sollte. Doch außer diesem enthielten die Kisten Anti-ken, altägyptische und griechisch-römische Artefakte, darunter Alabastergefäße, hölzerne und steinerne Statuen, Totenmasken und Uschebtis, Opfertische und Teile von Säulen. Insgesamt 1124 Stücke – woher sie in Ägypten stammen ist noch ungeklärt. Nach-schub für einen gierigen Markt. Zeitungsmeldungen wie diese finden sich in der internationalen Presse täglich. Weltweit wird immer mehr geplündert. In Europa und Nordamerika, in Latein-amerika, in Nordafrika, im Nahen und im Fernen Osten ist das Kul-turerbe der Menschheit gefährdet.

»Eigentlich wächst das immer heraus aus der Geldgier«, sagt der ehemalige Händler Christoph Leon. Abgeklärt. Pessimistisch. Vielleicht bekommt man die Gier nicht gezähmt. Aber man kann sich entscheiden, sie nicht weiter zu füttern: »Don't buy that stuff!«

Schlussbemerkung

Fernsehbilder von humanitären Katastrophen in Krisengebieten beherrschen die Berichterstattung und rütteln uns auf. Mit ihnen erreichen uns Bilder der Zerstörung des kulturellen Erbes – in Syrien, im Irak und in Mali. Sie lassen das Ausmaß des Schreckens hervortreten. Raubgrabungen, Plünderungen von Museen und illegaler Kunsthandel gehen mit den Konflikten einher, machen sich diese zunutze und treten ins Blickfeld der Öffentlichkeit. Doch wir sind nicht nur Zuschauer, sondern oftmals auch Akteure.

»Das schmutzige Geschäft mit der Antike« kennt dabei viele Rollen, die Günther Wessel in seinem Buch systematisch recherchiert hat. Er ist auch den vielschichtigen Argumentationen derer nachgegangen, die dieses Geschäft bekämpfen, aber auch denen, die es zu verschleiern versuchen. Die Rollenbilder folgen dabei jedoch keinem einfachen Schwarz-Weiß-Bild.

Es gibt Menschen, die illegal graben und antike Objekte verkaufen, um ihr Überleben zu sichern. Es gibt aber auch Raubgräber, die in hoch organisierten illegalen Netzwerken arbeiten. Es gibt Archäologen, die weltweit gegen Raubgrabungen kämpfen. Sie beklagen, dass durch Raubgrabungen, die nicht nur in Krisengebieten stattfinden, sondern ein weltweites Phänomen sind, Kontexte zerstört werden. Denn es sind diese Kontexte, die es überhaupt erlauben, Geschichte auf der Grundlage von Ausgrabungen zu schreiben. Es gibt aber auf der anderen Seite Archäologen – auch wenn diese immer seltener werden –, die über Gutachten, Ausstellungen und die Mitarbeit in »vetting«-Komitees (*vet,* englisch für »prüfen, überprüfen«) auch zweifelhaften Objekten eine Biografie verleihen und diese zu einem durch die Identifizierung bedeutenden, einem in der Herkunft unzweifelhaften oder auch echten Objekt werden lassen.

Der Handel wiederum kennt »Schwarze Schafe«, die Fälschungen verkaufen, Objekten aus aktuellen Raubgrabungen Provenienzen verleihen und dabei in komplexen Netzwerken handeln und sich geschickter Argumentationsfiguren bedienen. Zentrale Argumente sind die Herkunft aus Altsammlungen, da man ja schon seit dem Mittelalter gesammelt habe, sowie die Rede vom Handel und der Sammlung als sicherer Hafen und Aufbewahrungsort von Objekten, die in den Herkunftsländern weltweit einfach nicht ausreichend geschützt würden. Dabei wird den Archäologen, die sich weigern, ihre Expertise in den Handel einzubringen, schnell auch mal der »Schwarze Peter« zugeschoben, indem ihrer zunehmenden Verweigerungshaltung eine Mitschuld an der mangelnden Aufklärung illegaler Praktiken wie Raubgrabungen, Fälschungen, aber auch falscher Zuweisungen gegeben wird.

Zu den Akteuren gehören weltweit auch Vertreter der staatlichen Exekutive. Auch hier reicht das Spektrum von hochgradig am Schutz antiker Stätten und Objekte interessiert und engagiert bis hin zu gleichgültig und manchmal wohl auch korrupt.

Ohne den Hauptakteur, den privaten und öffentlichen Sammler, ohne Nachfrage, wäre aber das gesamte »Geschäft« nicht denkbar. Aber auch hier ist ein zunehmendes Problembewusstsein zu beobachten, und es ist Günther Wessels Verdienst, mit seinem Buch genau dieses Problembewusstsein zu schärfen. Er erhellt das Dunkelfeld, die Grauzone des international zusammenhängenden, illegal agierenden Marktes.

Aus der Perspektive des Deutschen Archäologischen Instituts ist Günther Wessels Recherche extrem wichtig. Sie erlaubt dem Leser, die Rollen der Akteure, aber auch seine Rolle im schmutzigen Geschäft mit der Antike zu erkennen. Und natürlich hoffe ich, dass er sich gegen Raubgrabungen und die Zerstörung des kulturellen Erbes der Menschheit sowie gegen das Sammeln archäologischer Objekte entscheidet.

Prof. Dr. Dr. h.c. Friederike Fless
(Präsidentin des Deutschen Archäologischen Instituts)

Quellen

Das Buch beruht zum größten Teil auf eigenen Recherchen vor Ort sowie auf Interviews, die ich zwischen Sommer 2014 und Frühjahr 2015 geführt habe.
Alle Internetquellen zuletzt abgerufen: 12.6.2015

GESPRÄCHSPARTNER

Françoise Bartolotti, Lyon, Interpol (Dezember 2014)

Neil Brodie, Archäologe, Scottish Centre for Crime and Justice Research at the University of Glasgow (Dezember 2014)

Edhem Eldem, Historiker, Istanbul, Bosporus Universität (Interview fand bereits im Juli 2013 statt)

Mahmoud El Damaty, Kairo, Minister für Antiken (August 2014)

Wafaa El-Saddik, Köln, ehemals Leiterin des Ägyptischen Museums Kairo (August 2014)

Friederike Fless, Berlin, Archäologin, Präsidentin des Deutschen Archäologischen Instituts (August 2014, Mai 2015)

Monika Grütters, Berlin, Beauftragte der Bundesregierung für Kultur und Medien, Mitglied des Deutschen Bundestages (CDU) (Januar 2015)

Monica Hanna, Kairo, Archäologin (https://twitter.com/monznomad) (Juni 2014, August 2014, Dezember 2014)

Markus Hilgert, Berlin, Altorientalist, Direktor des Vorderasiatischen Museums (September 2014, März 2015)

Cindy Ho, New York, Gründerin von Save Antiquities for Everyone (SAFE) (http://savingantiquities.org) (Juli 2014)

Salima Ikram, Kairo, Archäologin an der American University (August 2014)

Ursula Kampmann, Lörrach, Sprecherin der International Association of Dealers in Ancient Art (IADAA) (August 2014)

Silvelie Karfeld, Wiesbaden, Kriminalhauptkommissarin beim Bundeskriminalamt (August 2014)

Robert Kugler, Berlin, Rechtsanwalt (September 2014)

Stefan Lehmann, Archäologe, Leiter des Universitätsmuseums Halle (April
2015)

Christoph Leon, Basel, ehemaliger Kunsthändler (Januar 2015)

Michael Müller-Karpe, Mainz, Archäologe am Römisch-Germanischen
Zentralmuseum (Mai und August 2014)

Michelle Müntefering, Berlin, Bundestagsabgeordnete (SPD) und Mitglied
im Unterausschuss Auswärtige Kulturpolitik (Juli 2014)

Oscar White Muscarella, New York, Archäologe, ehemals Metropolitan
Museum of Art (Juli 2014)

Hermann Parzinger, Berlin, Archäologe, Direktor der Stiftung Preußischer
Kulturbesitz (September 2014)

Cornelius von Pilgrim, Kairo, Archäologe und Leiter des Schweizerischen
Instituts für Ägyptische Bauforschung und Altertumskunde (August
2014)

Karl-Heinz Preuß, Bonn, Antikensammler (www.antikensammlungen-
preuss.de/) (August 2014)

Michel van Rijn, Italien, ehemals Kunstschmuggler (August 2014)

Ulle Schauws, Berlin, Bundestagsabgeordnete (Grüne) und Fraktions-
sprecherin für Kulturpolitik, Februar 2015

Helmut Thoma, Hürth bei Köln, Medienmanager, Sammler (www.helmut-
thoma.de) (August 2014)

BÜCHER UND AUFSÄTZE

Bücher

Anton, Michael: Rechtshandbuch Kulturgüterschutz und Kunstrestituti-
onsrecht, Bd. 1: Illegaler Kulturgüterverkehr, Berlin 2010

Bogdanos, Matthew: Die Diebe von Bagdad. Raub und Rettung der ältesten Kulturschätze der Welt. München 2006

Cuno, James (Hg.): Whose Culture? The Promise of Museums and the De-
bate over Antiquities, Princeton, Oxford 2009

El Saddick, Wafaa/Heimlich, Rüdiger: Es gibt nur den geraden Weg. Mein
Leben als Schatzhüterin Ägyptens, Köln 2013

Heilmeyer, Wolf-Dieter/Eule, J. Cordelia (Hg.): Illegale Archäologie? Internationale Konferenz über zukünftige Probleme bei unerlaubtem Antikentransfer, 23.–25.5.2003 in Berlin aus Anlass des 15. Jahrestages der Berliner Erklärung. Staatliche Museen zur Berlin, Stiftung Preußischer Kulturbesitz, Berlin 2004

Kunze, Max/Kansteiner, Sascha/Kiderle, Moritz: Alexander der Große. König der Welt. Eine neuentdeckte Bronzestatue. Sonderausstellung Winckelmann-Gesellschaft mit Winckelmann-Museum Stendal, Stendal 2000

Lehmann, Stefan: Alexander der Große – einst in Stendal. Original – Kopie – Fälschung? Kataloge und Schriften des Archäologischen Museums der Martin-Luther-Universität Nr. 2, Halle 2009

Ders. (Hg.): Authentizität und Originalität antiker Bronzebildnisse. Ein gefälschtes Augustusbildnis, seine Voraussetzungen und sein Umfeld, Dresden 2015

Rietschel, Solveig: Internationale Vorgaben zum Kulturgüterschutz und ihre Umsetzung in Deutschland. Das KGÜAG – Meilenstein oder fauler Kompromiss in der Geschichte des deutschen Kulturgüterschutzes? Schriften zum Kulturgüterschutz, Berlin 2009. (KGÜAG ist das Gesetz zur Ausführung des UNESCO-Übereinkommens vom 14. November 1970 über Maßnahmen zum Verbot und zur Verhütung der rechtswidrigen Einfuhr, Ausfuhr und Übereignung von Kulturgut.)

Watson Peter/Todeschini, Cecilia: Die Medici-Verschwörung. Der Handel mit Kunstschätzen aus Plünderungen italienischer Gräber und Museen. Aus dem Amerikanischen von Ulrike Seith und Jana Plewa, Berlin 2006

Aufsätze

Amineddoleh, Leila: The Role of Museums in the Trade of Black Market Cultural Heritage Property, in: Art Antiquity and Law, Bd. XVIII, Heft 2 (2012)

Boardman, John: Archaeologists, Collectors, and Museums, in: Cuno (Hg.): Whose Culture?, S. 107–124

Brodie, Neil: Uncovering the Antiquities Market, in: Skeates, Robin/ McDavid, Carol/Carman, John (Hg.): The Oxford Handbook of Public Archaeology, Oxford 2012, S. 230–252

Campbell, Peter B.: The Illicit Antiquities Trade as a Transnational Criminal Network. Characterizing and Antipating Traficking of Cultural

Heritage, in: International Journal of Cultural Property 20/2 (2013), S. 113–153

Cuno, James: The Value of Antiquities, in: Cuno: Whose Culture?, S. 87–88

Deppert-Lippitz, Barbara: Die Strukturen des legalen und illegalen Handels mit Antiken: www.uab.ro/reviste_recunoscute/reviste_drept/annales_10_2007/barbara_en.pdf

Elia, Ricardo J.: Conservators and Unprovenanced Objects. Preserving the Cultural Heritage or Servicing the Antiquities Trade?, in: Walker Tubb, Kathryn (Hg.): Antiquities Trade or Betrayed.

Legal, Ethical and Conservation Issues, London 1995, S. 244–255

Gackstätter, Bernd: Offener Brief des Antiken-Kabinetts, Kunst- und Kunsthandwerk früherer Epochen, Frankfurt am Main, in: Kunst und Recht. Journal für Kunstrecht, Urheberrecht und Kulturpolitik 6/2012, S. 80–81

Gerstenblith, Patty: Controlling the International Market in Antiquities. Reducing the Harm, Preserving the Past, in: Chicago Journal of International Law 8 (2007), S. 169–196

Gilgan, Elizabeth: Looting and the Market for Maya Objects: A Belizean Perspective, in: Brodie, Neil/Doole, Jennifer/Renfrew, Colin (Hg.): Trade in Illicit Antiquities. The Destruction of the World's Archaeological Heritage, Oxford 2001, S. 73–88

Gill, David/Chippindale, Christopher: Material and Intellectual Consequences of Esteem for Cycladic Figures, in: American Journal of Archaeology 97 (1993), S. 601–59

Dies.: The Trade in Looted Antiquities and the Return of Cultural Property. A British Parliamentary Inquiry, in: International Journal of Cultural Property 11/1 (2002), S. 50–64

Koush, Alesia: Fight against the Illegal Antiquities Traffic in the EU. Bridging the Legislative Gaps, Bruges Political Research Papers, No. 21, Brügge 2011

Montebello, Philippe de: And What Do You Propose Should Be Done with Those Objects?, in: Cuno (Hg.): Whose Culture?, S. 55–70

Müller-Karpe, Michael: Antikenhandel./.Kulturgüterschutz – Fortsetzung von KUR 2010, 91 ff. Zur Förderung der Antikenhehlerei in Deutschland an einem weiteren Beispiel, in: Kunst und Recht. Journal für Kunstrecht, Urheberrecht und Kulturpolitik 2/2011, S. 61–67

Ders.: Antikenhandel./.Kulturgüterschutz – Fortsetzung von KUR 2011, 61 ff. Antikenmarkt als Geldwäsche: Die Silberbecher des Königs Ebarat, in: Kunst und Recht. Journal für Kunstrecht, Urheberrecht und Kulturpolitik 6/2012, S. 195–202

Ders.: Kriminalarchäologie: Die »Schweißbrenneraffäre«. Das vornehme Geschäft der Kulturzerstörung, in: Kriminalarchäologie. Sonderausgabe der Verbandszeitschrift des Bundes Deutscher Kriminalbeamter, Landesverband Hessen, 4.4.2012: www.bdk.de/fileadmin/LV_Hessen/ Dokumente/hessen-extra/2012-hessen-extra/Hessen-Extra_Sonderausgabe_Kriminalarchaeologie.pdf. Eine Gegendarstellung des Auktionshauses Gerhard Hirsch Nachfolger erschien als: Kriminalarchäologie Nr. 2. Sonderausgabe der Verbandszeitschrift des Bundes Deutscher Kriminalbeamter, Landesverband Hessen, 25.8.2012: www.bdk.de/ fileadmin/LV_Hessen/Dokumente/hessen-extra/2012-hessen-extra/ Hessen-Extra_Kulturguterschutz_SonderausgabeNr2.pdf

Müller-Karpe, Michael: Antikenkriminalität: der Waffenfund von Aranda de Moncayo, in: Graells, Raimon/Lorrio, Alberto J./Quesada, Fernando (Hg.): Cascos hispano-calcídicos. Símbolo de las élites guerreras celtibéricas, Mainz 2014, S. XV–XXII

Muscarella, Oscar White: Forgeries of Ancient Near Eastern Artifacts and Cultures, in: Brown, Brian A./Feldman, Marian H. (Hg): Critical Approaches to Ancient Near Eastern Art, Boston, Berlin 2014, S. 31–54

Ders.: Archaeology and the Plunder Culture, in: International Journal of the Classical Tradition, Vol. 14, No. 3/4 (2007), S. 602–618

Ders.: The Fifth Column within the Archaeological Realm: The Great Divide, in: Saglamtimr, H. u. a. (Hg.): Studies in Honor of Altan Çilingiroglu. A Life Dedicated to Urartu on the Shores of the Upper Sea, Istanbul 2009, S. 395–406

Ders.: An Unholy Quartet: Museum Trustees, Antiquity Dealers, Scientific Experts, and Government Agents, in: Namvarnameh: Papers in Honour of Massoud Azarnoush, ed. Fahimi H./Alizadeh, K., Teheran 2012, S. 187–192

Renfrew, Colin: Ankäufe durch Museen. Verantwortung für den illegalen Handel mit Antiken, in: Heilmeyer/Eule: Illegale Archäologie?, S. 61–75

Sheley, Louise: The Globalization of Crime and Terrorism: http://iipdigital.usembassy.gov/st/english/publication/2008/06/2008060810363 9xjyrrep4.218692e-02.html#axzz3ceYu8JWS

Wehinger, Frank: Illegale Märkte. Stand der sozialwissenschaftlichen Forschung. MPIfG Working Paper 11/6. Forschungsbericht aus dem MPIfG, Max-Planck-Institut für Gesellschaftsforschung, Köln 2011

BLOGS UND ANDERE INTERNETQUELLEN

Händler, Auktionshäuser und Händlerorganisationen

www.antiken-kabinett.de: Webseite des Antiken-Kabinetts Frankfurt

www.bonhams.com: Webseite des Auktionshauses Bonhams, London

www.cahn.ch: Webseite des Auktionshauses Cahn, Basel

www.christies.com: Webseite des Auktionshauses Christie's

www.coinhirsch.de: Webseite von Gerhard Hirsch Nachfolger, Münz- und Antikenhändler, München

www.gmcoinart.de: Webseite des Auktionshauses Gorny & Mosch Giessener Münzhandlung, München

www.iadaa.org: Webseite der International Association of Dealers in Ancient Art (IADAA)

http://muenzenwoche.de: Webseite für Münzsammler mit guten Verbindungen zu Händlern und Auktionshäusern, Geschäftsführerin ist Ursula Kampmann, die Sprecherin der IADAA

www.sothebys.com: Webseite des Auktionshauses Sotheby's

www.tefaf.com: Webseite der laut Eigenauskunft größten Kunst- und Antiquitätenmesse der Welt

Informationen über Raubgrabungen, Plünderungen, illegalen Handel

www.anonymousswisscollector.com: englisch, über illegalen Antikenhandel, mit wöchentlichem Newsletter

www.archaeologik.blogspot.de: Archaeologik ist ein wissenschaftlich orientiertes Blog zu Themen aus den Feldern Archäologie und Denkmalschutz

www.chasingaphrodite.com: englisch, über geplünderte Antiken in Museen

www.conflictantiquities.wordpress.com: englisch, über illegalen Antikenhandel, organisierte Kriminalität

www.facebook.com/EgyptsHeritageTaskForce: englisch, arabisch, Facebook-Seite ägyptischer Aktivisten

www.fbi.gov/news/stories/2015/august/isil-and-antiquities-trafficking: Informationen des Kunstdiebstahls-Programms des FBI (FBI Art Theft Programme)

www.heritageforpeace.org: englisch, über die Rettung bedrohter Kulturgüter in Krisengebieten www.lootingmatters.blogspot.de: englisch, zu Fragen archäologischer Ethik und des Sammelns

www.paul-barford.blogspot.de: englisch, Blog über Sammelleidenschaft und Antikenhandel

www.savingantiquities.org: englisch, über kulturelles Erbe, Raubgrabungen und illegalen Handel weltweit

www.theantiquitiescoalition.blogspot.de: englisch, verschiedene Experten zum Themenbereich illegaler Handel und Raubgrabungen

www.traffickingculture.org: englisch, über den Handel mit illegalen Ausgrabungsfunden

Andere

Aktueller Blog mit Informationen über Ägypten, auch Kultur und Archäologie: www.blog.selket.de

Broschüre des Auswärtigen Amtes: Illegaler Kulturguthandel bedroht das Kulturerbe der Menschheit. Beachten Sie die nationalen Ausfuhrbestimmungen für Kulturgüter: www.auswaertiges-amt.de/cae/servlet/contentblob/658352/publicationFile/185466/Illegaler_Kulturguthandel.pdf

Bericht der Bundesregierung zum Kulturgutschutz in Deutschland: »Bericht über die Auswirkungen des Gesetzes zur Ausführung des UNESCO-Übereinkommens vom 14. November 1970 über Maßnahmen zum Verbot und zur Verhütung der rechtswidrigen Einfuhr, Ausfuhr und Übereignung von Kulturgut (Ausführungsgesetz zum Kulturgutübereinkommen) und den Schutz von Kulturgut vor Abwanderung ins Ausland«: www.bundesregierung.de/Content/DE/_Anlagen/BKM/2013-04-24-bericht-kulturgutschutz.pdf;jsessionid=A1E9A60EA2F51ED94E90126EE5D4E1B5.s2t1?_blob=publicationFile&v=2

Deutsche Gesellschaft für Ur- und Frühgeschichte: www.dguf.de/index.php9

Deutsche UNESCO-Kommission: www.unesco.de/home.html. »Übereinkommen über Maßnahmen zum Verbot und zur Verhütung der unzulässigen Einfuhr, Ausfuhr und Übereignung von Kulturgut« im Wortlaut hier: www.unesco.de/406.html

Deutsches Nationalkomitee Denkmalschutz: www.dnk.de

FBI Webseite zum Thema Kunst und Kriminalität: Team Approach to Art Crime, Part 1 Fed. Bureau of Investigation (2. Februar 2010): www.fbi.gov/news/stories/2010/february/artcrime1_020210

Kulturgutschutz Deutschland: www.kulturgutschutz-deutschland.de/DE/
0_Home/0_home_node.html;jsessionid=EC986F2B811BE12FA9E695
999DF8112C.2_cid322

Sondengänger: Informationen, Kommentare und kritische Analysen zu
der Situation der Sondengänger in Deutschland, eine weitere: www.
schatzsucher.org; www.sondengaenger-deutschland.de

FILME

Blutige Schätze. Der Antikenhandel und der Terror. Film von Rainer Fromm,
Kristian Lüders und Michael Strompen, ZDF 2011

Blutige Beute. Film von Peter Brems, Wim Van den Eynde, Tristan Chytro-
schek, SWR 2014

Das geplünderte Erbe. Terrorfinanzierung durch deutsche Auktionshäuser. Film von Volkmar Kabisch, Esther Saoub und Andreas Wolter, NDR
2014

HÖRFUNKBEITRÄGE

Jäger des begrabenen Schatzes. Raubgräber zerstören die Grundla-
gen der Archäologie. Von Barbara Weber. Deutschlandfunk, 1.1.2009:
www.deutschlandfunk.de/jaeger-des-begrabenen-schatzes.1148.
de.html?dram:article_id=180282

»Archäologie ist keine reine Antiquitätenwissenschaft«. Christina Wawr-
zinek im Gespräch mit Michael Köhler. Deutschlandfunk, 11.5.2013:
www.deutschlandfunk.de/archaeologie-ist-keine-reine-antiquitaeten-
wissenschaft.691.de.html?dram:article_id=246433

Felsengräber bei illegalen Grabungen entdeckt. Cornelius von Pilgrim
im Gespräch mit Stefan Koldehoff, Deutschlandfunk, 5.3.2014: www.
deutschlandfunk.de/sensationsfund-in-aegypten-felsengraeber-bei-
illegalen.691.de.html?dram:article_id=279280

Syriens verlorene Schätze. Antikenraub in einem terrorisierten Land. Von
Esther Saoub, SWR2 Wissen, 2.1.2015: www.swr.de/swr2/programm/
sendungen/wissen/syriens-verlorene-schaetze/-/id=660374/
did=14587842/nid=660374/112r3pn/index.html

Raubgräber. Ein Feature über die Gier der Sammler. Von Günther Wessel, ARD-Radiofeature, 22.4.2015: www.ard.de/home/radio/das_ARD_radiofeature/272100/index.html

Ein Gesetz mit Schärfe und Akzent. Markus Hilgert im Gespräch mit Stefan Koldehoff, Deutschlandfunk, 3.11.2015: www.deutschlandfunk.de/kulturgutschutzgesetz-ein-gesetz-mit-schaerfe-und-akzent.691.de.html?dram:article_id=335866

AUSGEWÄHLTE ZEITUNGS- UND ZEITSCHRIFTENARTIKEL

Im Folgenden werden alle Artikel aufgeführt, die auch im Text zitiert werden, dazu noch weitere, aus denen nicht zitiert wurde, die aber von Interesse sind. Sie sind alphabetisch nach Medientiteln sortiert, innerhalb der einzelnen Medien dann nach dem Erscheinungsdatum (ältere zuerst).

ahramonline
Nevine El-Aref: Smuggling bid foiled: 1124 Egyptian artefacts recovered before heading to Thailand, 5.11.2015: www.english.ahram.org.eg/NewsContent/9/40/162775/Heritage/Ancient-Egypt/Smuggling-bid-foiled--Egyptian-artefacts-recovered.aspx

Al-Ahram-Weekly
Nevine El-Aref: Temple run, 2.7.2014
David Tresilian: Egypt's heritage crisis, 27.7.2014

Art
Stefan Koldehoff: Ende der Schonzeit für Maulwürfe. 8/2006

The Art Newspaper
Melanie Gerlis/Javier Pes: Recovery rate for stolen art as low as 1.5%, 27.11.2013

Art and Antiques
John Dorfman: The Lure of Egypt: www.artandantiquesmag.com/2010/01/the-lure-of-egypt/

Berliner Zeitung
Martina Doering: Geplündertes Erbe, 20.9.2013
Martina Doering: Allahs gierige Räuber, 20.10.2014

Martina Doering: Ohne Kaufinteresse keine Raubgrabungen und Plünderungen, 12.12.2014

Buzzfeed.com

Mike Giglio: Inside the Underground Trade to sel off Syria's History, 30.7.2015: www.buzzfeed.com/mikegiglio/the-trade-in-stolen-syrian-artifacts#.da6o8R3PR

Mike Giglio: Exclusive Video Shows Illicit Archaeological Dig In ISIS Stronghold, 3.8.2015: www.buzzfeed.com/mikegiglio/exclusive-video-shows-an-illicit-archaeological-dig-in-isis#.hgMwOm7Nm

Chania Post

Case of illicit trade in antiquities in Heraklion, 16.9.2015: www.chaniapost.eu/2015/09/16/case-of-illicit-trade-in-antiquities-in-heraklion/

He was arrested for illicit trade of antiquities, 6.11.2015: www.chaniapost.eu/2015/11/06/photos-he-was-arrested-for-illicit-trade-of-antiquities.

Daily News Egypt

Monica Hanna/Salima Ikram: Looting Egypt: Abu Sir Al-Maleq, 5.5.2013

The Epoch Times

Salima Ikram: The Loss and Looting of Egyptian Antiquities, 29.4.2014

Focus Money

»Die Preise sind völlig absurd – und steigen weiter«. Interview mit Robert Ketterer, 13.1.2013

Foreign Policy

Justine Drennan: The Black-Market Battleground, Degrading and destroying ISIS could take place in the halls of auction houses, not the Pentagon, 17.10.2014

Frankfurter Allgemeine Zeitung

Niklas Maak: Der Kunstjäger von Rom, 1.2.2007

Daniel Gerlach: Aus Ur oder aus Troja?, 29.6.2009

Lisa Zeitz: »Er wollte ein Flugzeug kaufen«, 27.2.2010

Julia Voss: Das Ende eines Raubzugs, 7.6.2014

Markus Bickel: Das Dorf der verfluchten Millionäre, 7.11.2014

Margarete van Ess: Wenn Kulturgut zur Schießscheibe wird, 11.11.2014

Niklas Maak: Das Erbe der Menschheit wird geplündert, 15.12.2014

Niklas Maak: Wir brauchen eine Beweislastumkehr. Interview mit Françoise Bortolotti, 15.12.2014

Markus Hilgert: Es ist alles verloren, 7.3.2015

Marlies Heinz: Vollständige Vernichtung als Ziel, 10.3.2015

Hermann Parzinger: Welterbestätten als Schlachtfelder, 31.3.2015

Frankfurter Allgemeine Sonntagszeitung

Niklas Maak: Die Tempel der Isis, 26.10.2014

Inge Klöpfer: Drehkreuz für den Kunstraub, 1.3.2015

Ulf von Rauchhaupt: Jenseits von Babylon, 15.3.2015

Tilman Spreckelsen: Das Zerstörungswerk hat viele Väter. Interview mit
    Markus Hilgert, 15.3.2015

The Guardian

Martin Chulov: How an arrest in Iraq revealed Isis's $2bn jihadist network,
    15.6.2014

Handelsblatt

Christian Herchenröder: Die Vorlieben der Sammler, 3.3.2013

Holger Alich: Bunker für die Reichen der Welt, 24.4.2014

Kunst und Auktionen

Hartmut Kreutzer: Neues und Befremdliches in Sachen Kulturgüterschutz.
    Kunst und Auktionen, 23.7.2010

Hartmut Kreutzer: Mit ganz besonderem Charme, 12.12.2014

K. West – Das Kulturmagazin des Westens

Ulrich Deuter: An den Grundfesten des Kunsthandels zu rühren hat keiner
    Interesse. Interview mit Stefan Koldehoff, 7/2012

National Geographic

Heather Pringle: New evidence ties illegal antiquities trade to terrorism,
    violent crime, 6/2014

Nick Romeo: Strapped for Cash, Some Greeks Turn to Ancient Source of
    Wealth, 8/2015

Neue Zürcher Zeitung

Georges Waser: Christie's und Bonhams in London unter Beschuss. Das
    tückenreiche Geschäft mit Antiken, 9.5.2014

Georges Waser: Kunst aus dem Nahen Osten als Geldquelle des Terrors.
    Der Antikenschmuggel und die scheinheiligen Zerstörer, 12.2.2015

Daniel Steinvorth: IS-Barbarei in Mosul. »Es ist eine Form des Genozids«,
    27.2.2015

Rolf A. Stucky: Wie sich der IS auch finanziert. Der hingerichtete Archäo-
    loge Khaled al-As'sad war der Garant für die Bewahrung und Pflege
    Palmyras, 24.8.2015

New York Review of Books

Nicolas Pelham: ISIS & the Shia Revival in Iraq, 4.6.2015

The New York Times

Ron Stodghil: Do You Know Where That Art Has Been?, 18.3.2007

Michael Kimmelman: Stolen Beauty. A Greek Urn's Underworld, 7.7.2009

Scott Reyburn: The Lure of Antiquities, 14.8.2014

Reuters

Stephen Kalin/Tom Perry: Serendipity aids Egypt in struggle to recover stolen heritage, 23.4.2014

Sam Hardy: How the West buys »conflict antiquities« from Iraq and Syria (and funds terror), 27.10.2014

Scoop – independent news

Suzan Mazur: The Whistleblower & The Politics Of The Met's Euphronios Purchase. A Talk with Oscar White Muscarella, 25.12.2005

SonntagsZeitung

Stefan Koldehoff: Genf war Drehscheibe im grössten Kunstfälschungs-skandal des Jahrhunderts, 23.6.2012

Spektrum.de

Walter Sommerfeld: Wir finanzieren die Raub-Archäologie im Irak, 25.1.2005

Andreas Schmidt-Colinet: Ein Schlag ins Gesicht, 25.11.2010

Der Spiegel

Kunst als Terrorfinanzierung?, 18.7.2005

Matthias Schulz: Helden auf dem Prüfstand, 14.1.2008

Matthias Schulz: Schwindel am Schmelzofen, 21.11.2011

Matthias Schulz: Mogler im Musentempel, 5.5.2014

Katrin Elger: Die Hüter des Schatzes, 28.7.2014

lh: Terroristen bereichern sich. Interview mit Michael Müller-Karpe, 8.12.2014

Konstantin von Hammerstein: Grau ist schwarz, 8.12.2014

Juan Moreno/Sönje Storm: Aber so was von stinkfalsch. Interview mit Christoph Leon, 31.1.2015

Ulrike Knöfel: »Jede Scherbe muss zurück«. Interview mit Ägyptens Anti-kenminister Mamdouh El-Damaty, 11.4.2015

Spiegel online

Kölner Kunstfälscher-Skandal: »Wie Panzerknacker aus einem Disney-Comic«, 3.12.2010

Sven Röbek: Fälschungsskandal: Kunsthistoriker Werner Spies in Frank-reich verurteilt, 27.5.2013

Rheinland-Pfalz: Raubgräber entdeckt Barbarenschatz, 18.2.2014

Stern

Anja Lösel: Grausamer geht es nicht. Zuerst ermordeten sie den Chef-Archäologen von Palmyra, dann sprengen die Terroristen des IS das Weltkulturerbe in die Luft, 27.8.2015

Anja Lösel: IS-Raubkunst? "Die Weltgemeinschaft hat versagt" Interview mit Günther Wessel, stern.de, 2.9.2015

Süddeutsche Zeitung

Ira Mazzoni: Barbaren in Bagdad, 17.5.2010

Stefan Ulrich: Eine für alle, 19.5.2010

Catrin Lorch: Antiken vom Lastwagen, 23.4.2011

Renate Meinhof: Ende der Unfehlbarkeit, 15.6.2011

Hubert Filser:»Die Räuber konnten seelenruhig vorgehen«. Interview mit Stephan Seidlmayer, 3.8.2011

Joseph Hanimann: Das Schlimmste sind die Raubgräber, 1.9.2013

Tim Neshitov: Die Spur verliert sich, 23.9.2013

Paul-Anton Krüger: Der Pharao im Keller, 24.11.2014

Andrew Lawler: Krieg gegen Ruinen, 8.12.2014

Till Briegleb: Räuber der verlorenen Schätze, 16.12.2014

Jörg Häntzschel: Käfig ohne Grenzen, 7.2.2015

Paul-Anton Krüger: Krieg gegen die Geschichte, 9.3.2015

Kai Vahland: Wir verlieren Wissen. Interview mit Hermann Parzinger, 11.3.2015

Thomas Steinfeld: Achenbach und die Dinger, 13.3.2015

Sonja Zekri: Lehm und Tod am Tigris, 30.5.2015

Sonja Zekri: Schwarzer Tag, 25.8.2015

The Sunday Times

Hala Jaber/George Arbuthnott: Syrians loot Roman treasures to buy guns, 5.5.2013

Der Tagesspiegel

Michael Zick: Das Milliardengeschäft der Raubgräber, 7.7.2011

Rolf Brockschmidt: Angriff auf die Seele der Nation, 19.6.2014

Martin Gehlen: Nichts ist ihnen heilig, 2.8.2014

Die Tageszeitung

Karim El-Gawhary: Auf den Spuren der modernen Grabräuber, 6.1.2014

The Telegraph

Louisa Loveluck: Islamic State sets up ›ministry of antiquities‹ to reap the profits of pillaging, 30.5.2015

Les Temps

Boris Mabillard: Ayham, profession contrebandier. Les djihadistes ont pris le contrôle de la contrebande, 20.8.2013

Time magazine

Aryn Baker/Majdal Anjar: Syria's Looted Past: How Ancient Artifacts Are Being Traded for Guns, 12.9.2012

The Washington Post

Taylor Luck: Syrian rebels loot artifacts to raise money for fight against Assad, 12.2.2013

Mark V. Vlasic: Islamic State sells »blood antiquities« from Iraq and Syria to raise money, 14.9.2014

Loveday Morris: Islamic State isn't just destroying ancient artifacts – it's selling them, 8.6.2015

Die Welt

Tim Ackermann: »Manche Antiken sind wie Gold«. Interview mit Gordian Weber, 30.5.2010

Daniel Eckert/Kathrin Gotthold: Millionenpreise, die aus nackter Angst entstehen, 10.1.2012

Werner Bloch: Kampf um die DNA der Menschheitsgeschichte, 15.12.2014

Welt am Sonntag

Stefan Koldehoff: Museen vernichten die Geschichte unserer Erde. Interview mit Oscar White Muscarella, 29.1.2006

Tina Kaiser: »Es war Nacht, und da waren Schlangen ...« Interview mit Helmut Thoma, 6.11.2010

Annegret Erhard: Der diskrete Charme der Intransparenz, 29.3.2015

Die Weltwoche

Thomas Buomberger: Die grinsenden Totengräber der Kultur, 12.1.2006

Die Zeit

J. Emil Sennewald/Tobias Timm: Im Bunker der Schönheit, 24.4.2013

Theresa Breuer: Schüsse am Knochenfeld, 5.6.2014

Tobias Timm: Sie holen die Kunst mit Waffengewalt. Interview mit Stefan Weber, 11.9.2014

Tobias Timm/Fritz Zimmermann: Der Schaden ist unermesslich. Ein Gespräch mit Monika Grütters und Hermann Parzinger, 4.12.2014

Fritz Zimmermann: Der »Islamische Staat« und die Antiken, 4.12.2014

Ronald Düker: Die Schlacht der Archäologen, 12.3.2015

Evelyn Finger: Blutige Kunst, 12.3.2015

Günther Wessel: Die Beute des Abu Sajjaf. Der IS finanziert seinen Terror auch mit dem Antikenschmuggel. Jetzt gibt es neue Beweise für das Ausmaß des Verbrechens, 26.11.2015

zenith-online

Daniel Gerlach: »Für den etablierten Antikenhandel wäre es das Ende«. Interview mit Michael Müller-Karpe, 24.2.2015

Dank

Ich danke allen Gesprächspartnern, die meine zahlreichen Fragen (und mein im Einzelfall mehrfaches Nachfragen) tapfer ertragen und umfassend beantwortet haben. Die Verantwortung für etwaige Fehler liegt ausschließlich bei mir.

Dieses Buch entstand aus den Recherchen, die ich ursprünglich für ein *ARD*-Radiofeature begonnen hatte, das ab April 2015 in der *ARD* gesendet wurde. Die Recherchen uferten aus – zum einen, weil mich das Thema sehr packte, zum anderen, weil Joachim Dicks vom *NDR* so hartnäckig nachhakte (Danke dafür!) – und machten dieses Buch möglich. Dank auch an die Kollegen im Verlag, vor allem Patrick Oelze und Christoph Links, die die Idee des Buches sofort gut fanden, sowie an alle anderen dort für die auch ansonsten immer tolle Zusammenarbeit. Und ein großes Dankeschön an die drei zu Hause, die mich zur richtigen Zeit in Ruhe lassen können.

Zum Autor

Günther Wessel

Günther Wessel, geboren 1959, studierte Germanistik, Philosophie und Kunstgeschichte und arbeitet seit mehr als 20 Jahren als freier Journalist und Lektor. Von 1998 bis 2001 lebte er in Washington D.C. und berichtete vorwiegend über US-amerikanische Kultur und Politik; ab Januar 2002 in Brüssel und seit 2007 in Berlin. Er hat zahlreiche Sachbücher, darunter Reiseführer, Biografien und ein Jugendbuch, geschrieben und Hörfunkfeatures für alle großen deutschen Rundfunkanstalten verfasst.

Julia Gerlach

Der verpasste Frühling

Woran die Arabellion
gescheitert ist

248 Seiten, Broschur
23 Abbildungen, 1 Karte
ISBN 978-3-86153-868-4
18,00 € (D); 18,50 € (A)

Julia Gerlach hat Aktivisten des Arabischen Früh-
lings, Islamisten, Politiker und ganz normale
Menschen in der Region über Jahre begleitet und
befragt. So gelingt ihr eine ebenso persönliche
wie informative Beschreibung der Ereignisse,
die zum Scheitern der hoffnungsvollen Anfänge
führten. Ein spannender, differenzierter Einblick
in die jüngste arabische Geschichte, die uns mehr
denn je betrifft.

www.christoph-links-verlag.de